サービス工学の技術

ビッグデータの活用と実践

≫ はじめに

　今やさまざまな場面や文脈において，歴史的に大きな転換点に立っているということが語られている。労働人口および GDP の第三次産業比率が増大していることによる産業構造の変革，製品のコモディティ化と社会の成熟化によるモノづくりからコトづくりへの価値観の転換，社会と科学技術の今後のあり方，IT インフラのクラウド化と情報端末のモバイル化により加速する情報サービスのソーシャル化，そしてそのうえで大量のデータが蓄積されることによる，いわゆるビッグデータの活用への要請などである。

　こうした転換期にあって，工学においてもその視点が，これまで客観的に扱うことが容易であったモノに対する技術の体系から，人の行動や心理にかかわるコトを扱うための技術の体系へと移行していくことが時代の必然になっている。そして，まさにこうした時代背景の中で「サービス工学」という分野が誕生し，その流れを加速しつつある。

　2012 年 7 月には Human side of service engineering という国際会議の第一回目がサンフランシスコで開催され，2012 年 10 月には国際学会であるサービス学会（Serviceology）が日本で発足した。

　本書は，こうした時代にあってサービス工学を実問題解決のなかで実践している事例を紹介し，その中核的技術としての大量のデータ，いわゆるビッグデータを活用するいくつかの手法やその周辺技術の紹介を行う。ただし，サービス工学はまだその全貌を示すには誕生して間もないため，本書ではサービス工学を体系だって説明するというよりは，サービス工学が対象とする分野や考え方，手法と応用例を具体的に紹介することで，読者がサービス工学の実例を理解できることを目的にしている。現時点におけるサービス工学の技術や問題は，従来のマーケティングや情報工学，人間工学と何かが決定的に違うように見えるわけではない。どちらかというと，サービス工学という新たな切り口と問題意識からスタートして，実際の問題に取り組む中で，問題解決に使う手段は従来の分野の中に存在するものを適用することも多い。それは，サービスという

対象はこれまで存在していなかった抽象的な形而上学的なものではなく，すでに何らかのかたちで学問や技術においても取り扱われており，現実社会における活動のなかですぐに利用可能な要素により構成されていることに起因する。そして当然ながら，サービス工学の結果として生まれた成果も，やはりただちに現実の社会やサービス現場で適用され評価されるものである。つまりサービスという対象は，実社会や生活のなかにあまりに密着している。したがってサービス工学は，カール・ポパーがいうところの「ピースミールエンジニアリング」，すなわち「漸次的に社会を改良する漸次的技術」として実践されなければならないのである。

　そしてサービス工学の手段が現場に導入されることによって，サービスの内容はその介入の影響を受け，その結果はまた新たな観測として結果に表れるだろう。そのサービスの現場で起こる事象が変化する様は，あたかもサービスを構成するすべての要素が有機的に結合した生命体（オートポイエーシス）であるかのごとくであり，この全体システム（サービスシステム）を望ましい状態に制御することがサービス工学の本質であると考えても過言ではないだろう。ただし，この「望ましい状態」については現在のところ，普遍的な客観的指標があると期待することは難しく，そこにはサービスシステムを構成する人々や環境，すなわち実際の社会の主観的な価値観を反映した間主観的なものを想定せざるをえない。現段階ではこうした間主観的価値観を明示的に取り扱う方法論はまだ確立されていないため，1つの代替手段として，実際の人の行動を客観的データとして大量に収集して計算する手段をとる。これはサービス現場で生成される，いわゆるビッグデータとよばれるものである。このビッグデータという言葉もまた，現時点ではその定義や取り扱い方が学術的には確立されたものではない。しかし，この時代の大きな転換期にあって，今後の工学や社会システムのなかで実際に大きな位置を占めるその存在は，いまや単に観測データが大量にあるというだけの意味では足りない重要な意味をもつことは明らかだろう。これからの社会がこのビッグデータをどのように活用していくことができるのかは，我々に課せられた大きな課題であるとも言える。

　実際のサービスのなかでも，たとえば会員カードや電子カードを提示して購買行動をとることで収集されるID付きPOSデータや，日々の業務を電子的

に記録した業務記録などの大量データは，実際に集計され，何らかのかたちで活用されることが期待されている。つまり，こうした人や社会の行動が含まれたビッグデータを計算機上でうまく取り扱うことができれば，間主観的な価値観を含むサービスシステムの動的な制御を工学的に実現する技術が生まれる。これがサービス工学を実践するための基本戦略となる。

本書の構成は次のとおりである。
第1章において，サービス工学という研究分野が誕生した背景と周辺領域との関係，そこにおける要請と課題について整理する。
第2章では，実在するモノではなく無形であるコトをその研究対象とするために必然となる，サービス現場で生成される大規模データに基づくサービス工学について述べる。そこでは，サービスをとりまく提供者と利用者のあいだの価値の伝搬や共創性，無形のサービスを改善していくための最適設計ループについても議論する。
第3章では，サービス工学を実践するために開発された基盤技術について，経済産業省の事業として2008年から2011年にかけて行われたサービス工学の研究開発プロジェクトにおける事例を紹介する。
第4章では，コトであるサービスを工学の計算対象とするために，サービス利用者の計算モデル（ベイジアンネット）を大規模データから自動的に構築することにより，サービスの最適化を可能にする技術と方法について紹介する。
サービス工学における計算モデル化では，コトのモデル化，つまり因果的な構造のモデル化が重要な課題になる。第5章では因果構造のモデル化に関する理論を紹介する。
第6章では，大規模データに基づいてサービスを最適化するために，もっとも有力な技術と期待されているデータ同化によるシミュレーションを解説する。
現時点では，大規模データによるモデル化を実行するためにも変数や状態の設定に関しては何らかの事前知識が必要であり，大規模データによる量的調査の前に，実際のサービス利用者に対する質的調査を行うことが重要である。そこで第7章ではプロ野球のファンサービスを題材にしたサービス工学の事例を観戦行動のモデル化手法とそのための質的な調査技法の事例紹介を行う。

第 8 章では，医療の現場である大学病院の薬剤部におけるサービス提供者の行動モデル化の事例として，医療安全への応用事例を紹介する．

　第 9 章では，実際のサービス現場において生成される大規模データである ID 付き POS データを用いたサービス工学の研究事例として，小売サービスにおける顧客のモデル化と分析事例を解説する．

　第 10 章では，サービスにおける大規模データを用いたマーケティングと意志決定支援の事例を実際の企業活動の例に基づいて解説する．

　第 11 章では，大規模データを用いたサービス利用者の計算モデル化を行うアルゴリズムやシステムについての詳細を実例とともに解説する．

　サービス工学は，現時点において必ずしも十分に体系的に整備された学問とはいえないが，本書がねらうところは，現時点の段階における基本的な考え方と，それを実践するための基礎的方法や技術，事例をできるだけ具体的に紹介することであり，今後の新たな工学のあり方に対して 1 つの視点や切り口を提供することにある．

　対象となる読者は，これからサービス工学分野の研究や開発を考えていきたいという工学分野の専門家や学生，サービス工学の技術に興味をもち，それを活用したいと考えている実務家などである．サービス工学という分野の特殊性から，実務の現場においては技術系・理系の知識が必要であるとはかぎらないが，サービス工学の技術の中身を理解するためには理系的・技術的背景があった方が深く理解できるだろう．

　本書では，必ずしも非専門家向けに平易な解説が十分できているわけではなく，サービスの現場でサービス工学の技術を利用しようとする方々への実用的な解説をどのように提供できるかは，今後の重要な課題であると認識している．そういった点では今後，サービス工学関連の情報がさまざまな用途に応じて提供されるためにも，本書の内容から読者の新たな好奇心が喚起されることで，サービス工学が提供する価値の受容者と提供者が共創的に作動し，サービス工学のコミュニティが漸次的に拡大していくことを期待している．

　2012 年 11 月

著者しるす

| CONTENTS |

第1章 サービス工学とは　　1

1.1 サービス産業の生産性向上に向けたサービス工学への期待　2
 1.1.1 ICTの利活用によるサービス生産性向上　4
 1.1.2 サービス産業の製造業化　5
 1.1.3 製造業のサービス産業化　5
 1.1.4 サービスマーケティング　6
 1.1.5 サービスに関する総合的な学術分野の確立に向けた取り組み　9
1.2 生活者を起点としたサービス生産性向上に向けて　11

第2章 大規模データに基づくサービス工学　　13

2.1 サービスにおける大規模データ　13
2.2 大規模データによる利用者の計算モデル化　15
2.3 サービスにおける予測と最適化のループ　17
2.4 大規模データを用いたサービス支援システム　20
2.5 大規模データに基づくサービス工学のめざすもの　22
2.6 おわりに　23

第3章 サービス工学基盤技術開発　　26

3.1 はじめに　26
3.2 サービス産業の課題整理とアプローチ　26
3.3 観測・分析・設計・適用のループ　27
3.4 観測技術　29
 3.4.1 顧客・従業員の理解技術：CCE　29
 3.4.2 従業員の行動観測技術：PDRplus　30
 3.4.3 顧客の行動観測技術　31
3.5 分析技術　32

3.6 設計技術　33
　　3.6.1 可視化技術　34
　　3.6.2 需要予測技術　34
3.7 適用技術　35
3.8 おわりに　36

第4章 大規模データからの計算モデル構築　38

4.1 サービス利用者のモデル化　38
4.2 ベイジアンネットによる計算モデル化　39
　　4.2.1 ベイジアンネットワークモデル　40
　　4.2.2 データからの自動的なモデル構築　42
4.3 消費者行動モデリング　44
　　4.3.1 レコメンドとマーケティングへの応用　44
　　4.3.2 ID-POSデータからのモデリングと来店人数予測　45
4.4 社会応用とアクションリサーチ　49

第5章 統計的因果推論のサービス工学への適用可能性　53

5.1 はじめに　53
5.2 準備　55
　　5.2.1 非巡回的有向グラフ　55
　　5.2.2 無向グラフ　56
　　5.2.3 因果ダイアグラムとベイジアンネットワーク　56
5.3 因果効果　59
　　5.3.1 定義　59
　　5.3.2 因果効果と条件つき分布の違い　61
　　5.3.3 バックドア基準　62
5.4 統計的独立関係を利用したアプローチ　64
　　5.4.1 忠実性　65
　　5.4.2 観察的同値性　67
　　5.4.3 ICアルゴリズム　69

第6章 データ同化によるシミュレーション計算と大規模データ解析の融合　76

- 6.1 データ，情報，知識　76
- 6.2 大規模データにもとづく研究の指針　78
  - 6.2.1 機能のモデル化　78
  - 6.2.2 帰納的アプローチ　80
  - 6.2.3 『機能と帰納』プロジェクト　81
- 6.3 大規模データと知識発展スパイラル構造　81
  - 6.3.1 「真理の探究」vs. 個人の満足度の向上　81
  - 6.3.2 ベイズモデルがもつ自然な循環機能　84
- 6.4 サービスサイエンス研究の肝要点　86
  - 6.4.1 スパースな情報空間とImputation　86
  - 6.4.2 ベイズモデルと逆問題　88
  - 6.4.3 事前確率分布とエージェントベースシミュレーション　89
- 6.5 データ同化　90
  - 6.5.1 事前確率分布と時間発展シミュレーション　90
  - 6.5.2 シミュレーションとベイズモデル　91
  - 6.5.3 「個」にマッチしたシミュレーション　92
  - 6.5.4 次世代データデザイン　93
- 6.6 受益者・生活者の視点と目線　94

第7章 プロ野球ファンの観戦行動のモデル化　96

- 7.1 はじめに　96
- 7.2 モデルの目的と構築方法　97
  - 7.2.1 モデルの目的　97
  - 7.2.2 モデルの構築方法　97
- 7.3 リピータモデルの構築　98
  - 7.3.1 調査の概要　99
  - 7.3.2 調査の内容　100

         7.3.3　調査の結果：ファン成長プロセスモデルの構築　102
　7.4　ファンモデルの構築　107
         7.4.1　調査の概要　107
         7.4.2　プロ野球ファンの構造化　109
         7.4.3　ファンの観戦行動モデル　111
　7.5　ファンモデルをファン構造のうえで考える　117
         7.5.1　主体的観戦者の傾向　117
         7.5.2　客体的観戦者の傾向　118
         7.5.3　未観戦者の傾向　118
　7.6　おわりに　119
　付録　認知的クロノエスノグラフィ　120
         A.1　日常生活における行動選択にかかわる要素　120
         A.2　CCE 調査の要件　121
         A.3　行動観測の方法　121
         A.4　CCE 調査のステップ　122
         A.5　CCE 調査の実際　123

第8章　よりよい医療サービス提供に向けた ヒヤリ・ハット情報の活用　124

　8.1　はじめに　124
　8.2　医療機関におけるサービスの質管理と質保証　125
　8.3　病院薬剤部において蓄積されるヒヤリ・ハットデータを活用する試み　129
         8.3.1　調査1　129
         8.3.2　調査2　132
         8.3.3　考察：作業人数の推定　134
　8.4　まとめと今後の課題　137

第9章　小売サービス　140

　9.1　小売業サービスの実際　140
　9.2　研究の概要　143

9.3 動的個人モデル　144
    9.3.1　全体モデル　145
    9.3.2　来店の有無のモデル化（$p_{1,n}^i$）　147
    9.3.3　カテゴリ購買生起のモデル化（$p_{2,n}^i$）　147
    9.3.4　家庭内在庫量および消費量　148
    9.3.5　時変パラメータ　149
    9.3.6　状態空間モデル表現　151
9.4　推定のアルゴリズム　152
9.5　解析結果　154
    9.5.1　データ　154
    9.5.2　誤判別の検証　155
    9.5.3　個人レベルの解析　157
9.6　まとめ　162
付録　164

第10章　サービス視点からのマーケティング情報と意思決定　167

10.1　経済サービス化のマーケティングへのインパクト　167
10.2　消費者意思決定過程—製品の付加価値化とサービス化—　168
    10.2.1　問題認識　168
    10.2.2　情報収集　171
    10.2.3　代替案評価　171
    10.2.4　購買　172
    10.2.5　購買後評価　174
10.3　サービス視点からの戦略的データベースマーケティング戦略　175
    10.3.1　データベース，データウェアハウス，データマート　175
    10.3.2　購買拡大重要品目の識別と脱落防止のための分析　177
    10.3.3　顧客セグメンテーションのための分析　178
10.4　ソーシャルサービス視点からのマーケティング戦略　179

10.5 おわりに　183

第11章　大規模データに基づく顧客行動のモデル化　186

11.1 顧客行動のモデル化と大規模実データの活用　186
11.2 顧客セグメントと商品カテゴリ　187
 11.2.1 セグメント化の切り口　187
 11.2.2 ライフスタイルによる顧客セグメント化　188
 11.2.3 商品カテゴリの重要性　188
11.3 顧客セグメントと商品カテゴリの生成　189
 11.3.1 顧客アンケート分析による顧客セグメントの生成　189
 11.3.2 データ融合による商品カテゴリの生成　189
 11.3.3 生成した商品カテゴリの検証　191
11.4 顧客行動のモデル化　193
11.5 顧客セグメントの活用　195
 11.5.1 商品へのライフスタイル属性の付与　195
 11.5.2 各店舗の顧客構成の可視化　198
 11.5.3 来店人数予測への応用　199
11.6 おわりに　202

索引　203

第1章
サービス工学とは

　はじめに，サービス工学という研究分野が誕生した背景と現状の課題について，社会的ニーズと学術的課題の双方の視点から整理しておく。サービス工学が，「工学」を標榜している背景には，これまで多くの部分を経験や勘に依存してきたサービスを，客観的なデータによって観測するとともに，実サービスにおいて何らかの変数を操作することによって，サービス品質を制御可能なものとしたいという視点が含まれている。しかしながら，製造物と異なり，サービスには顧客や従業員といった多くの人間的要素が含まれているため，その入力や出力を客観的に表現する枠組みが不足していることからサービスの品質や価値を定義すること自体が本質的に難しい問題となる。また，顧客や従業員，経営者といった異なる主体者（ステークホルダ）はさまざまに異なる目的をもつため，サービスによるステークホルダ全体の価値を高めるためには，そのサービスが提供しうる複数の価値を同時に高めることが必要となる。したがって，サービス工学がめざす究極の目標は，ステークホルダの共創的な相互作用を通してサービスが動的に最適化される，サービスシステムの創出であるといえよう。

　ここでいうサービスシステムとは，サービスに関与する構成要素が相互に関係している系の全体を1つのシステムとしてモデル化したものである。注意すべき点は構成要素として人間系を含むため，このシステムはいわゆるハードシステムとはかぎらず，むしろ社会システムや企業組織などのソフトシステムとみる方が自然な場合が多い。チームやコミュニティといった共創的なサービス・システムを考えると，従来のハードシステムに対する「固い」制御よりはむしろ，構成要素の自律性や主体性を重視する「柔らかな」制御のほうが好ましい場合がある。こうしたソフトシステムに対する考察はオートポイエーシス

に基づく N. ルーマンの社会システム論や K. レヴィンのアクションリサーチ，公衆衛生分野におけるコミュニティ参加型研究（CBPR）などの諸研究分野との関連も深いように思われる。

　共創的なサービスシステムの創出をサービス工学の最上位の目的と位置づけた場合，サービス産業が抱える現実的な諸問題を解決するためには，実際のサービスを観測，分析，設計，適用するための基礎的な技術群（サービス工学技術）の整備が重要となる。その際，サービスシステムが人間系を含み，社会学的な様相をもっていることから，工学だけでなく，経済学や経営学，心理学や社会学，医学や健康科学といった多くの学術的視点が必要となることは当然である。したがって，サービス工学は工学という名称がついているものの，きわめて学融合的なアプローチを志向しており，かつサービス現場が抱える実際のニーズと切り離して考えることができないことが大きな特徴である。また，サービス工学という研究分野は，心理学や経済学のように，すでに一般化された問題を解く科学領域ではなく，現実社会が抱える現在の課題を扱う学問領域（吉川弘之氏は臨時領域という表現をしている）であるといえる。したがって，確立された研究方法論が存在するわけではなく，現段階では，さまざまなアプローチが混在しているようにみえることも事実である。本書では，それらすべてのアプローチを詳細に説明することはできないが，サービス研究のなかに，いくつかの異なる研究戦略が同時に存在することと，それらが必ずしも競合するのではなく，それぞれの社会的ニーズと学術的課題の双方の組み合わせによって生まれていることを理解いただければ幸いである。

1.1　サービス産業の生産性向上に向けたサービス工学への期待

　サービス産業の拡大という世界的な産業構造の変化と市場のグローバル化を背景として，サービス産業の生産性向上という命題が多くの国家に共通した重要課題となっている。日本では，2006 年 7 月の財政・経済一体改革会議において，「経済成長戦略大綱」が発表され，IT とサービス産業の革新による生産性向上が国家的課題であると位置づけられた。そこで強調された点は，サービス産業の生産性の伸びが，製造業のそれと比べて低いこと，さらに，諸外国と比べても低いことであった。たとえば，日本のサービス産業のうち，とくに生

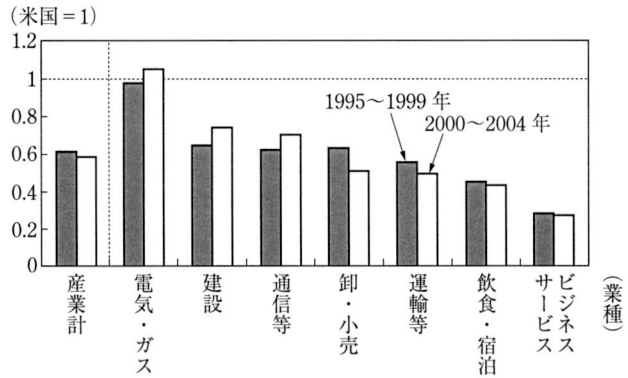
(a) 主要な非製造業の業種別労働生産性水準の日米比較

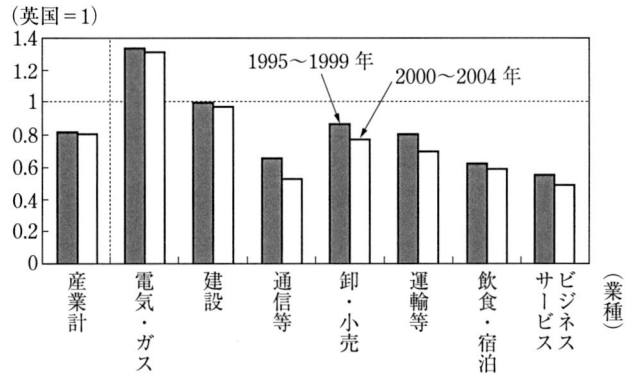
(b) 主要な非製造業の業種別労働生産性水準の日英比較

図 1.1　日本のサービス産業の米国・英国を基準にした比較（内閣府データ，2007）

産性の伸びが小さい分野としては，大きく2つの分野が挙げられる。1つは，外食，卸，小売サービスといった労働集約型産業であり，もう1つはICTを活用したビジネス支援サービスである。

　たとえば，外食サービスや小売サービスの成長を鈍化させた大きな社会的理由は，少子高齢化とそれに伴う人口減少，より正確には人口密度の減少であろう。「オーバーストア」という言葉は和製英語だそうだが，これは，たとえばスーパーマーケットなどがある地域に過剰に存在し，需要と供給のバランスが悪くなっていることを示す。これらの産業は経済状況の影響を直接的に受けるため，景気が悪化すると，同じ産業の中で過当な価格競争が起こる。これは消

費者にとっては良いことのように思われるかもしれないが，また同じ生活者である多くの従業員を抱えるこれらの産業の生産性が悪化することは，結果的に，懸念されるデフレ経済への移行を早めることにもなる．したがって，このような分野の生産性を高めるためには，効率的なサービス提供プロセスを実現するとともに，消費者にとっての付加価値を高めることの双方が重要である．とくに，提供プロセスの効率性については，製造業と比べて多くの部分が人の経験に依存しており，結果的に非効率的な点が多いことは否めない．一方，消費者にとっての付加価値を高めることに関しても，グローバル化，ネットワーク化が進む現在，消費者の嗜好や購買手段の多様化によって，事業者にとっては非常に難しい時代となっている．

1.1.1 ICT の利活用によるサービス生産性向上

ICT の利活用によるビジネス支援サービス，とくに情報サービス分野の生産性が低い大きな理由としては，日本がグローバル化の流れのなかで，諸外国に比べて後れをとっていることが挙げられるだろう．これは，Google や Amazon，Apple 社といったグローバル企業が提供するサービスが世界中で用いられていることをみても明らかである．また，いわゆるクラウドサービスとよばれる分野が現在，大きく期待されているが，クラウドサービスにおける最も重要な機能は，民族や文化といった違いを乗り越え，システムとしてどのようにグローバルなサービスを提供できるかという点にあるように思われる．この点において，日本は，多民族国家や多くの移民を抱える国家と比べて，そもそも後れをとっている点は否めないが，問題解決に向けては，情報や通信分野におけるコア技術を発展させるだけでなく，実ビジネスを通して，サービスがどのように受容されるかという社会的な検証が不可欠となる．

学術界では，このような視点から生まれた分野として，サービスコンピューティングとよばれる分野がある．この名称は，電気・電子分野における世界最大の学会である IEEE に，2003 年頃に設置された "Services computing" に関する技術コミュニティによって，その名前が広がったと考えられる．そこでの中心的課題は IT サービスやインタネットにおけるサービスシステムの開発であり，SOA（Service Oriented Architecture：サービス志向アーキテクチャ）

など，IT を用いた業務プロセスの管理と計算機科学による最適化の問題が議論されてきた．現在，サービスコンピューティングの対象は，ビジネスだけでなく公共サービスの基盤システムも対象となっており，世界的にみて最も大きなサービス研究の流れとなっている．

1.1.2　サービス産業の製造業化

一方，わが国では，サービス産業の生産性を議論する際，わが国の成長を支えてきた製造業のノウハウをサービス産業にも活用できないかという視点も議論されてきた．ここでいうノウハウとは，たとえばトヨタ生産システムやカイゼン（工場で働く労働者のボトムアップな業務改善手法），QC（Quality Control：品質改善）として知られるものであり，このような手法は，生産現場だけでなく，労働集約型のサービスにも有効であると考えられる．

実際，中小企業比率が高く人材流動性が高いサービス産業では，このようなシステム的な取り組みがなされにくく，効率化できるのにできていない部分が多くあることが指摘されており，サービス産業にこれまで科学的・工学的アプローチがあまり導入されていなかったという共通認識が生れた．

そこで，経済産業省では，2006 年頃より，サービス産業の生産性向上に対する科学的・工学的アプローチの重要性を認識し，産学官による議論を開始した．そこでの議論をもとに，2007 年 10 月には，社会経済生産性本部（現：日本生産性本部）に，サービス生産性協議会が発足し，「科学・工学的アプローチ委員会」や「サービスプロセス委員会」「CSI（顧客満足度指標）委員会」「『ハイ・サービス日本 300 選』選定委員会」など複数の専門委員会が設置された．これらの委員会では，実際のサービス産業の現状を把握し，製造業で培われてきた業務改善などのノウハウも含めて，サービス生産性向上に向けた具体的な方法論や要素技術を社会に普及させることがミッションとなっている．また，これらの啓蒙活動と研究開発活動は相互補完的な関係となっている．

1.1.3　製造業のサービス産業化

製造業のノウハウをサービス産業に適用し，生産性向上をめざすという視点は，「サービス産業の製造業化」という表現ができるが，一方で，「製造業のサ

ービス産業化」が大事であることも近年，指摘されてきた。これは，製造業が高度化する段階で，大手製造メーカなどは，製品の設計と生産に集中する戦略を取り，消費や廃棄とかかわる流通や販売，アフターサービスなどをアウトソーシングする傾向が高まったことに端を発している。この結果，多様化する消費者のニーズをとらえることが難しくなったという認識が生れ，「何をつくったらよいのか（売れるのか）わからない」という声を多く聞くようになってきた。このような問題意識は，生産工学の研究分野でも大きく着目されており，近年，生産システムの対象範囲を拡張し，設計，生産，消費，メンテナンス，廃棄といった製品のライフサイクル全体を最適化するための研究が活発化してきた。すなわち，生産とサービスを同時に捉える視点が生まれてきた。

　このような背景を受け日本では，2002年4月に，東京大学人工物工学研究センターに先駆的に設置されたサービス工学研究部門において，製造業のサービス産業化をめざした研究が始まった。また，ヨーロッパを中心とした世界的な生産システム研究の学術的拠点であるCIRP（国際生産加工アカデミー）では，主催する国際会議や論文誌において，製造業のサービス産業化，あるいは製造業とサービス産業の融合をめざした研究がこの10年間ほどの間に非常に活発化している。たとえば，CIRPではProduct-Service Systems（PSS：製品・サービスシステム）というコンセプトを発展させ，Integrated Product-Service Systems（IPS^2）という分野を確立している。そこでは，製品の設計，製造，流通，販売，メンテナンス，廃棄までをトータルに考えたビジネスモデル，イノベーションまでを研究対象としており，従来の生産工学の枠を大きく超えた研究となっている。

1.1.4 サービスマーケティング

　サービス固有の性質を考慮したマーケティングのフレームワークに関する研究分野として，サービスマーケティング（あるいはサービスマネジメント）とよばれる学術分野が存在する。クリストファー・ラブロックは，1980年代からサービス経済の特徴に着目し，プロダクトとの比較からサービスに特有な性質（無形性，同時性，消滅性，価値の異質性など）を考慮したサービスマーケティングという新たな体系を整備してきた。ジェローム・マッカーシーが提案

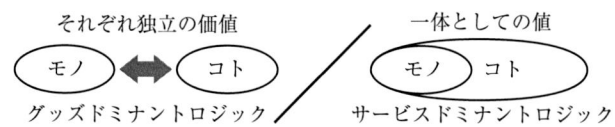

図1.2 サービスドミナントロジック (Valgo, Lusch：Journal of Marketing, Vol.68, pp.84-102, 2004)

したマーケティングミックスは，マーケティングの方法論として広く知られてきた．そこでは，4Pとよばれる製品（product），価格（price），プロモーション（promotion），流通（place）に分類されるツールを組み合わせることの重要性が提案されてきた．さらに，フィリップ・コトラーは，これに加え，参加者（participants），物的な環境（physical evidence），サービスの組み立てのプロセス（process of service assembly）の3つのPを加えた7Pで，サービスマーケティングの戦略を組み立てることを提唱している．

このほかにも，最近サービスマーケティングの分野では，サービスに関するいくつかの重要な理論，概念が提唱されてきた．1つは2004年頃にバーゴとラッシュらを中心として提唱されたサービスドミナントロジックとよばれる概念である．これは「機能や品質に優れた製品が市場での価値を有する」という一般的な概念（グッズドミナントロジック）のアンチテーゼでもあり，「どんなに機能性が高くてもそれ自体では価値を生まず，顧客が利用することによってのみ価値を生む」という発想である．したがって，サービスドミナントロジックでは，製品とサービス，あるいはモノとコト，という分離をせず，顧客との価値共創によって，それらすべてをよりよい状態にしていくことをめざしている．

サービスドミナントロジックは，製造業に強く依存してきたわが国にとっては衝撃的な概念であり，製造業のサービス産業化を進めるうえで，根本的な発想の転換を要求するものであるといえよう．一方，製造業とサービス産業の融合を考えるうえで，最近，米国のブリガムヤング大学のサンプソン教授が2007年に発表した，Unified Service Theory（サービス統合理論）が注目を集めている．これは，製造業，サービス産業にかかわらず，顧客のフィードバックにより生産・提供プロセスに変更が生じることが「サービス」の本質であるという認識により，これまでのサービスに関する理論化の統合を図ろうとする

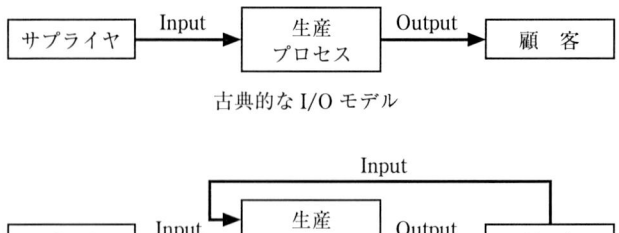

図 1.3　総合サービス理論（Sampson, 2006）

ものである．この枠組みでは，顧客からのフィードバックがサービスの特性を決定する重要なものであり，結果，顧客との価値共創の重要性が強調されている．たとえ無形のサービスの提供であっても，顧客からのフィードバックにより生産プロセスが変化しないのであれば，それは「サービス」としての特性が弱いことになる．逆に有形のモノの提供であっても，たとえば顧客からのオーダーにより提供・生産プロセスが変更されるのであれば，それはサービスとしての特性が強く反映されたものになる．このサービスに関する統合モデルは非常に汎用的であり，さらに具体的な産業ごとに，顧客からのフィードバックの種類や生産プロセスの流れを整理することによって，制御すべき対象やシステム全体の構造を明確にすることが可能となる．それによって，新たなビジネスモデルの可能性やサービスとしての特性を議論することができる点に大きなメリットがあるように思われる．

　以上のように，サービスマーケティングは，実際の実務上のメリットも考慮した実学的立場から，経営的意思決定のためのサービスの体系化やモデル化を進めてきた学術分野であるといえよう．さらに，サービスマーケティングには，消費者行動モデルやそれらを分析するための数理・統計的なアプローチを主とする研究分野も含まれる．本書ではそのすべてを紹介することはできないが，サービスマーケティング分野とサービス工学，サービス科学の連携は今後も重要であろう．

1.1.5　サービスに関する総合的な学術分野の確立に向けた取り組み

ここまでみてきたように，サービスに関する既存の学問分野には，それぞれの背景と研究スタイルがみられるが，サービス産業の生産性向上という社会的課題の解決に向けた新たなサービス研究分野のありかたについて，近年，大学では積極的な議論が行われてきた。たとえば，東京大学では，2006年10月から全学的に「サービス・イノベーション研究会」を開始し，工学系の研究者を中心として，心理学や経営学など多くの分野の研究者が活発な議論を行ってきた。大学においては，教育の問題を含め，既存の研究組織（学部や大学院，研究所など）間の連携が重要な問題であり，それぞれの研究者がもつ専門分野を活かし，どのように新たな研究分野を確立できるかという点について活発な議論が行われている。このような動きは，北陸先端科学技術大学院大学（JAIST），一橋大学，東京工業大学，筑波大学，京都大学，東北大学，明治大学など多くの大学においても同様であり，すでに各大学においてさまざまな教育プログラムが本格的に始まっている。たとえばJAISTでは，早くからサービス研究の重要性に着目し，2005年10月には，MOT（Management Of Technology：技術経営）コースの先端的科目として「サービス・サイエンス論」を開始し，2009年には，サービス経営コース（MOS）が設立された。また，JAISTの他にも，経営学，あるいは技術経営コースをもつ多くの大学が，最近，文部科学省のサービスイノベーション人材育成プログラムなどの支援を得て，同様の教育プログラムを開始している。

このように，これまでサービスサイエンス（サービス科学），サービス工学，サービスイノベーションなど，いくつかの用語が用いられてきたが，サービスの問題を扱ううえで，学問領域間の協力，融合と新たな学術課題の発見が重要であることは，サービスにかかわる研究者の間で共通認識になりつつある。

このような背景から，現在，日本の多くの大学や研究所，企業が集まり，2012年末を目途に，サービス学会（英語名称はSociety for Seviceology）の設立準備が進められている。これは，日本におけるサービス研究の大きな一歩であるが，そのためには，文理融合，産学連携，国際展開など，いくつかの大きな課題にチャレンジしなければならない。このような取り組みを進めるために重要なことは，各研究者が自身の研究領域を相対化し，他の領域の研究者や企

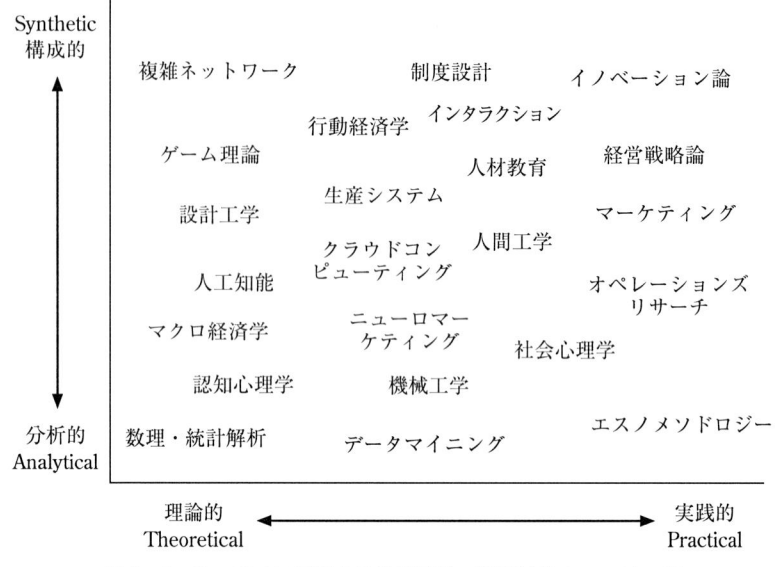

図 1.4 サービスに関係する学術分野，研究対象のマッピング

業経営者と積極的に対話することによって，サービスにかかわる問題の構造を明らかにすることであろう。

　図 1.4 は，これまでに述べてきたサービスにかかわるさまざまな研究分野や研究対象を整理するために，実験的にマッピングしてみたものである。ここでは，分野のそれぞれの学術的課題を，その研究の目的が理論的か実践的かという軸と，その研究の方法論が分析的（アナリシスが中心）か構成的（シンセシスが中心）かという 2 つの軸で表している。このようなマップを作成する際には，対象の粒度の問題や，カバーする範囲の問題など，難しい問題はあるものの，一見して，サービス研究が理論から実践，分析から構成（統合）へと広い部分をカバーしていることがわかる。そのために，多くの学術分野の知見を融合しながら，実サービスでの問題解決を通して研究していくことが，サービス研究の第一の特徴であると考えている。

1.2 生活者を起点としたサービス生産性向上に向けて

最後に，筆者らが属する産業技術総合研究所サービス工学研究センターにおけるサービス工学の研究戦略について紹介したい。筆者らが行うサービス工学研究の特徴は，第一に，実際のサービス現場を実証フィールドとしているところにある。そのため，サービスを提供する事業者と連携しながら，サービスの生産性を向上させる事例研究を集中的に行うことが重要なミッションとなっている。また，研究を遂行するにあたり，現場で取得されるさまざまなデータを用いている点である。図1.5は，大規模データをもとに，生活者を支援することを起点としてサービス産業の生産性向上をめざすシナリオを描いて模式的に示した。この図で主張したいことは，客観的に観測できる大規模なデータから，生活者の行動や価値観を理解し，多様な生活者を支援することを第一とするという点である。たとえば，左回りのループでは，生活者の支援を通して，生活価値を明らかにすることが，サービスだけでなく，製造物の価値を明らかにすることにもつながり，ひいては現在，求められている製造業とサービス産業の融合を推進できると考えている。また，この道筋によって，経営戦略を含めた実ビジネスの支援をめざしている。これは，単に売上などの経済的指標をもと

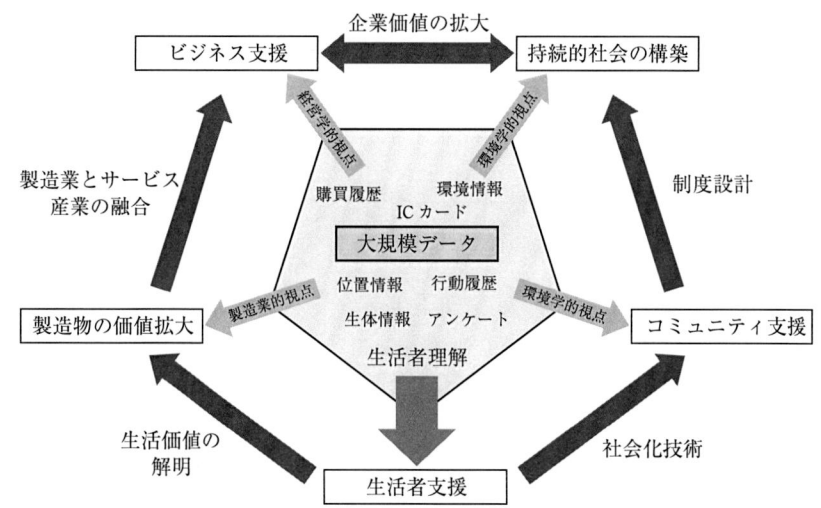

図1.5 生活者を中心としたサービス生産性向上へのシナリオ

に，サービスの価値を予測するのではなく，生活者の視点から，サービスの価値を明らかにし，その価値を高める戦略を探究することを意味している．さらに，サービスを通して，多様な個々人の生活価値を明らかにすることは，社会や環境の持続性を考えるうえでも重要である．ネットワーク化が進む現在，ある製品やサービスの価値は，個々人の嗜好の問題だけでなく，社会全体の複雑な相互作用を通して現れるようになった．たとえば，インターネットの口コミなどの発展によって，モノやサービスの価値は，従来のマスメディアによる広告によってではなく，多くの一般の人たちの意見によって決定されるようになってきた．このような社会において，多くの生活者が納得する価値のあるサービスを提案するためには，その生活者が所属するコミュニティの価値観を明らかにし，より望ましい方向へ進むように支援することが必要である．すなわち，単に個人に対するサービスの価値を追求するだけでなく，多くの人の合意が得られる安心・安全なサービスが求められているといえよう．

第2章
大規模データに基づくサービス工学

2.1 サービスにおける大規模データ

　第1章で述べたサンプソンの統合サービス理論では，サービスの提供者，提供プロセス，利用者の3つの関係について図のように関係づけた場合，利用者からの入力が提供プロセスに影響を与えるフィードバックループこそがサービスを特徴づけるものである，という概念を紹介した。この構造的な理解によってさまざまなサービスをこのフィードバックループの性質や強弱によって比較検討可能になる。また，提供プロセスに利用者の関与が強いほど共創的となる。

　利用者からのフィードバックがない場合というのは，サービス提供者側が規定したサービスを一方的に利用者に提供するものである。利用者からのフィードバックがない場合には，サービスがどのように受け取られたのか，満足度はどうであったのかを提供者が知ることはできず，サービス提供プロセスを改善することもできない。

　一方，利用者の行動として生成されるデータをサービス提供者が観測することでフィードバックループを実現することができる。つまり，利用者の反応や行動を大規模データによって観測し，これを活用してサービス提供プロセスが

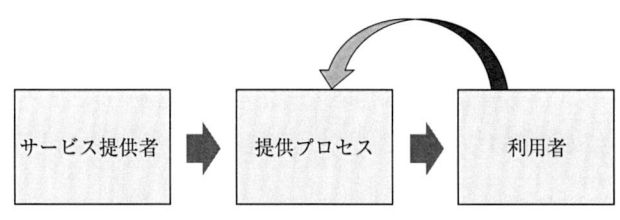

図2.1　Unified Service Theory（Sampson, 2006）

利用者に合わせて変更できれば，サービス利用者と提供者の双方にとって良いものになるようプロセスを最適化することが可能になる．これは，利用者にとっての満足度向上や，利用者層の拡大のためにも重要な役割を果たす．

　最近，社会の活動が電子的なデータとして集積され，ビッグデータとよばれる大規模データが利用できるようになってきた．サービス現場においても顧客との接点のなかで蓄積されているPOS（Point of sales）データや，購買履歴が顧客のIDとともに蓄積されるID付きPOSデータなどがある．これらのデータはスーパーマーケットやコンビニエンスストアでの購買履歴やSuica，ICOCA，PASMOに代表される非接触ICカードを用いた電車・バスなどの乗降履歴，ウェブページへの訪問履歴などとして，その種類と量は今後ますます拡大していくことが予想され，この大規模データを用いて利用者からのフィードバックループを実現することが期待されている．

　またサービスの生産性は，生産にかかるコスト（分母）と生産される価値（分子）との比と考えることができる．したがって，利用者の満足度を上げるプロセスの改善をサービス提供コストを上げずに実現できればサービスの生産性が向上するといえる．従来の製造工程における生産性向上が主として分母の圧縮にあったのに対し，サービス工学においては分母の圧縮と分子の増大を同時に実現するところに特徴がある．

　そのためには利用者の反応や行動を大規模データを通じてモデル化し，計算可能にする技術が必要になる．さらにサービス提供プロセスを適切に制御するためには，サービス提供者の行動についても計算モデル化することも重要である．なぜならば，サービスにおけるプロセスの特徴として，そのなかで人が介在する部分が大きいからである．製造業においては労働生産性の向上が著しく，たとえば機械化，自動化された工場による品質管理やコスト削減が可能であるが，サービス産業においてはそのプロセスを機械化，自動化することはさまざまな理由によって十分実現されていない．そのため，サービス提供プロセスを制御するために利用者のみならず提供者側のモデル化や提供者の行動を支援する技術も必要になるのである．

2.2 大規模データによる利用者の計算モデル化

　サービスの特性はサービス提供と消費が同時に行われ，その品質はサービス利用者や状況に依存し，保存できないという同時性，異質性，消滅性に起因している。また提供されるサービスの評価は利用者（ユーザ）と状況に依存していることから，現場の熟練者の属人的な経験と勘への依存性が強く，サービスが複数の人の相互作用（コト）として伝搬しており，人の心理や行動，状況といった情報の技術的な取り扱いが本質的な課題になっている。

　顧客接点における相互作用は大規模データを通じて客観的に観測される。提供されたサービスは受容者に認知され受容者の意識や行動を変容させることで，はじめてサービスの価値が顕在化するため，最適化を行うためには利用者の認知・評価・行動モデルの導入が不可欠となる。したがって，このモデルをいかに大規模データから構築できるか，ということが技術的課題となる。このサービス特有の課題に対処するためには，これまでのモノ作りで適用されてきた制御工学的アプローチとは異なるモデル化技術が必要になる。具体的には，利用者の集団を対象にすることからくる不確実性や利用者の心理的要因や状況依存性に基づく不確実性などに対処するために，大規模データに基づくモデリング技術の導入が必要になる。

　サービスにおいて大規模データが観測される状況は，ある店舗における購買履歴やあるウェブサイトに訪れた人の行動履歴であり，その母集団の統制は困難をきわめる。そのため，データは安価に受動的に大量のデータを収集することができ，破棄しないかぎりは単調にデータ量は増加するが，そのデータ品質は統制されていないということが大きな特徴である。

　これら生活の現場で観測されるデータは個人（またはその個人が属する家族や集団）が日常生活を営むうえで発生する，いわば生活の足跡である。その足跡は個人の行動の記録そのものであり，その行動の原点には個人の嗜好や生活のパターンなどサービス受容者の欲求へと繋がる手掛かりが隠されているはずである。その欲求を掘り起こすことで，新たなニーズの発掘や顧客満足度を向上させる高品質のサービス設計を実現できないであろうか。その鍵は生活者行動の計算論的なモデリングにある。そのためのひとつの方法が確率モデルや統

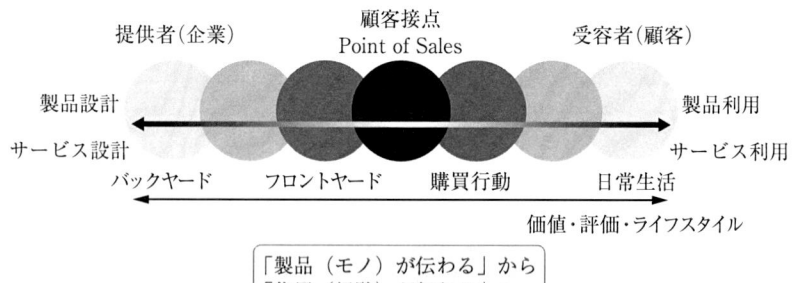

図2.2　製品とサービスの違い（バリューチェーン）

計的学習である．確率モデルを使って対象をモデル化することで，知りたい変数の確率分布を推定し，起こりえる各状態の確率（確信度）を評価する技術がある．この大規模データからの計算モデル化の詳細については第4章で詳しく取り上げ，以下ではその概略のみを示す．

　利用者の集団を対象にすることからくる不確実性や，利用者の心理的要因や状況依存性に基づく不確実性などに対処するために，大規模データに基づいて利用者のモデル化を行う．しかし利用者である顧客の消費行動の背後には個人の特性や状況依存性など顧客の認知構造が潜んでいる．その行動は心理的状態や内的・外的状況に依存する大きな不確実性を伴い，決定論的または単一のモデルでの表現は困難となっている．また，古典的な統計的モデリング手法のほとんどでは線形独立性を強く仮定しており，消費者行動の非線形性やその状態に影響を与える交互作用の扱いは難しかった．

　最近，大規模データを計算機上で扱うための方法論として機械学習やデータ同化シミュレーション技術が活発に研究されている．機械学習とはデータを計算機に学習させ対象の予測や判別のパフォーマンス向上を志向する．一方，データ同化とはモデルとデータを融合させることでシミュレーションモデルの改善を志向するものである．サービス工学において必須となる人間行動のような状況依存的で複雑な対象のモデル化では，行動モデルの精緻化やデータの解析のみに注力するのではなく，大量データからモデルを構成する機械学習の方法

論や，モデルとデータを両輪として研究を駆動するデータ同化の方法論の採用が有力なモデリングの手段となり得る。

どのようなモデルが大規模データの有効活用に適しているのかを考えると次のような条件が必要となる．第1に，大量で多様なデータを取り扱うために各種のデータを統合する大規模なデータベースの導入が必須である．また，人間の意思決定に伴う潜在変数を記述し，具現化して取り扱う必要があり，そのためには単に大規模なデータを集めるだけでは不十分で，事前知識としての消費者理解，消費者行動の分析も必須である．さらにサービスにおいてはユーザによる異質性があるため，ユーザの嗜好性を表すユーザモデルを導入する必要がある．そのとき決定論的アプローチでは，多数のIF-THENルールや複雑なフローチャートを用意したとしても例外や外れ値は枚挙にいとまがない．加えて，ノイズや不確定な要因を扱うことができないため，ユーザモデルを明示的に書き表すことは難しく，非決定論的な確率モデルの枠組みが要請される．

以上を実現するための方法論として，サービスを通じて得られた大規模な観測データから逐次構築する機械学習的アプローチを利用する．ユーザの嗜好性は多くの要素と関係しているが，それは線形独立な関係ではなく，状況にも依存するための交互作用を含むものになる．さらにユーザの集団や，行動の変動性といった不確実性を含むものであるが，そこでは正規性の仮定が成立するとはかぎらない．そこでベイジアンネットなどを適用し，非線形で交互作用を含む比較的複雑な計算モデルを利用する．ベイジアンネットを用いた利用者のモデル化については第4章で詳しく述べる．

2.3　サービスにおける予測と最適化のループ

サービス特有の課題に対して，熟練者の経験と勘から脱却し，サービスの現場で起こる事象を客観的に「観測」し，それを「分析」して得られる計算論的モデルに基づいて，あるべきサービスを再「設計」し，それを現場に「適用」するという「最適設計ループ」によって，サービスを連続的に改良するアプローチが提案されている［2.1］（図2.3）。

生活者行動のモデル化により，生活者としての顧客行動の予測が実現できる．顧客の行動を予測することでよりきめ細やかな「個」客としてのケアが可能と

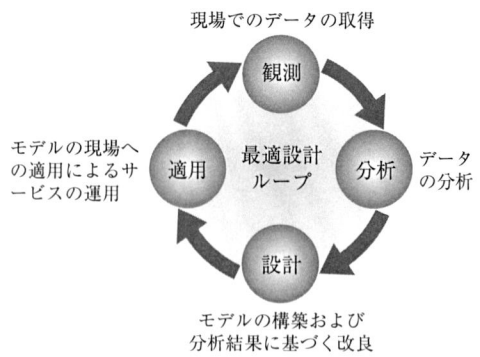

図2.3 サービスの最適設計ループ

なり，付加価値の増大と満足度の最大化につなげることができる。また，サービス提供者もサービス投入量を事前に最小限に調整することができるので，効率が向上し，無駄を削減することができる。つまり，予測によりサービス価値とサービス投入量を同時に最適化することが可能となる。

また，サービス受容者の予測は製品設計の最適化にもつながる。たとえば，生活価値向上をめざした製品設計・開発において本章で述べたようなサービス工学的アプローチに基づき，生活者理解に大きな期待が寄せられている。

さらに制御に至っては，サービス提供者がサービス受容者に影響を与える変数を操作し（小売サービスでの具体例ではチラシや値引きなど），そのサービス受容者の行動（来店行動など）を制御することで，サービス提供者がもつ最大限のサービス提供能力を最小のサービス投入量で実現することも十分期待できる。

サービス受容者のモデル化の方法論としてよく知られたものに，アラン・クーパーが提唱したペルソナがある。ペルソナでは実在する人々についての定性的調査に基づき，複数の関係者が共有できる仮想のユーザ像をつくり出し，そのユーザ像が満足するような製品やサービスの設計を行う設計支援法である。しかしながら現状では，ペルソナ構築プロセスの過程で実データを用いる場合があっても，設計支援に用いることが可能なレベルに仕上げるまでのあいだに設計者の主観的推測が入り込むため，本質的に質的なモデルにとどまるという問題点がある。そこでサービスにおける予測と制御の実現のために適用可能な

客観的なモデル化のためには大規模データからの利用者の計算モデル化が必要となる。

その具体的な例として，第4章で述べるコンテンツ推薦のためにそれまでのコンテンツ選択履歴やアンケートから利用者の嗜好性を推定する計算モデルを構築し，最適なコンテンツを推定し，ユーザが何かコンテンツを視聴する特定の状況におけるサービスの最適設計を考えることができる。

まず，過去の膨大な視聴履歴（さまざまなコンテンツをある状況で選択した行動履歴）からユーザモデルを構築しておく。そのモデルを用いて目の前のユーザが特定の状況で選択する確率の高いコンテンツの集合を求めることができる。つまり状況とユーザの嗜好性に応じて選択される可能性の高いコンテンツを推薦することができる。

このコンテンツ推薦システムを稼働させることでさらにコンテンツの視聴履歴が集積され，これを使ってモデルの再学習を行うことができる。もちろん多数のユーザがシステムを利用することで，コンテンツの選択履歴がより大量のデータとして蓄積されることとなる。こうして得られた計算モデルを用いたコ

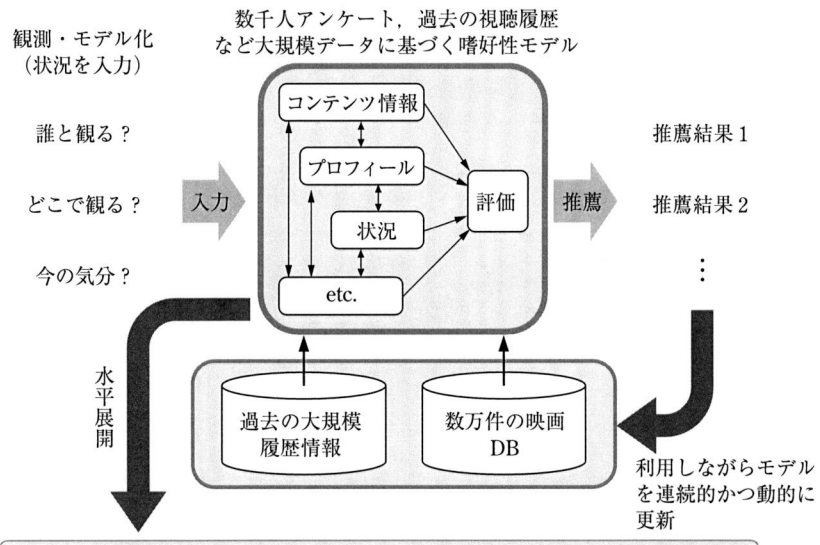

図2.4　コンテンツ推薦とマーケティングへの応用における知識循環の例

ンテンツ提供サービスの最適化を行うことにより，コンテンツ提供サービスの価値（顧客満足度）を増大させるとともに，この過程で構築される視聴者の評価構造を計算するユーザモデルが蓄積していく．

このモデルをコンテンツ産業全体で再利用できる共通基盤として整備することで，コンテンツの制作・管理への波及効果もねらうことができる．またユーザと状況に対して最適なコンテンツを求めることでコンテンツ推薦サービスが実現できたわけであるが，その逆にあるコンテンツに対して最も視聴する確率の高いユーザ層や，その際の状況なども推論することができる．

このしくみにより，たとえば映画として公開が終わったあとの映画作品を，DVD で販売する際のプロモーション戦略の最適化などへ応用した事例がある．これは映画推薦サービスを通じて得られた大規模データからユーザモデルを構築し，マーケティングに応用した例である．

このようにして，実サービスを通じて得られた知識がさらに次のサービスの提供や設計に反映される知識循環型のサービスが実現できる．そのサービスの中で大規模データモデリングの手法を適用・反映することで，実験室環境では得られなかった大量で意味のあるデータを獲得できるようになる．こうして得られる大規模データを用いて，人間の認知・評価構造を再利用可能な形でモデル化することができれば，知識循環システムによる生活者起点サービスの設計に役立てることができる．

2.4 大規模データを用いたサービス支援システム

先に述べたようなユーザモデルを構築することで，サービス利用者がどういう文脈で何に関心や期待をもって商品や行動を選択したかを計算機上でシミュレートし，商品の推奨・企画やCRMにおける効果予測などさまざまな予測が可能になる．

サービス設計のための利用者シミュレータは，サービスの現場で観測される実データとサービス受容者の行動モデルの両者を統合・融合し，サービス利用者の行動に関する客観的で科学的なシミュレーションを行うものになる．そこでは，データと行動モデルを統合・融合するデータ同化型のシミュレーションとよばれるものになる．このデータ同化型シミュレーションについては第6章

で詳しく紹介される。

先にも述べたように，サービスの最適設計を実現するためには，提供者側について支援技術も重要である。産総研では2008年から実施された経済産業省のサービス工学研究開発事業において，大規模データから顧客モデルを構築し，それを用いてサービス事業者の支援を行うシステムを開発した［2.2］。サービス工学研究開発事業に関する詳細は第3章でも述べる。ここで注目すべきことは，このサービス支援ツールを利用することで，サービス事業者の行動が電子的に入力されるため，行動観測が自動的に行えることになり，再び大規模な実データを収集することが可能となる。そのデータを用いることでシミュレータの改良やアップデートを行い，再利用可能な知識の新たな循環ループが構成できる。このフィードバックループはサービス事業者のみではなく，関連事業団体や研究者などもその評価・結果・リソースを共有し，お互いの見地と立場からその成果と知識の循環を続けることができる運用体制をつくり上げることが社会的価値向上の鍵となる。こうした知識を共有するコミュニティの体制ができてこそ，研究者とサービス提供者，利用者間でのwin-winの関係を築くこ

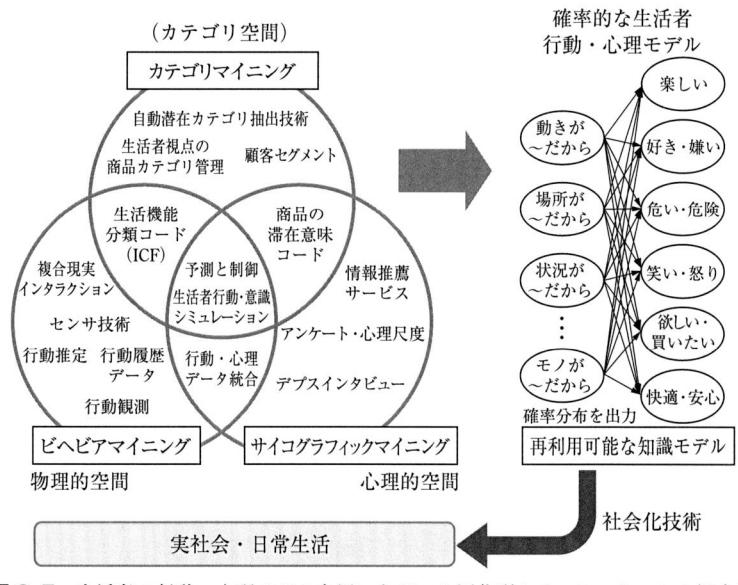

図2.5　生活者の行動・心理モデルを用いたデータ同化型シミュレーションの概念図

とができ，それに伴うサービス品質の向上を社会全体で享受できる環境となる。

また，支援ツールの根幹となる生活者モデルや行動予測シミュレータは，自動発注システム，推薦・予約システム，接客トレーニングシステムなどに応用が可能であり，ホテル等での宿泊サービス，観光サービス，生活環境に密着した地域サービスなどの他業種への連携サービスの実現にも寄与できるであろう。これらの支援システムは生活者理解を加速するための情報基盤であり，他の生活者密着型サービスへの水平展開も可能になる。

行動観測・分析によって顧客が商品を購買するときの状況と意志決定プロセスを深く理解し，モデル化できれば，これを利用して大量に存在するが浅い購買履歴データからでも深い理解が可能になる。行動分析学的アプローチと各種のセンサ統合技術やテキストマイニングなどの情報工学技術を組み合わせた方法論を適用することで，実環境でのサービス提供者や受容者の行動観測を行い，顧客のミクロレベルの行動分析と商品情報の提示と顧客のフィードバックを活用した宣伝・広告と消費者経験価値最適化を行うことができるようになると期待できる。

2.5　大規模データに基づくサービス工学のめざすもの

ここまでみてきた事例を通じて，個別サービス産業の問題解決を図るだけでなく，成果をオープンな技術基盤や，多様なサービスにおける運用・改良をサポートする一般化された方法論として確立することがサービス工学の発展のためには重要である。本章で紹介した大規模データから不確実性に対処するためのモデリング技術の基盤はソフトウェアとして再利用可能なパッケージとしてすでに企業にライセンスされるなどしているが，サービス工学としては，そうした技術開発だけでは不十分である。実験室の中で開発されたものが，製品となり日常で使用されるモノ作りの技術と異なり，日常のサービス現場における問題解決を図るためには，日常的な生活場面において，多種多様なデータを包括的に観測，分析し，不確実な現象を計算論的にモデル化，最適化を実行しつづける枠組みを社会に定着されることが必要である。そのために，

　①単に既存のセンサ技術をサービス現場に埋め込むだけでなく，その観測データが持続的にサービスの価値を向上と同時に効率化させるようなサービ

ス設計と連携する観測技術
② 現場を観測する技術では計測しきれない詳細をサービスの受容者・提供者へのインタビュー・アンケート等を通じた構造的・定量的観測・分析手法
③ これら2つの観測技術によって得られたサービスの諸属性を，計算機で扱える構造的・定量的な形で，かつ，できるだけ汎用的に記述する人間の日常生活やサービス活動の計算モデルの構築・運用方法
④ 観測データからサービスの受容者の個人の認知・心理状態（嗜好・意図・満足度等）を推定し，それに基づく最適化を実行するための技術開発などが重要になる [2.3]。

サービス工学における技術基盤は，従来の工学と同様に新たなサービスの設計・運用に有効なツールとなりえるが，いままでサービスをそのような技術基盤に基づいて設計・運用した経験がサービスの現場になければ，技術そのものを開示するだけではその活用が進まない。そこでとくに重要なのは，技術基盤を現場に導入することによって現場のサービス受容者および提供者がサービス最適設計ループに主体的に参加し，そのループを回し続けることである。これはコミュニティ参加型のアプローチとよぶこともできる。このアプローチを可能にする条件を含めてその方法論を明らかにし，その知見を社会全体で共有することもサービス工学の体系化のためには重要なことである。また具体的なサービス事例における実効性のある最適設計ループが駆動され，事例ごとにサービス生産性の指標が改善されるだけでなく，さらに複数のサービスに汎用的に活用できる指標の発見と，サービスプロセスを改善する方法，最適設計ループを継続するための管理手法の開発や標準化の活動も必要になる。

2.6 おわりに

サービス工学研究の難しさは現場における複数の人の相互作用（コト）を対象とすることにある。実験科学と違って，実際に行われている日常場面におけるデータの収集と分析が必須になる。そのために実サービスと調査・研究を一体化すべきとする「サービスとしての調査・研究（Research as a service）」とよぶアプローチが考えられている [2.4]。ここでは調査・モデル化の段階とそのモデルを用いたサービスを切り離すことなく，情報サービスを日常環境で

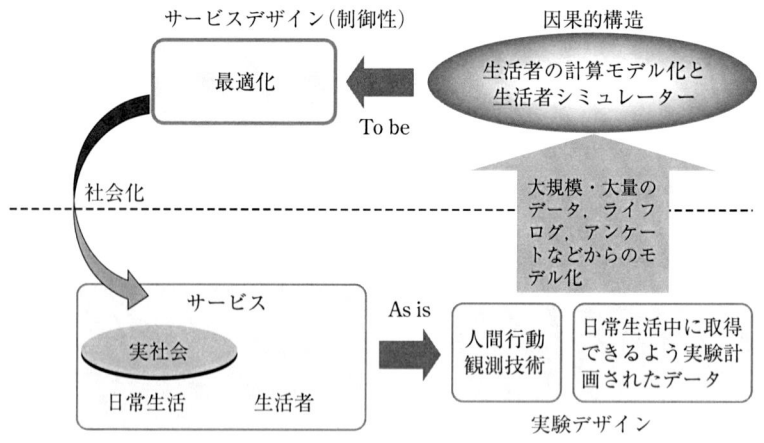

図 2.6　日常生活支援サービスにおける大規模データモデリング

実行しながら，観測や利用者のフィードバック（心理的調査）の結果を網羅的に収集しながら，現実のモデルをつねに修正していく．さらにそのモデル上であるべき理想的な状態の確率が高まるような最適化を行い，その良い状態を社会に反映する，という一連の流れである（図 2.6）．この枠組みは古くはレビンが提唱した，研究を実フィールドのなかで実践することで新しい価値を生み出すというアクションリサーチにも通じるものである．これまでの工学の歴史のなかでは客観性と制御性を重視することから，決定論的なモデル化，線形独立性，正規性などの数学的取り扱いが容易なモデル化の研究が先行されてきた．しかし，サービス現場にある人の相互作用を対象に見据えると，社会活動の中に現れる不確実性や非線形性をもつ交互作用，非正規性を取り上げざるをえない事実に直面する．こうした社会のなかでのアクションリサーチと大規模データに基づく生活行動のモデル化は今後さらに発展が期待される研究領域といえよう．そして，そこで開拓される手法がこれまでの工学的枠組みを拡張したものになることで，結果として要素技術の進化を促すことにつながるかもしれない．

参考文献

[2.1]　内藤耕（編著）：『サービス工学入門』，東京大学出版会（2009）

[2.2] 経済産業省委託事業「平成21〜22年度ITとサービスの融合による新市場創出促進事業『サービス工学研究開発事業』」成果報告書 http://unit.aist.go.jp/cfsr/contents/meti-top.htm
[2.3] 本村陽一,石垣司:「サービス工学における計算論的モデル」,『システム/制御/情報』, Vol.53, No.9, pp.374-379 (2009)
[2.4] 本村陽一:「大規模データからの日常生活行動予測モデリング」,『シンセシオロジー』, Vol.2, No.1, pp.1-11 (2009)

第3章

サービス工学基盤技術開発

3.1 はじめに

　サービス産業は現在，雇用・GDPとも日本経済の約7割を占める重要産業であり，少子化・高齢化等の社会構造変化や企業の業務効率化のためのアウトソーシング等により，その需要が拡大している。また，雇用創出の効果も大きく，地域経済の中核を担う重要産業である。一方で，国際競争力という視点では，日本の製造業が高い国際競争力とブランド力を有しているのに対し，日本のサービス産業のそれはまだ限定的である。サービス産業が国際化するなか，日本のサービス産業にも生産性の向上と，国際競争力の強化が求められている。このような背景のなか，サービス工学は，サービスの価値向上と提供工程の効率化を同時に実現するための基盤的な学問体系として注目されている。自動化等による効率とサービスの質のバランスをトレードオフとして解決するのではなく，双方を同時に向上させるイノベーションを生み出すということである。経済産業省では，サービス工学によって国内サービス産業の生産性向上を実現すべく，2008年度から「サービス工学研究開発事業」を実施してきた。本章では，産総研サービス工学研究センターが経済産業省の委託を受けて実施してきた「サービス工学研究開発事業」の成果であるサービス工学基盤技術を紹介する。

3.2 サービス産業の課題整理とアプローチ

　サービス産業特有の課題は，製造産業と比べたときの産業の特徴の違いとして整理することができる。サービス産業の第一の特徴は，在庫ができないという点である。そのため，需要変動の予測，制御とそれに応じたサービス資源の

効率運用が第一の課題となる。第二の特徴は,「人」の関与を無視できない点にある。顧客カテゴリに応じたサービス提供や従業員が提供するサービスの品質管理が第二の課題となる。第三の特徴は商品数が少なく,その複雑性が高いことにある。製造産業では多数の商品を製造・販売し,商品ごとに売り上げを管理しており,売り上げの低い商品を中止することができる。これに対して,サービス産業では単一,もしくは少数のサービス商品(スポーツエンターテインメント,宿泊サービスなど)しか扱っておらず,売り上げが低くともサービス商品を中止するのは難しい。個々のサービス商品には,多数のサービス要素(イベント,クーポンなど)と人,状況が関与しており,個々の要素が商品売上げにどのように影響するかが明らかではない。それゆえ,サービス要素や人の関与を中止する判断ができず,新しいサービス要素を投入することもできない。これはサービス自体が複雑系システムであることを意味しており,これを設計し制御することが第三の課題である。

　これらの課題を解決し,価値向上と効率化のイノベーションを起こすべきサービス工学には,大きく3つのアプローチがある。第一は商学から発展してきたアプローチで,マーケティングなどの手法を拡張して生産性の向上を図るものである。第二は製造業の生産性向上のアナロジーとして機械工学,精密工学などから発展してきたアプローチで,サービス産業の生産を担う部分(飲食であれば厨房など)を効率化して生産性の向上を図る。第三は情報技術を基盤とし,電子カルテやPOSのような基盤を整えることで効率化を推進するアプローチである。産総研のサービス工学研究センターは,これらの3つのアプローチで研究されてきた技術や方法を統合しながら,とくに「サービスにかかわる人」に焦点を当ててサービスイノベーションをめざす研究アプローチをとっている。このアプローチは前述の第二の課題解決に立脚しており,それを基軸に第一,第三の課題解決をめざしていく。

3.3　観測・分析・設計・適用のループ

　経済産業省では,サービス産業の生産性を向上させるための研究開発の枠組みとして,観測→分析→設計→適用の最適設計ループを提唱している(図3.1)。サービス産業においても,科学的・工学的な手段で顧客の価値を理解し,

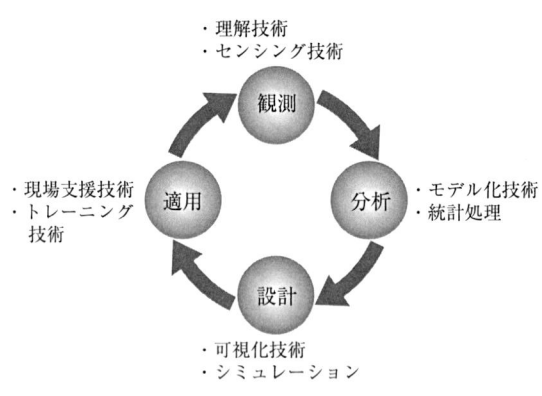

図3.1 サービスの最適設計ループ

それらをセンシングして，そのデータをサービス設計に活用し，その結果をセンシングによって検証するという PDCA サイクルをまわすことで，持続的な質の向上と効率化を図るという発想である．本事業では，「サービスにかかわる人」である顧客と従業員，さらに，それらの人の時系列の活動であるプロセスの3つについて，観測・分析・設計・適用する技術を開発した．

サービス産業の研究は，実験室に切り出して実施するべきものではなく，実

図3.2 サービス業態の分類

際のサービス現場で観測し，必要に応じて介入する必要がある．このサービス現場を提供いただく連携先を選定するためにサービス業態を分類した（図3.2）．「サービスにかかわる人」に焦点を当てたアプローチであることから，運輸，金融，大規模情報サービスなどの資本集約型のサービス業態ではなく，飲食，小売，宿泊，医療，福祉のような労働集約型のサービス業態から連携先を選定した．本事業では，これらの具体的なサービス現場研究を通じて，顧客・従業員・プロセスを観測・分析する技術，プロセスの設計を支援する技術，サービス適用場面を支援する技術を，できるだけ汎用的な技術として開発し，その有効性を検証した．最終的に，これらの技術を普及し，サービス産業への技術導入を進めていくことが事業のミッションである．

3.4 観測技術

観測技術には，顧客や従業員の行動様式や潜在的なニーズの仮説を形成することを目的とした「理解技術」と，その仮説に基づいてサービス現場で顧客や従業員の行動などを記録，収集する「センシング技術」が含まれる．本事業では，理解技術として回顧型インタビューの方法論を，センシング技術としてGPSなどに頼らない2つの技術を開発し，実際のサービスに適用して有効性を検証した．

3.4.1 顧客・従業員の理解技術：CCE

サービス現場において，被観測者（顧客，従業員）の実際の行動を記録し，第三者がその記録を被観測者に提示しながらインタビューを行うことで，個人および集団の行動生態を調査する方法論である．実際の行動記録を提示することで，被観測者（顧客，従業員）からの長期記憶の引き出しを容易にし，かつ，人の限定合理性に配慮して歪曲や干渉が起こらないように，インタビュー方法全体を設計している．その方法論の特徴から認知的回顧型エスノグラフィー（Cognitive Chrono-Ethnography；CCE）とよんでいる［3.1］．集団を代表する被観測者の選定，被観測者が実際のサービス現場で行う行動の記録，記録されたデータの整理，被観測者への記録データの提示とインタビュー，インタビュー結果の整理に至る一連の方法論体系として整備されている．本事業では，

顧客の行動生態調査として，野球観戦（日本ハムファイターズ）と温泉観光（城崎温泉）を具体的現場として方法論の開発と有効性の検証を行った．城崎温泉での調査では，顧客には，外湯を巡って回遊するタイプ，お土産屋を巡って回遊するタイプ，宿にこもって食事と温泉を楽しむタイプ，すべてを網羅的に楽しむタイプの4群が存在することが明らかになった［3.2］．

また，従業員の行動生態調査として，城崎温泉の従業員（仲居）を対象とした回顧型インタビューを実施した．後述する従業員行動観測技術で，サービス現場における従業員行動を記録し，それを VR 技術によって再生提示してインタビューを実施した．この場合，再生映像は実際に従業員が見たものではないが，そのような映像であっても，長期記憶の引き出しに支障がないことが確認できた．通常は，行動者視点映像を記録するために小型カメラを取りつけて行動させるが，その場合，映像中に実験の同意をとれない第三者（宿泊している顧客など）が入ることから，倫理的な問題が指摘されていた．行動観測技術と VR 技術を用いることで，倫理的問題を回避して実サービス現場での回顧型インタビューが実現できることがわかった．

3.4.2　従業員の行動観測技術：PDRplus

GPS などを用いることなく屋内環境であっても行動を観測する技術を開発した．いわゆる Pedestrian Dead Reckoning（PDR）の延長線上にある技術である．本事業で開発したものは，人体の腰のあたりにセンサ（加速度計，コンパス，ジャイロセンサなど．総重量 80g）を取りつけ，サービス現場の3次元

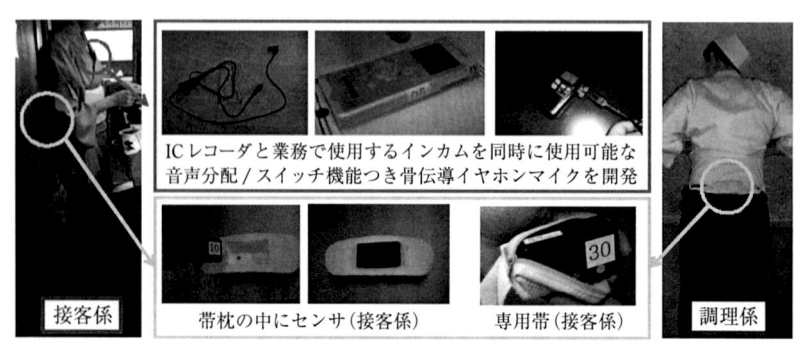

図 3.3　従業員行動観測技術：PDR センサ

マップと照合して，被観測者の位置，向きを時々刻々検出する技術である。サービス事業者が3次元マップを保有していないケースが多いことから，多数枚の写真情報から対話的に3次元マップを構成する技術も同時に開発した。さらに，そのデータと作業辞書に基づいて行動種別の意味タグを自動付与する技術の開発を進めている（PDRplus）[3.3]。本事業では，この技術を飲食店（がんこフード）に適用し，実際の計測データに対して，手作業で従業員の5つの代表的な動作（歩く，立位の活発な動作，立位の安定動作，上下動，止まる）の識別結果の正解データを与え，機械学習（Boosting）を用いて計測データと正解データを関連づける教師あり学習を行った。この機械学習によって得られた識別器を用いた交差検定によりその正解率を評価した結果，5動作すべてにおいて3位正解率が90％を超えた。マップ作成からセンシング，行動種別のタグづけまでの一連の技術は，飲食店のほかに，城崎温泉の従業員，介護施設（スーパーコート）の介護士の行動観測に適用し，その行動履歴の可視化を行った。可視化技術については，3.6節で述べる。

3.4.3　顧客の行動観測技術

　顧客の行動観測においては，前述したようにセンサを取りつけることが困難である。そこで，顧客に対して何らかのサービスを提供するデバイスを用いて同時に顧客の行動観測を実現する技術が求められる。たとえば，GPSを用いて位置に応じた情報を顧客に提示するサービスなどはその典型的な技術である。ただし，GPSはセンサが高価で網羅的な観測が困難であり，屋内環境での観測に制限がある。そこで，本事業では，GPSに頼らない位置観測技術として，顧客個人が所有するFelica-ID付きカードと端末を活用する技術を開発した。Felica-ID付きカード固有の番号を個人IDとして登録し，サービス現場に設置した端末に触れるたびに時刻を記録し，設置端末の位置情報と合わせて顧客の位置履歴を記録する技術である。端末に触れることで何らかの情報が得られたり，少額決済ができるようなシステムとすることで，顧客の利用性が高まる。本事業では，城崎温泉地区にこのシステムを導入し，2010年10月から継続的な顧客の行動観測を実施している（図3.4）[3.4]。行動ログデータとアンケートデータから顧客モデルを推定した結果，CCEによって明らかになった顧

図3.4 顧客行動観測技術：城崎温泉「ゆめぱ」

客の4群（3.4.1項）について，宿にこもって食事と温泉を楽しむタイプが72％，すべてを網羅的に楽しむタイプが19％で，冬季（城崎温泉においてはカニ解禁期間中）はこの2カテゴリが顧客層の大半を占めることがわかった。

3.5 分析技術

　顧客の行動観測技術を用いてサービス現場で継続的にデータを取得すると，大規模なデータが得られる。このデータを分析し，サービス設計に活用可能なモデルをつくる技術が必要となる。ここで重要なことは「データを収集するだけでは意味がない」という点と，「利用可能なセンシング技術を現場投入して大規模にデータを収集することも効果的ではない」という点である。前者のために本節で述べる技術を開発している。また，後者に陥らないために理解技術を開発し，被観測者のどのような行動様式に着目するかを明らかにしてから，適切なセンシング技術を導入することを提唱している。

　本事業では大規模データをモデル化する技術として，大規模小売サービスで取得した顧客ID付きのPOSデータから，同じように購入される商品の組み合わせ（商品カテゴリ）と，その商品群を購入する顧客の組み合わせ（顧客カ

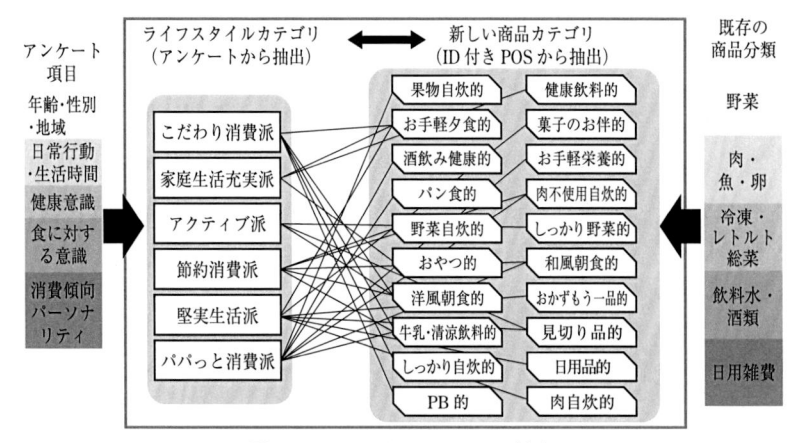

図3.5 カテゴリマイニング技術

テゴリ）を自動的に分類する技術を開発した．カテゴリマイニング技術とよんでいる．自然言語分野で活用されてきた確率的潜在意味解析法（probabilistic Latent Semantic Indexing；PLSI）を適用し，顧客カテゴリから商品カテゴリへの条件つき確率を最大化するようなカテゴリ分類を同定する［3.5］．本事業では，この技術を大規模小売店舗（コープこうべ）の1年間のID付きPOSデータ（13カ月分，数億トランザクション）に適用した．ID付きPOSデータのみでは顧客行動様式を理解できないことから，一部の顧客についてライフスタイルを明らかにするアンケートを実施し，それを統合してカテゴリ分類を行った．図3.5に示すように，6つの顧客カテゴリと，これに対応する12の商品カテゴリが見いだされた．これらは，3.6節で述べる需要予測技術に活用された．詳細については第11章でも解説する．

3.6 設計技術

サービス工学における設計技術は，主としてサービスプロセスの改変を支援する技術を意味している．すなわち，技術の対象は顧客や従業員ではなく，サービスプロセスの改変を行う経営者層になる．大きく2つの技術がある．第一は，経営者が行った実際のサービスプロセス改変の効果を可視化する技術である．第二は，実際の改変を行う前にシミュレータ上でプロセスを改変して効果

予測を繰り返すことで，プロセス改変の指針を得るための技術である．

3.6.1 可視化技術

経営者が，実際にプロセスを改変したときに起きる現象や中間指標を可視化して，サービス（という複雑系システム）のダイナミクスの把握を支援するのが可視化技術である．研究事例を2つ紹介する．第一は，3.4.2項で述べた従業員行動観測結果の可視化である．連携先であるがんこフードの経営者層3人，現場担当者3人に観測データを可視化提示した（図3.6）．従業員の接客動線に無駄が多いことが明らかになった．たとえば，予約手続きのために事務室にある帳簿を確認しに行くことなどが無駄に相当していることがわかり，改善に繋がった．第二は，介護・看護サービス（スーパーコート，和光苑）を対象にした可視化事例である．ヘルパーや作業療法士，介護士など20人程度の従業員の行動データをツリー状に分類し，累積時間や状態遷移率マップ（どの行動とどの行動が連続して行われているか）などを可視化するツールを開発した（図3.7）．たとえば，記録に要する時間が作業全体の15%にもおよび，被介護者への見守り時間などが十分に確保できていない状況がわかる．8人の従業員についてこの可視化ツールの有効性をアンケート調査した結果，87.5%の調査対象者から作業の振り返りやプロセス設計に有効であるという評価が得られた．

3.6.2 需要予測技術

シミュレーション技術の一部として，3.5節で述べたカテゴリマイニングの

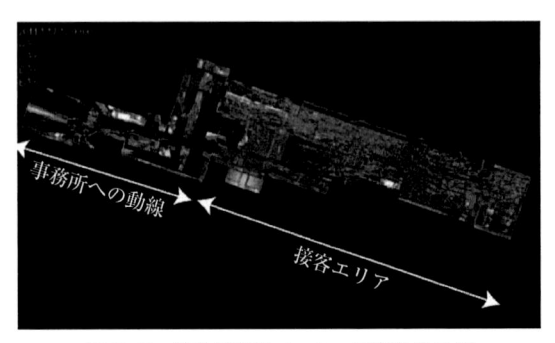

図3.6　従業員観測データの可視化提示例

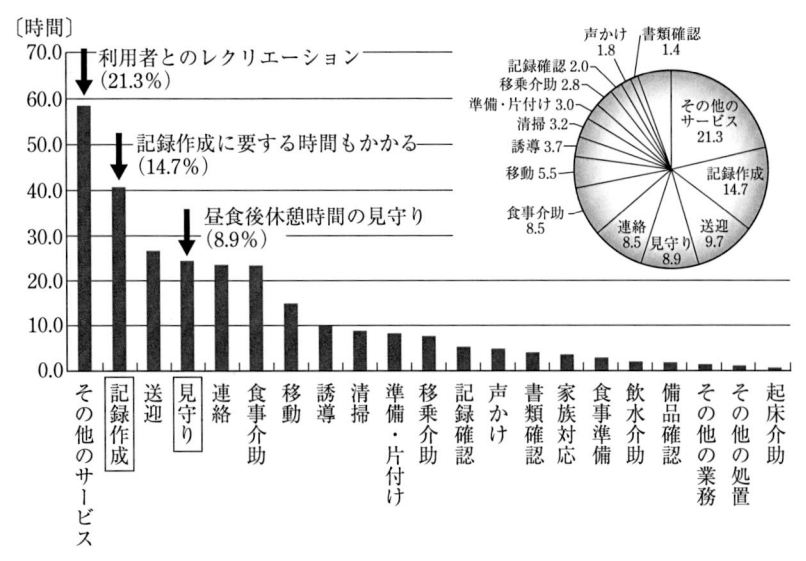

図3.7 介護プロセスの可視化提示例

結果とデータに基づいて来店者数や売り上げを予測する技術（需要予測技術）を開発した．需要予測技術は線形モデルによるベースモデルと，顧客カテゴリを考慮したカテゴリごと予測，さらに，その残差をベイジアンネットワーク（BN）の確率モデルで補正したBN残差モデル補正の3段階で構成される[3.6]．コープこうべのデータに適用した結果，第2段階のカテゴリごと予測で，現状技術である前年同月曜日調整法の予測残差に対して53％以上の改善が確認できた．さらに，その第2段階での推定残差の要因をBNでモデル化し補正した場合には，54％を超える改善となった．詳細については4.3.2項でも解説する．

3.7 適用技術

顧客接点で，顧客に対する情報提示（商品の推奨など）と従業員に対する情報提示（顧客のカテゴリ情報など）を行いながら，顧客の購買行動データを収集する電子端末システムの開発を進めている．連携先のがんこフードの和食店店舗に，同システムに基づく電子端末（iPad）を導入し，顧客への情報提示とメニュー提示とともに配膳されるまでの待ち時間を使ったアンケートを実現し

た．これにより，IDでヒモづけられていないPOSデータを顧客カテゴリとして連結できるようになり，より詳細な需要予測を実現した．

3.8 おわりに

本章では経済産業省の委託を受けて実施している「サービス工学研究開発事業」の概要と，事業で開発した要素技術を紹介した．これらの技術の関係は図3.8のようにまとめることができる．顧客を対象としたカテゴリマイニングなどのモデル化技術と，それに基づく需要予測技術は，3.2節で掲げた第一ならびに第二の問題解決に資する．従業員を対象とした行動様式の理解技術（CCE），それに基づく行動観測技術は，最終的に従業員のトレーニングなどに役立てられ，第二の問題解決に資する．顧客や従業員のサービスにおけるプロセスを可視化する技術は，行動観測技術やシミュレーション技術と統合して経営者層向けの設計支援技術に至る．これは3.2節で掲げた第三の問題解決に役立てられる．

これらの要素技術の開発段階では，それぞれ適した連携先を選定して効率的に研究を推進してきた．現在，要素技術を統合し顧客接点支援，従業員支援，

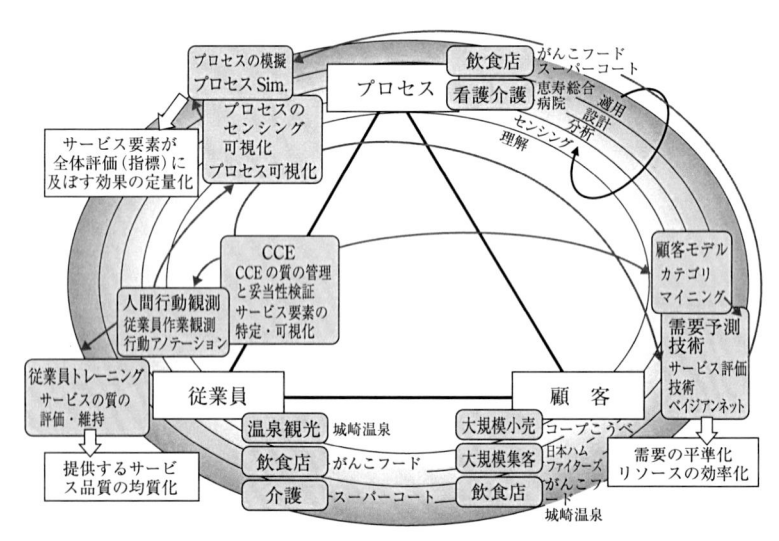

図3.8 開発した要素技術のマップ

経営者層支援のパッケージとして整備している段階である。これらの技術パッケージが，サービス産業に導入されれば，サービス現場で持続的に観測が行われ，そのデータを分析してモデル化し，その結果に基づいたサービスプロセスの再設計がなされ，それが現場に適用されて，再び観測され効果が検証されるというサイクルが埋め込まれることになる。いくつかの要素技術は，事業連携先以外のサービス事業者にライセンシングが始まっている。技術パッケージとして統合されれば，さらに多くのサービス事業者への技術導入が進むものと期待している。また，中小零細サービス事業者への技術導入に向け，コンサルティング企業への技術移転もさらに推進していく計画である。

参考文献

[3.1] 北島宗雄，豊田誠：「CCE（Cognitive Chrono-Ethnography）の実践的概説—認知科学に基づく人の行動生態の調査手法—」，『オンブック』，東京（2010）

[3.2] M. Kitajima, H. Tahira, S. Takahashi, T. Midorikawa："Understanding Tourist's in situ Behavior : a Cognitive Chrono-Ethnography Study of Visitors to a Hot Spring Resort," Journal of Quality Assurance in Hospitality and Tourism, Vol.13, No.4, pp.247-270（2012）

[3.3] 石川智也，興梠正克，蔵田武志：「サービス現場での従業員トラッキングシステムの評価と応用」，『日本バーチャルリアリティ学会論文誌』，Vol.16, No.1, pp.23-34（2011）

[3.4] 山本吉伸，北島宗雄：「オープンサービスフィールド型POSによる観光客動向把握の技術」，『観光情報学会誌』，Vol.1, No.7, pp.47-60（2011）

[3.5] T. Ishigaki, T. Takenaka, Y. Motomura："Category Mining by Heterogeneous Data Fusion Using PdLSI Model in a Retail Service," IEEE International Conference on Data Mining（2010）

[3.6] 本村陽一，竹中毅，石垣司：『条件付層別差分モデルによる需要予測の高精度化』，第25回人工知能学会全国大会（2011）

第4章

大規模データからの計算モデル構築

　本章では，第2章で述べた大規模データからのモデル化が実際にどのような技術により実現されるのかをみていく。

4.1　サービス利用者のモデル化

　サービスの特徴は，提供された機能が受容者に認知され受容者の意識や行動を変容させることで，サービスが価値に変換される点にある。すなわち提供した機能のみがサービスの価値を決定するのではなく，受容者の受容感度との関係において決定されることになる。そこで，サービスの最適化を行うためには利用者の認知・評価・行動モデルの導入が不可欠となる [4.1]。

　このサービス特有の課題に対処するための独自のモデル化が必要になる。具体的には，利用者の集団を対象にすることからくる不確実性や利用者の心理的要因や状況依存性に基づく不確実性などに対処するために，大規模データに基づく確率的モデリング技術を導入したアプローチを考える。日常で生成される大規模データは記述量，計算量の点から，決定論的アプローチでは実行が困難であるため，扱う対象自体を本質的に確率的，統計的なものとして考えざるをえない。POSシステムを採用している小売店などのサービス現場では，店舗営業終了後にID付きPOSデータなどとともに数十GBにも及ぶ1日間のすべての販売記録が蓄積されており，そのデータ量は大量である。この大規模データを分析，可視化することでサービスの生産性向上に寄与することもできる。これまで，このような大規模データはまずはデータベースへの保存と格納，次に平均や分散といった古典的な統計量や会計的指標の計算，さらにはクラスタ分析や線形解析などに利用されているが，ここからさらに消費者の行動や要求，意図などを予測するためにはさらに高度なモデル化が必要となる。

そこでの大きな困難は，不確実性への対処であり，そのためのひとつの方法が確率モデルや統計的学習である．確率モデルを使って対象をモデル化することで，知りたい変数の確率分布を推定し，起こりえる各状態の確率（確信度）を評価する確率的枠組みを日常生活のモデリングに適用する．不確実な対象をすべて確率変数として，ともかくドメイン（問題領域）を明示化し，その確率変数を確率分布として推定するアプローチがベイジアンアプローチである．確率分布を大量の統計データから経験的に構成することが可能になり，多くの不確実性をもつドメインにおける実用的な方法として有望視されている．さらに因果的な構造をもつ計算モデルとしてベイジアンネットがある．以下ではこのベイジアンネットによる大規模データからの計算モデル化の例をみていく．

4.2 ベイジアンネットによる計算モデル化

状況に依存するサービスの分析，最適化に従来の古典的な統計手法のみでアプローチすることには限界がある．なぜなら従来の統計手法のほとんどは線形理論に基づくものであり，線形独立を仮定することから自明であるように，複雑な交絡因子（交互作用）の存在，非線形性の問題などに対処することが困難であるからだ．また現場で多く用いられている簡単な方法では，統計モデルとして正規性を仮定しており，平均構造はモデル化できても分散は一定であることなどが暗に仮定されている．ところが実サービス現場から観測されるデータには，サービス受容者の心理的・行動学的な要素を含むことから，本質的に非線形的であり，先に述べたサービスの特性から状況にも依存するための交互作用を必然的に含むものになる．

そこでサービス工学における大規模データを取り扱う枠組みとしては，従来の古典的な統計や線形的手法の制約を超えたモデル化を行うために，機械学習手法やベイジアンネットワーク技術[4.2]などを適用し，非線形で交互作用を含む比較的複雑な計算モデルを適用することが必要になる．

複数の確率変数のあいだの定性的な依存関係をグラフ構造によって表し，個々の変数のあいだの定量的な関係を先の条件付確率で表したモデルがベイジアンネットである．ベイジアンネットと，そのうえで確率推論を実行することで，消費者の嗜好性や意図などを推定することが可能になる．たとえば，携帯

電話ユーザのために，ベイジアンネットを用いて映画コンテンツを推薦するユーザモデリングの事例［4.3］［4.4］やマーケティング支援の事例［4.5］などがある．以下ではこのベイジアンネットによるモデル化技術を紹介する．

4.2.1 ベイジアンネットワークモデル

不確定さを含む対象を確率変数として X で表し，その変数が取りえる具体値を $x_1, x_2, \cdots, x_n$ と表すことにする．次に変数間の依存関係を考える．たとえば変数 X_i が x という値を取るならば X_j は y となる，という関係が成立しているとき，X_j が X_i に依存していると考える（if $X_i = x$ then $X_j = y$）．現実に起きている複雑な事象を考えると，複数の変数間の依存関係は複雑になり，「if $X_1 = x_1, \cdots, X_i = x_i, \cdots,$ then $X_j = y$」のように明示的にすべての関係を列挙することはあまり現実的でない．また，たとえこのような IF-THEN ルールを膨大に挙げたとしても実際には例外などがあり，必ずしも完全に状況を記述することは難しいだろう．そこで厳密な表現をあきらめ，主要な変数のみに注目し，ルールが成立する確信の度合いを定量的に表すために「$X_i = x_i$ であるとき $X_j = y$ である確率は $P(X_j = y | X_i = x_i)$」という確率的な表現を導入する．2 つの量 x, y のあいだの一意的な依存関係は，たとえば関数 $y = f(x)$ によって表せるが，これと同様に，確率変数 X_i, X_j の依存関係は条件付確率分布 $P(X_j | X_i)$ によって表すことができる．これは X_i の取る値に応じて，X_j の分布が影響をうけ，その依存関係の定量的関係が条件付確率分布 $P(X_j | X_i)$ で定められることを示している．

さらに複数の確率変数のあいだの定性的な依存関係をグラフ構造によって表し，個々の変数の間の定量的な関係を先の条件付確率で表したモデルがベイジアンネットワークである（図 4.1）．このモデルは確率変数をノードで表し，これらを有向リンクで結合して依存関係を表現した確率分布として定義される．有向リンクの元にあるノードを親ノード，有向リンクの先にあるノードを子ノードとよぶ．有向リンクは親から子の向きに条件付の依存関係があることを示し，子ノード X にリンクを張る親ノード（集合）を U とすると，この子ノードの確率変数は条件付確率分布 $P(X | U)$ に従う．確率変数が k とおりの状態をもつ確率変数の場合，子ノードは $X = x_1, \cdots, x_k$ のそれぞれの値を取る可能

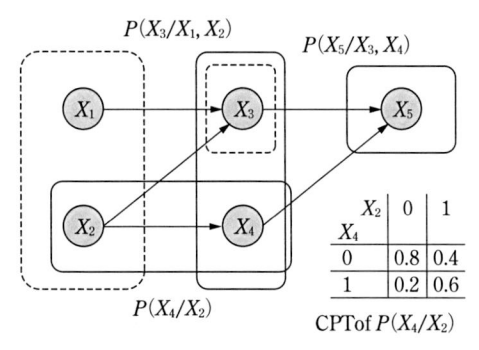

図4.1 ベイジアンネットワーク

性があるものと考え，それぞれの値を取る確率が $P(x_1)$, …, $P(x_k)$ であれば，これにより X の確率分布を与えることができる。離散的な確率変数ならば親ノード（集合）についても取る値のすべての組み合わせを列挙することができるので，X についての確率分布が親ノード U に依存していれば，その条件付確率分布を考えて，すべての U の取りえる値の組み合わせについての確率値 $P(x_1|U)$, …, $P(x_k|U)$ を並べた表，条件付確率表（CPT）としてこれを定義することができる。つぎに変数間の依存関係，つまり各子ノードについてどの親ノードが結合しているかという親ノードの集合を定義すると，ベイジアンネットワークのグラフ構造が決定する。ベイジアンネットワークのモデルは，ノード集合とグラフ構造と，各子ノードにそれぞれ1つ割りあてる条件付確率表（CPT）の集合によって完全に定義される（図4.1）。

ベイジアンネットワークのある1つの子ノードに注目した依存関係，つまり1つの目的変数（従属変数：Y）と，それに対する説明変数（独立変数：X）のあいだの依存関係について着目すると，日常生活で生成される大規模データのモデリングにおいて有用な特長がみられる。ベイジアンネットワークでは X-Y 空間を条件付確率表にしたがって量子化し，個々の確率値を割りあてたものになるため任意の非線形性を表現できる。また複数の親ノードによる交互作用を表せること，つまり複数の親をもつ場合，非線形をもつ交互作用も表すことができることが，現実の社会で起こる多様な事象をモデル化するために有用な特長になっている（図4.2）。日常生活場面では個人差，状況依存性など

を反映する必要があり，この点で交互作用や非線形性を含むモデル化が果たす役割が非常に大きい．

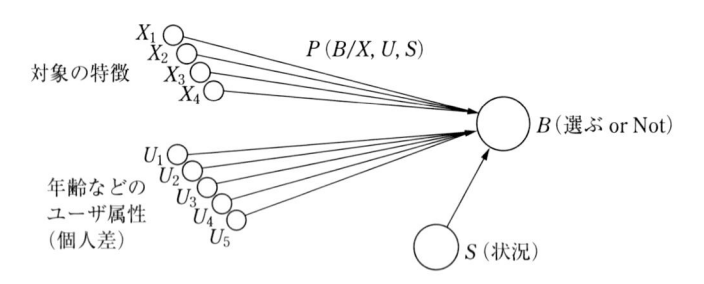

図4.2　交互作用による個人差と状況依存性のモデル化

- ユーザ U が対象 X を選ぶ行動を確率的にモデル化．
- 選択行動 B に影響を与える変数群が自動抽出される．
- 個人差と状況依存性が U と S との交互作用により表現される．

4.2.2　データからの自動的なモデル構築

ベイジアンネットワークのモデルが大きなものになってくると，ネットワークの構造やすべての条件付確率表を人手ですべて決定することはなかなか容易ではない．そこで大量のデータからのモデルを自動的に構築する方法が必要となる．学習に用いるデータセットが条件付確率表のすべての項目に対応する事例を含んでいる場合は完全データとよばれ，この場合には統計データを数え上げて頻度を得て，それを正規化したものが条件付確率値の最尤推定値となる．欠損がある不完全データの場合には，各種の補完を行うことで条件付確率値を推定する．モデルのネットワーク構造もデータから決定することができる．構造の学習はグラフ構造をある初期状態から探索するものになる．具体的には，ある変数を目的変数（従属変数）として1つ選び，その変数を説明するのにもっとも良い説明変数（独立変数）を1つずつ探索していく操作を，すべての変数に対して繰り返し実行する．アルゴリズムとして書くと，

① 目的変数（子ノード）を1つ選び，候補となる説明変数（親ノード）を1つずつ加えてグラフをつくる．

② そのグラフのもとで条件付確率表を決定し，スコアを評価する．

③ 評価が高くなったときだけ親ノードとして採用する．

④親ノードとして加える候補がなくなるか，加えても評価が高くならなくなったら他の子ノードへ移る。

⑤すべての子ノードについて①〜④を繰り返す。

というモデル自動構築アルゴリズムである。

説明変数のよさを計るスコアとしては，AICやBIC，MDLなどの情報量規準が用いられる。このとき尤度を用いてしまうと，変数がいくらでも増えてしまい，説明変数の数が増えすぎてしまい，さらに予測も悪化するという問題が発生するために，モデル選択基準の理論に基づいた情報量規準を用いる。一般的には親の探索空間は組み合わせ的に大きくなるので，初めにノードを順序づけして候補となる親ノードの組み合わせを限定して計算量の増大を避ける工夫なども行われる。

このように，ベイジアンネットワークを用いることで大量のデータから変数間の依存関係を構造としてもつモデルをプログラムによって自動的に構築することができる。このしくみを使って，人の行動履歴から，行動を予測する計算モデルを大規模データから自動的につくることでさまざまな応用が可能になる。

日常生活空間における社会的行動に関するモデル化についての基本的な考え方のひとつに，社会心理学の始祖であるレビンの「場の理論」がある。これは，人の心理や行動と生活空間のかかわりのなかで，人の行動 b は人を取り囲む場 e と個人の性質 p の両者により規定されるとして，人の生活行動を $b=f(p, e)$ とモデル化するものである。また，具体的問題の設定とその問題における「目的」「状況」と観測できた「結果」の重要性に注目してモデル化を行うことが必要になる。そこで，行動の「目的」や「結果」となる変数と，それを実現する手段や結果に影響する状況のあいだの因果構造となる手段目的連鎖に注目し，主要な因果構造に関連する主要な変数を確率変数で表すことができれば，ベイジアンネットワークによって行動が発生する確率を表現できることになる。つまり，ある傾向をもつ個人 p の行動 b が起こる確率をその行動が起こる条件となる説明変数 e をつかった条件つき確率 $P(b|p, e)$ としてモデル化する。消費者の行動などの場合には，たとえば来店行動を目的変数として，消費者属性や，曜日や天候などの条件が説明変数となる。このようなベイジアンネットを使った消費者行動のモデル化を 4.3 節以降具体的な事例とともに紹介する。

4.3 消費者行動モデリング

4.3.1 レコメンドとマーケティングへの応用

　ベイジアンネットワークモデリングと，そのうえで確率推論を実行することで，消費者の嗜好性や意図などを推定することができる。これを用いて情報推薦に応用できる。とくに新規のコンテンツに対応できるようにコンテンツ属性を変数として用い，さらにユーザ属性や状況を表す変数もベイジアンネットワークのノードとしてモデルに組み込むことで，状況やユーザの傾向に応じた推薦が可能になる。筆者らと KDDI 研究所のグループによる，携帯電話サービスのためにベイジアンネットワークを用いた映画コンテンツを推薦する事例 [4.3] [4.4] では，約 1,600 人の被験者に対して映画コンテンツを提示するアンケート調査により収集したユーザ属性，コンテンツ属性，コンテンツ評価履歴からベイジアンネットワークモデルを構築した。アンケートでは年齢・性別・職業などのデモグラフィック属性のほかにライフスタイルなどに関する質問項目，さらに映画視聴に関する態度属性として鑑賞頻度，映画選択時の重視項目，映画を観る主要目的（感動したい等 7 項目），コンテンツに対する評価（良い・悪い），そのときの気分（感動した等 7 項目）などを収集し，さらに約 1,000 人について別途，各映画コンテンツについて，どんな気持ちや状況で，どこで（映画館，DVD で家），誰と何人で，どんなときに，鑑賞するか，を自由記述文により収集した。

　このような実際に映画を選ぶ際の状況まで含んだデータを収集したことで，状況とユーザの嗜好性に応じて映画を推薦する携帯情報システムのプロトタイプを開発できた。ユーザが携帯電話からサービスへの要求を状況に関する情報とともに送ると，システムはデータベースから登録済みのユーザ属性情報と状況情報を使って確率推論を実行する。その結果選択される確率が高いと判断されたコンテンツを上位から推薦する。

　この映画推薦システムはインタネットサービスにも発展し，auone ラボ (http://labs.auone.jp) において 2007 年から一般に公開されのべ約 7,000 件の推薦を実行した。その推薦履歴からさらにモデルの再学習を行うことで推薦精

度が向上する．またここで構築したモデルは映画の属性やユーザ属性，状況属性が異なる用途でも再利用可能な変数として表現されているため，同じモデルを用いて，あるコンテンツに対してもっとも視聴する確率の高いユーザ層や，その際の状況などを推論することができる．つまり映画として公開が終わったあとに，同じ映画の DVD 販売戦略の最適化などに再利用することができる[4.5]．KDDI 研究所と産総研，松竹の 3 者はこのしくみを用いて，実際にある映画の DVD 販売施策支援を行った．これは情報推薦でよく用いられる協調フィルタリングでは実現することが難しい，大規模データから構築した計算モデルの再利用性を活かした事例といえる．

4.3.2　ID-POS データからのモデリングと来店人数予測

インタネットや携帯だけでなく一般の小売現場においても大規模データの集積が進んでいる．たとえば，会員登録をした生活者に対する小売サービスを通じて収集される ID 付き POS データがそうである．ID 付き POS データの分析や活用は多くの取り組みがあるが，1 つの問題は購買商品と時間，購入者 ID だけからでは，購買行動が発言する因果的構造として解釈することが難しいという点である．また，ID 付き POS データにおける顧客 ID や商品コードのようにカテゴリ化されていない状態数が膨大な離散変数のままではベイジアンネットワークモデルの構築が難しい．そこで，顧客 ID と商品コードの両方を確率的潜在意味解析（Probabilistic Latent Semantic Analysis, PLSA）[4.6] を用いて比較的少数の状態をもつカテゴリ変数に変換してから，ベイジアンネットワークモデルを構築する方法が考案されている[4.7]．これを用いた顧客セグメンテーションについての詳細は第 11 章において説明する．以下では，このセグメント化と組み合わせて用いる来店人数の分散構造の分析と精度向上の例を紹介する．

（1）非対称な分散構造分析

サービス現場における重要な課題のひとつに需要予測がある．個々の生活者の来店行動や消費行動の不確実性が，地域全体では適切な在庫管理の失敗による廃棄率の増大や過剰在庫を生む．そこで大規模データとモデル化技術を用いて生活者の来店行動に注目した顧客のセグメンテーション[4.7][4.8]や需

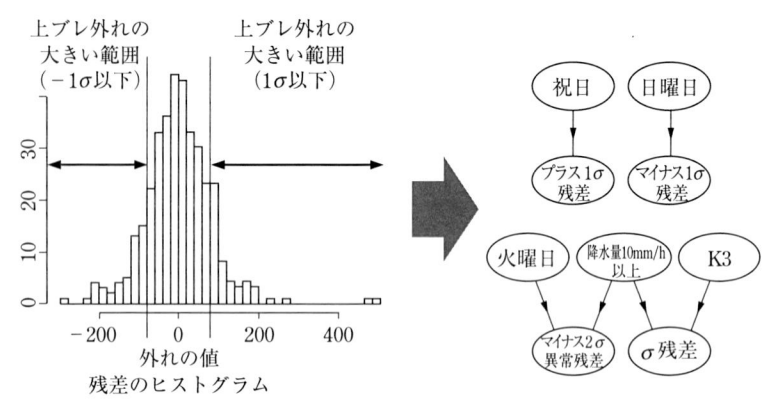

図4.3 非対称な分散構造のモデル化

要予測 [4.9] 〜 [4.11] が考えられている。そこではまず，来店行動に影響を与える各日の状況（曜日，祝日，雨量，気温，イベント）を状況変数として，各日ごとの来店人数を予測する線形モデルを構築する。さらに，その線形モデルをベースとして，そこから予測が外れた残差に対して，その理由に注目した構造を複数のベイジアンネットでモデル化して構成した差分モデルによって，ベースモデルの予測誤差を補正する方法を提案した。これはベイジアンネット単独では推定精度を上げることが難しかった連続値の予測問題に対するひとつのアプローチでもある。

(2) 上ブレ下ブレのモデル化

従来の需要予測の方法の多くは誤差分布に正規分布などの対称性のある分布を仮定している。しかし，実際の人の来店行動をみると，来店する理由（たとえば休日）と来店しない理由（たとえば降雨量）は異なることが多く，結果として，来店人数の上ブレと下ブレは非対称である場合がある。またブレの構造が異なる要因から生じているにもかかわらず，そのデータを混合し，単一の分布としてモデル化することは予測精度の悪化を招く。そこで，上ブレ，下ブレの因果的構造を独立に反映するために，ベースとなる任意の予測 (z) に対する差分を外れの大きさを5段階（-2σ, -1σ, 0, $+1\sigma$, $+2\sigma$）で層別し，そのうち上ブレ下ブレ計4状態についてベイジアンネットワークの構造学習によ

って，説明変数を探索し，各段階のブレ幅が生じる条件付確率としてモデル化する。σ は真の値 (y) と任意の予測値 (z) との標本分散である。5 段階の差分をダミー変数とし，うち上下 4 つについてそれぞれ 4 つの独立したベイジアンネット $P(+2\sigma|x)$，$P(+1\sigma|x)$，$P(-\sigma|x)$，$P(-2\sigma|x)$ を作成する。最終的にこの 4 つのベイジアンネットによる上ブレ，下ブレの確率を使うことで，ベースモデルの予測 (z) からの外れ方を推定することで，その日の来店人数の予測結果を補正することにする。

たとえば，ある日 (x) の来店人数を予測したい場合には，その日の曜日や天候情報（降水量の多・少，気温の予報値など），イベントの有無などを入力として，ベースモデルの予測 (z) と上ブレ・下ブレの確率を表すベイジアンネットに入力する。上ブレ，つまりその日の来店人数が σ や 2σ よりも多くなる確率を計算し，それが下ブレ確率を上回る場合には，その日の予測は上ブレするとして，

$$\sigma P(+1\sigma|x) + 2\sigma P(+2\sigma|x)$$

を z からの補正量として加える。下ブレ確率の方が高い場合には，

$$\sigma P(-1\sigma|x) + 2\sigma P(-2\sigma|x)$$

を z からの補正量として差し引く。このようにして，来店人数予測を補正することで，ベースモデルだけと比べて予測精度を向上させることができる。

(3) 実験と結果

以上の上ブレ・下ブレモデルによる需要予測を，実際のサービス現場で得られた大規模データに適用することで実験評価を行った。

使用したデータは，関西地区の食料品スーパーのある 1 店舗に対する購買履歴（POS）データから購入人数を抽出したものに，状況を示すデータ（コーザルデータ）を追加したデータで，①訓練データとして 2009 年 9 月 1 日〜2010 年 8 月 31 日の 12 カ月分，②テストデータとして 2010 年 9 月 1 日〜2010 年 9 月 30 日の 1 カ月分を使用した。予測精度の評価のためには，サービス現場でよく用いられている前年同月同曜日との比較を行うこととして，2009 年 9 月 2 日〜2010 年 10 月 1 日のデータを比較対象に用いた。

ベースモデルとしては，線形モデル [4.9] およびそれらをライフスタイルに基づく顧客セグメントごとに分割して統合する方法 [4.10] を用い，それに

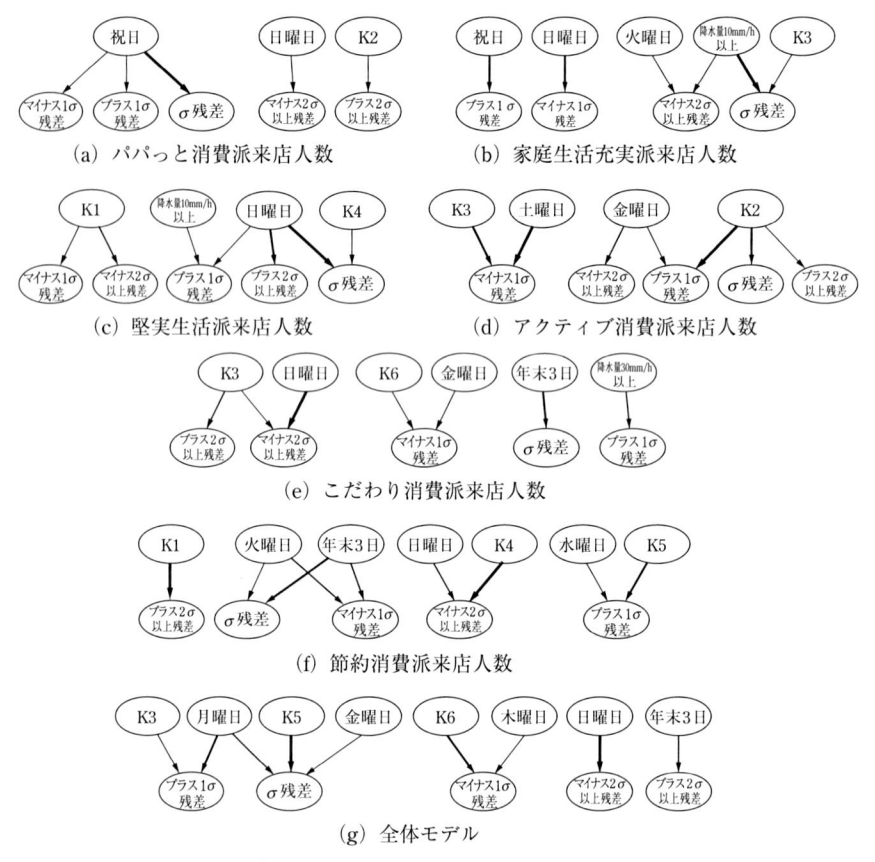

図 4.4 各顧客セグメントごとの非対称分散構造のモデル

対する差分モデルを先の方法に従って構築した．全体および顧客セグメントごとに構築したベイジアンネットモデルは図 4.3 のようになる．下ブレ上ブレの残差に対応する子ノードに接続される親ノードの構造がそれぞれ大きく異なっている．

1 カ月分のテストデータを用いて，比較対象である前年同月同曜日（A），線形モデルによる来店人数予測（B），先に構築した全体の条件付層別差分モデルによる補正（C），顧客セグメントごとの線形モデル（D），顧客セグメントごとの条件付層別差分モデルによる補正（E）を評価したところ，正負を考慮した残差の合計，および残差の絶対値の合計の結果は表 4.1 のようになる．

表4.1 来店人数予測精度の評価

予測手法	残差の合計（人）	絶対残差の合計（人）
(A) 前年同月同曜日	−2,835	3,285
(B) 線形モデル予測	−762	1,599
(C) 条件付層別差分	−555	1,549
(D) 顧客セグメントごと予測	−516	1,542
(E) セグメントごと条件付層別差分	−141	1,501

この結果，提案した条件付層別差分モデルによる補正を全体モデルに適用したもの（C）は，比較対象である（A）と補正前の（B）のいずれに対して，絶対誤差でそれぞれ1,736人，50人分減少しており，予測精度が向上している。また顧客セグメントごとに層別した場合で比べても，補正前の（D）と比べて条件付層別差分モデルによる補正により41人分誤差が減少した。

4.4 社会応用とアクションリサーチ

実用的なシステムのための計算モデルを十分な精度で構築するためには，十分な状態の組み合わせを含んだ大量のデータを収集しておくことが必要であり，そのためには日常生活やサービス現場においてさまざまな状況のもとでの大規模なデータ収集を行う必要がある。表層的に観測可能なセンサデータなどは比較的容易に取得できるが，人間行動の内部的状態は心理的なものであるため，被験者を用いたアンケート調査も必須になりコストが大きい。またデータを取得するうえで，プライバシーの問題や，単に研究目的のためには協力が得られにくいという現実的な問題もある。

ただし今や研究のためだけにこうした大規模データの提供を受けることはプライバシー懸念や個人情報保護のため社会的に受容されにくくなっている。しかし，実用的なインフラのなかで集積される大規模データを使って，利用者にとってのサービス品質を向上することを目的としてデータが活用されるのであれば，それは利用者にとっても必然的でありデータの収集は妥当なものとして受容できる。

また実際のサービス現場において，状況依存性の高い説明変数（コーザルデータ）を網羅的に収集するためには，データを観測する環境が日常的な利用環

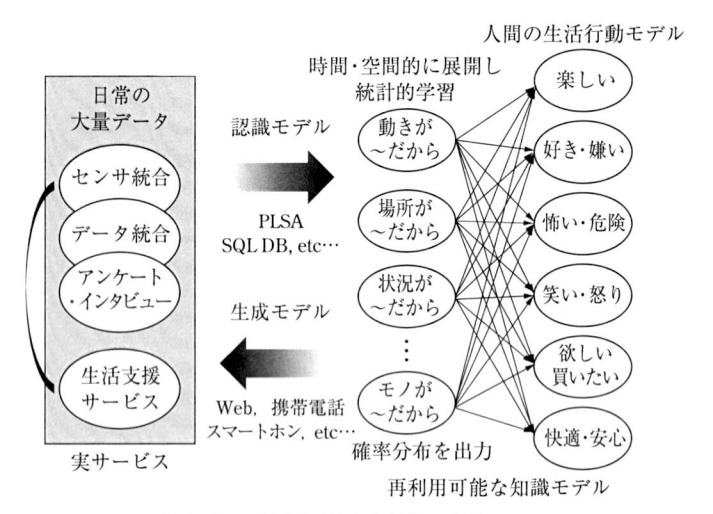

図 4.5 再利用可能な生活者の計算モデル

境とできるだけ合致するように統制しておく必要がある．このような質の高い大規模データを効率よく収集する適切な方法は，日常生活中で継続して使い続けられるような実用的サービスを提供し，そのサービスのなかで自然に獲得できる利用者の行動データとそのときの状況を同時に収集することである．たとえば小売サービスにおける ID 付き POS データや購買履歴やインタネットサービスにおけるクリック履歴などを計算モデルの構築のために活用することができる．

大規模データの収集が進むことで，さらにサービス品質が向上するという好循環も期待できる．実サービスを通じて獲得される大規模データから構築された計算モデルを，元のサービスだけでなく，さらに他の応用のために再利用可能なものにすることで，社会的価値の増大，全体的なサービスの生産性向上を図ることも期待できる．

そこで，こうした問題に対して実サービスと調査・研究を一体化すべきであるとする「サービスとしての調査・研究（Research as a service）」というアプローチがある [4.12]．調査・モデル化の段階とそのモデルを用いた応用を切り離すことなく，情報サービスを社会のなかで実行しながら，そこで得られる観測や評価アンケート，利用者のフィードバック（心理的調査）の結果を網

羅的に収集する。これは古くはサイバネティクス,また信頼性工学ではデミングサイクルとして知られる PDCA (Plan, Do, Check, Action) サイクルを実問題を通じて回し続けることで,モデルをつねに修正していくというものであり,この枠組みは単に実データの収集だけにとどまらず,研究を実フィールドのなかで実践することで新しい価値を生み出すというアクションリサーチにも通じるものである。つまり言い換えれば,大規模データと機械学習に基づくアクションリサーチともいえる。不確実性に対する本質的な解決のためには対象を実データによりモデル化し,そのモデルを用いて制御しながらさらにデータを収集する,というサイクルを永続的につづけるアプローチが重要になる。この実社会のなかで持続的に収集されるデータから構築したベイジアンネットワークは実在する消費者,生活者の認知・評価構造や行動を予測し,他のサービスにも水平展開可能な再利用性の高い知識モデルとして集積し活用できるものになる。再利用可能なモデルを使った確率推論機能を応用することで,さらに多くの情報サービスの実現が可能になり,その生産性はいまよりも高いものになる。先に述べた情報推薦のような情報サービスが普及し,多数のユーザがシステムを利用することによって,選択したコンテンツの履歴がさらに大量の統計データとして集積することが期待できるため,逐次得られる大規模データによるベイジアンネットワークモデルの改善が進み,モデルの適合度や推論精度も向上するといった好循環が実現できる。これは実サービスを通じて市場から得られる知識が,さらに次のサービスに反映される知識循環といえる。

　今後はこうしたサービスの社会応用を通じて,市場における多様な消費者の特性を計算モデルとして再利用可能なものにし,これを社会全体の共有知識として活用できるしくみを確立することが望まれる。

参考文献

[4.1]　本村陽一:「サービス工学におけるユーザモデリング」,『電子情報通信学会誌』,Vol.94, No.9, pp.783-787, (2011)
[4.2]　本村陽一,岩崎弘利:『ベイジアンネット技術』,東京電機大学出版局 (2006)
[4.3]　C. Ono, M. Kurokawa, Y. Motomura, H. Asoh:"A context-aware movie preference model using a Bayesian network for recommendation and promotion", Proc. User Modeling 2007, LNCS, Vol.4511, pp.257-266, Springer

[4.4]　小野智弘，黒川茂莉，本村陽一，麻生英樹：「ユーザ嗜好の個人差と状況差を考慮した映画推薦システムの実現と評価」，『情報処理学会論文誌』，Vol.49, No.1, pp.130-140（2007）

[4.5]　落合香，下角哲也，小野智弘，麻生英樹，本村陽一：『ベイジアンネットワークを用いた映画コンテンツのマーケティング支援』，人工知能学会全国大会（2009）

[4.6]　T. Hofmann, J. Puzicha："Latent Class models for collaborative filtering," Proc. 16th Int. Joint Conference on Artificial Intelligence（1999）

[4.7]　T. Ishigaki, T. Takenaka, Y. Motomura："Category Mining by Heterogeneous Data Fusion Using PdLSI Model in a Retail Service," proc. On IEEE International Conference on Data Mining (ICDM), pp.857-862（2010）

[4.8]　石垣司，竹中毅，本村陽一：「百貨店ID付きPOSデータからのカテゴリ別状況依存的変数間関係の自動抽出法」，『オペレーションズ・リサーチ』，Vol.56, No.2（2010）

[4.9]　竹中毅，石垣司，本村陽一：『生活者行動に着目したサービス需要予測技術の検討』，人工知能学会全国大会（2011）

[4.10]　石垣司，竹中毅，本村陽一：『潜在クラスモデルによる流通量販店舗の来店人数予測の精度改善の評価』，人工知能学会全国大会（2011）

[4.11]　本村陽一，竹中毅，石垣司：『条件付層別差分モデルによる需要予測の高精度化』，第25回人工知能学会全国大会（2011）

[4.12]　本村陽一：『大規模データからの日常生活行動予測モデリング』，「シンセシオロジー」，Vol.2, No.1, pp.1-11（2009）

第5章

統計的因果推論のサービス工学への適用可能性

5.1 はじめに

　世界経済の全体的な流れのなかで，第三次産業であるサービス産業が新たな展開を迎えると同時に，製造業においてもサービスの果たす役割が重要視されはじめ，サービス工学（あるいは，サービスサイエンス）とよばれる研究分野が誕生した。サービス工学は，サービスをサイエンスの対象ととらえ，科学的手法を用いてサービスに関する諸問題を解決し，生産性を高め，サービスにおけるイノベーションを実現して経済を活性化するための研究分野として位置づけられる [5.1]。サービス工学には，サービスにおける技術革新，サービスの効率化，サービスの評価方法（測定方法，実験方法など）の開発，リスクマネジメントなどといった，サービスに関するあらゆる問題の科学的解決が求められる。これらの研究課題を解決するうえで数学や情報科学といった自然科学が重要な役割を果たすのはもちろんのことであるが，実際のビジネスに関する知識を獲得し，理解し，そして発展させるために，経済学・法学・経営学といった社会科学の知識も必要であり，人間に対する洞察を深めるために心理学の知識も不可欠である。すなわち，21世紀となった現在，サービスに関する問題を解決し，技術革新を進めるためにはこれらの自然科学，社会科学，人文科学，ビジネスに関するすべての知識および方法論を融合した研究分野の確立が急務であり，この異分野融合型の研究分野こそがサービス工学であると解釈できる。

　サービスの重要性について，もう少し具体的にみてみよう。たとえば，製造業においてもサービスの重要性が認識されてはじめているのは前述したとおりであるが，これは，これまでの「モノを製造し，供給する」時代から「モノに付加価値を与えたうえで供給する」時代へ変遷していく過程で認められたもの

である．このとき，「付加価値を与える」とは，お菓子のオマケのように「製品 A」に「製品 B」を付加することに限定されているわけではない．すなわち，現在では，消費者が購入した製品 A の価値を低下させることなく，時には消費者に対して購入時以上の満足感を与えるために，メンテナンス，使用方法のサポート，製品情報，ユーザコミュニティ情報といった「無形の価値」を付加することも含まれている．このような付加価値を提供するためには，①企業による長期的な視野に基づいたサービスの提供，②企業と消費者との情報交換，③消費者それぞれのニーズに対応したサービスの提供，が重要かつ不可欠なものとなる．そして，これらを効率的に実現する方法を獲得し，実施することによって，企業は消費者に対して大きな満足感を与えることができ，それと同時に利益追求も進めることができる．したがって，質の高いサービスを提供することは，企業にとって重要な経営戦略のひとつであるといえる．

　サービスの充実化が叫ばれる一方で，その目的を達成するために，消費者からの「情報」そのものが，企業にとって「貴重な財産」として位置づけられるようになっていることにも注目すべきである．多くの場合，その情報は実データや加工データの形式で提供されており，データの収集・解析目的に依存するものの，サービスを提供する際に重要な役割を果たしていることに疑う余地はない．たとえば，企業は，商品を提供する代わりに，消費者のプロファイルや購入履歴といった消費者情報や，商品使用後の感想といったフィードバックを得ることができる．企業は，その情報を社会経済動向などの環境情報と結びつけることで，消費者それぞれの購買傾向や社会経済状況に応じた商品を提供することができるようになり，効率的な利益追求を行うことができるようになる．

　ここで，データを収集するだけでは意味のある情報は得られないということに注意しなければならない．利益に結びつくサービスを提供するためには，情報科学技術を用いて採取されたデータを意味のある形に要約し，そこから有用な情報を引き出さなければならない．この有用な情報のひとつは，サービスを提供した際に消費者が得ることのできる満足度を定量的に評価することによって得られる．サービスの提供を経営戦略のひとつとみなしたとき，企業はこの経営戦略の実施をとおして，消費構造を現在のものとは異なる（すなわち，自社の利益向上につながるような）状態へ変化させようとする．したがって，こ

の場合の「サービスの提供」は消費構造のなかにある要因への外的操作とみなすのが自然である．このことをふまえて，データ解析が果たすべき役割とは，

　①過去および現在の消費者行動を要約する
　②変数間の従属関係を明らかにする
　③問題の原因を突き止める
　④将来の動向を予測する
　⑤生産性の向上，最適化，問題発生の低減，あるいはリスク最小化といった，個々の目的に対する対策を提案する

ことであるといえる [5.2]．残念ながら，確率論や数理統計学には「因果」という言葉は存在しないため，現在のデータ解析技術が貢献している部分は①，②，そして④に限定されているのが現状であり，「原因を突き止める」ことや「提案された対策が実際に利益拡大をもたらす」かどうかを，現在のデータ解析技術のみで明らかにすることは困難である．すなわち，受動的な観察データを用いてサービスの提供という対策を実施したときの消費者の満足度を評価するためには，社会システムを構成する因果構造をあらかじめ明らかにしておく必要がある．

　前述の背景をふまえて，本章の目的は，ベイジアンネットワークに基づく統計的因果推論について，その基本的枠組をできるかぎり平易に解説することにある．5.2節では，因果ダイアグラムと因果効果を数学的に定義したうえで，因果効果と条件つき分布との違いを明らかにする．5.3節では，因果効果の識別可能条件として，バックドア基準を紹介する．5.4節では，観察データに基づく因果構造発見問題の鍵となる，忠実性と観察的同値性を解説し，因果構造の発見アルゴリズムとしてICアルゴリズムを紹介する．

5.2 準備

5.2.1 非巡回的有向グラフ

　グラフ G は頂点の集合 V と，その直積 $V \times V$ の部分集合である矢線の集合 E によって，$G = (V, E)$ として表現される．2つの頂点 $\alpha, \beta \in V$ に対して $(\alpha, \beta) \in E$ かつ $(\beta, \alpha) \notin E$ のとき，α から β に向きのある有向の辺（矢線）

を引く。すべての辺が有向であるグラフを有向グラフという。

α から β への矢線が存在するとき，α は β の親であるといい，β は α の子であるという。β の親の集合を $pa(\beta)$ と記す。異なる頂点の列 $\alpha_0 = \alpha$, α_1, ⋯, $\alpha_n = \beta$ は，すべての $i=1$, ⋯, n で $(\alpha_{i-1}, \alpha_i) \in E$ または $(\alpha_i, \alpha_{i-1}) \in E$ であるとき，α と β を結ぶ道という。とくに，道で，すべての $i=1$, ⋯, n に対して $(\alpha_{i-1}, \alpha_i) \in E$ かつ $(\alpha_i, \alpha_{i-1}) \notin E$ であるとき，α から β への有向道という。α から β への有向道が存在するとき，α は β の先祖であるといい，β は α の子孫であるという。α の子孫からなる集合を $de(\alpha)$ とするとき，$V \setminus (de(\alpha) \cup \{\alpha\})$ の要素を α の非子孫という。道 $(\alpha_0, \alpha_1, \cdots, \alpha_n)$ で，$(\alpha_{i-1}, \alpha_i) \in E$ かつ $(\alpha_{i+1}, \alpha_i) \in E$ であるとき α_i を合流点といい，そうでないとき，α_i を非合流点という。α_i が合流点であり，かつ $(\alpha_{i-1}, \alpha_{i+1})$, $(\alpha_{i+1}, \alpha_{i-1}) \notin E$ を満たすとき，α_i を v 字合流点という。有向道 $(\alpha_0, \alpha_1, \cdots, \alpha_n)$ で，$\alpha_0 = \alpha_n$ を許したものを巡回閉路といい，巡回閉路の存在しない有向グラフを非巡回的有向グラフという。グラフ G 上にある矢線をすべて無向辺に置き換えることによって得られるグラフを G のスケルトンとよぶ。

5.2.2 無向グラフ

頂点の集合 V と，その直積 $V \times V$ の部分集合である辺の集合 E の組 $G = (V, E)$ において，2つの頂点 α, $\beta \in V$ に対して $(\alpha, \beta) \in E$ であるとき，α と β を向きのない辺（無向辺）で結ぶ。このとき，(α, β) と (β, α) は区別しない。無向辺のみから構成されるグラフ G を無向グラフという。また，$(\alpha, \beta) \in E$ であるとき，α と β は隣接するといい，α は β の隣接点であるという。

異なる頂点の列 α_0, α_1, ⋯, α_n は，すべての $i=1$, ⋯, n で $(\alpha_{i-1}, \alpha_i) \in E$ であるとき，長さ n の道という。道で結ばれた頂点は連結しているといい，すべての頂点が連結している無向グラフを連結グラフという。極大である連結部分グラフを連結成分という。長さ n の道 $(\alpha_0, \alpha_1, \cdots, \alpha_n)$ で，$\alpha_0 = \alpha_n$ を許したものを閉路といい，閉路のないグラフをツリーとよぶ。

5.2.3 因果ダイアグラムとベイジアンネットワーク

非巡回的有向グラフ G とその頂点に対応する確率変数の集合 $V = \{X_1, X_2,$

…, X_p} が与えられていると仮定する．グラフ G が確率変数間の関数関係を，

$$X_i = g_i\bigl(pa(X_i), \epsilon_i\bigr) \qquad i = 1, 2, \cdots, p \tag{5.1}$$

という形に規定し，確率変数がこの関数関係に従って生成されるとき，G を因果ダイアグラムという．ここに，誤差変数 ϵ_1, ϵ_2, $\cdots$, ϵ_p は互いに独立であるとする．また，$pa(X_i)$ は X_i の親からなる変数集合であり，その要素は X_i に対する直接原因と解釈される．

確率変数間の関係が式 (5.1) によって規定されたとき，その同時分布 $P(x_1, x_2, \cdots, x_p)$ は，

$$P(x_1, x_2, \cdots, x_p) = \prod_{i=1}^{p} P\bigl(x_i \mid pa(x_i)\bigr) \tag{5.2}$$

と逐次的に因数分解された形で表現することができる [5.3]．ここに，$P(x_i|pa(x_i))$ は $pa(X_i) = pa(x_i)$ を与えたときの X_i の条件つき分布である．式 (5.2) がデータ生成過程 (5.1) から導かれたものではなく，単に非巡回的有向グラフ G に対応する逐次的因数分解として得られるとき，G をベイジアンネットワークとよぶ．ベイジアンネットワークと因果ダイアグラムとの違いは，たとえば，変数間に時間的順序が与えられている場合，それに従って同時分布の逐次的因数分解を行うことができるが，それが必ずしも因果的な順序を示すものでないことから理解できるであろう．

ここで，図 5.1 の非巡回的有向グラフを考えよう．図 5.1 を因果ダイアグラムとみなした場合，X_1 は X_2 および X_4 の直接原因，X_2 は X_3 および X_4 の直接原因，X_3 は X_4 の直接原因として解釈される．このとき，図 5.1 が規定する構造方程式モデルは，

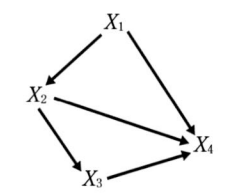

図 5.1　非巡回有向グラフ

$$
\left.\begin{array}{l}
X_4 = g_4(X_1, X_2, X_3, \epsilon_4) \\
X_3 = g_3(X_2, \epsilon_3) \\
X_2 = g_2(X_1, \epsilon_2) \\
X_1 = g_1(\epsilon_1)
\end{array}\right\} \tag{5.3}
$$

であり,対応する同時分布の逐次的因数分解は,

$$
P(x_1, x_2, x_3, x_4) = P(x_1)P(x_2|x_1)P(x_3|x_2)P(x_4|x_1, x_2, x_3) \tag{5.4}
$$

で与えられる。

一方,同時分布が因果ダイアグラムに従って逐次的に因数分解されているとき,いくつかの条件つき独立関係が成り立っている。これを記述するために,有向分離の概念が用いられる [5.4]。

【定義1】（有向分離）

非巡回的有向グラフ G において,X と Y を結ぶすべての道のそれぞれについて,$\{X, Y\}$ と排反な頂点の集合 Z が,次の条件のいずれかを満たすとき,Z は X と Y を有向分離するという。

① X と Y を結ぶ道に合流点で,その合流点とその子孫が Z に含まれないような点がある

② X と Y を結ぶ道に非合流点で,Z に含まれるものがある

とくに,X と Y を結ぶ道が存在しないとき,空集合は X と Y を有向分離するという。 □

因果ダイアグラム G において Z が X と Y を有向分離するならば,頂点に対応する確率変数において,Z を与えたとき,X と Y は条件つき独立である [5.5]。この関係を $X \perp\!\!\!\perp Y | Z$ と表記する。

例として,図5.1の因果ダイアグラムにおいて,変数 X_1 と X_3 のあいだの有向分離関係について考えよう。図5.1より,X_1 と X_3 を結ぶ道は全部で4本あることがわかる。このうち,$X_1 \to X_2 \to X_3$ 以外の道では,いずれも X_4 が合流点となっている。したがって,$X = X_1$,$Y = X_3$,$Z = \{X_2\}$ とすれば,この

Z は，すべての道のそれぞれに対して，定義 2 の (1) または (2) を満たす。すなわち，X_2 は X_1 と X_3 を有向分離しているので，$X_1 \perp\!\!\!\perp X_3 | X_2$ が導かれる。

　ベイジアンネットワークにおいては 2 つの頂点間に矢線がないことは対応する変数間に何らかの条件つき独立関係が成り立っていることを意味しているのに対して，因果ダイアグラムにおいては因果的なつながりが存在しないことを意味している。一方，ベイジアンネットワークにおいては 2 つの頂点間に矢線が存在していることは対応する変数間の統計的な従属可能性を示しているのに対して，因果ダイアグラムにおいては因果的なつながりの存在可能性を示しているにすぎない。このことは，因果ダイアグラムを用いた統計的因果推論においては，「矢線が存在する」ことよりもむしろ「矢線が存在しない」ことのほうが重要な因果情報であることを意味している [5.3]。したがって，問題意識に違いはあるが，このことに注意さえすれば，ベイジアンネットワークに関する議論の多くを統計的因果推論に適用することができる。

　なお，ベイジアンネットワークに関する英語の成書として，文献 [5.4] [5.6] 〜 [5.9] などが，また日本語の成書として文献 [5.10] 〜 [5.12] などがある。また，統計的因果推論の理論に関する英語の成書として，文献 [5.3] [5.13] などが，日本語の成書として文献 [5.3] [5.14] があるので，興味のある方はそれらも参照されたい。

5.3　因果効果

5.3.1　定義

　文献 [5.3] は，因果ダイアグラムと対応する構造方程式モデルが与えられたとき，ある変化に対応する構造方程式を別の構造方程式に置き換える行為を外的操作と定義した。そのうえで，変数 X に対する外的操作により $X = x$ とした際の変数 Y の分布を因果効果と呼び，その数学的定義を次のように与えた。

【定義 2】因果効果

　因果ダイアグラム G における頂点集合を $V = \{X, Y\} \cup Z$ とする。このとき，

$$P(y \mid \text{set}(X=x)) = \sum_z \frac{P(x, y, z)}{P(x \mid pa(x))} \tag{5.5}$$

を X から Y への因果効果という。ここに，$\text{set}(X=x)$ は X に対応する構造方程式を定数関数 $X=x$ に置き換えることを意味する。　　　　　□

　この定義をグラフとして解釈すると，因果ダイアグラム G から X へ入る矢線すべて取り除いたグラフを考え，そこで X の値を x に固定したときの Y の分布ということになる。なお，本章では，X を定数に固定する，いわゆる「原子的介入」に限定して議論を行うが，X の非子孫からなる変数集合がとる値に基づいて X の値を変化させる「条件つき介入」や，確率的に X の値を決定する「確率的介入」に関する議論も同様に行うことができる。興味のある方は，文献［5.3］［5.14］〜［5.16］などを参照されたい。

　例として，図 5.1 において X_3 から X_4 への因果効果の分布表現を考えよう。X_3 に対する外的操作を行うことによって，図 5.1 に対応する構造方程式モデルは式（5.3）から，

$$\left. \begin{aligned} X_4 &= g_4(X_1, X_2, X_3, \epsilon_4) \\ X_3 &= x \\ X_2 &= g_2(X_1, \epsilon_2) \\ X_1 &= g_1(\epsilon_1) \end{aligned} \right\}$$

となり，これに対応して同時分布の逐次的因数分解も式（5.4）から，

$$P(x_1, x_2, x_4 \mid \text{set}(X_3 = x)) = P(x_1) P(x_2 \mid x_1) P(x_4 \mid x_1, x_2, x) \tag{5.6}$$

へと変化する。ここに，構造方程式モデルにおいては X_3 に対応する構造方程式のみが $X_3 = x$ に置き換わっており，逐次的因数分解においては $P(x_3 \mid x_2)$ が 1 に置き換わっていることに注意する。

　ここで，図 5.1 から $X_1 \perp\!\!\!\perp X_3 \mid X_2$ であることに注意すると，式（5.6）より，X_3 から X_4 への因果効果は，

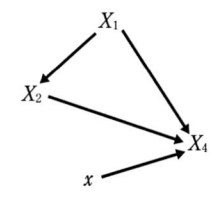

図 5.2　外的操作後のグラフ

$$P(x_4 | \text{set}(X_3 = x)) = \sum_{x_1, x_2} P(x_1, x_2) P(x_4 | x_1, x_2, x)$$
$$= \sum_{x_1, x_2} P(x_2) P(x_1 | x_2, x) P(x_4 | x_1, x_2, x)$$
$$= \sum_{x_2} P(x_2) P(x_4 | x_2, x) \tag{5.7}$$

と表現することができ，X_1 には依存しないことに注意する．

一方，外的操作を行った後の因果ダイアグラムは図 5.1 から X_3 に入る矢線を取り除いた図 5.2 のグラフで表現される．

このグラフは，X_3 に対する無作為割りつけを表現する因果ダイアグラムと同じ構造であることから，因果効果は無作為化実験における要因効果に対応する因果的連関指標として解釈することができる．

5.3.2　因果効果と条件つき分布の違い

ここでは，条件つき分布と因果効果の違いを明らかにするために，図 5.3 の 6 つの因果ダイアグラムにおいて，X_2 から X_3 への因果効果の分布表現を考えよう．図 5.3（a）は X_2 へ入る矢線がなく，かつ X_2 から X_3 への有向道上に X_1 が存在している場合である．このときの因果効果は，

$$P(x_3 | \text{set}(X_2 = x)) = \sum_{x_1} P(x_1 | x) P(x_3 | x_1, x) = P(x_3 | x) \tag{5.8}$$

となり，$X_2 = x$ を与えたときの X_3 の条件つき分布と一致している．図 5.3（b）は X_1 が X_2 と X_3 の親であるが，X_2 と X_3 のあいだに有向道が存在しない場合である．このときの因果効果は，

$$P(x_3 | \text{set}(X_2 = x)) = \sum_{x_1} P(x_1) P(x_3 | x_1) = P(x_3)$$

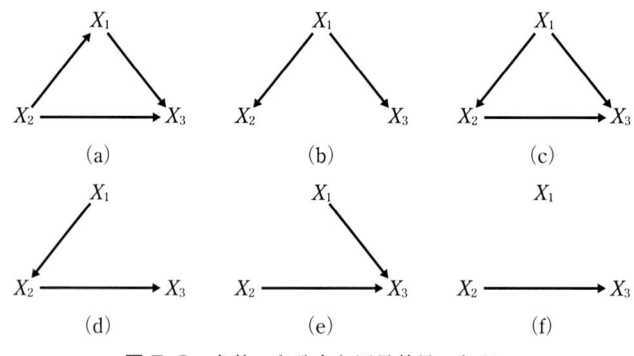

図5.3 条件つき分布と因果効果のちがい

となり，X_3 の周辺分布と一致しており，$X_2=x$ の値には依存しない．すなわち，$X_2=x$ を与えたときの X_2 の条件つき分布とは異なっていることがわかる．

図5.3 (c) は X_1 が X_2 と X_3 の親であり，かつ X_2 から X_3 への有向道が存在する場合である．このときの因果効果は，

$$P\bigl(x_3 \bigl| \mathrm{set}(X_2=x)\bigr)\bigr) = \sum_{x_1} P(x_1) P(x_3 | x_1, x)$$

となり，これは $X_2=x$ を与えたときの X_3 の条件つき分布とも，X_3 の周辺分布とも異なっていることがわかる．図5.3 (d), (e), (f) は X_1 が $\{X_2, X_3\}$ のうち少なくともひとつの要素と因果的連関をもたない場合である．これらのケースについても同様の計算を行うことにより，因果効果は $X_2=x$ を与えたときの X_3 の条件つき分布と一致することがわかる．以上の考察から，2つの変数 X および Y に対して，X および Y の両方の親である変数が存在しない場合には，X から Y への因果効果は X を与えたときの Y の条件つき分布と一致するが，両方の親となる変数が存在する場合には条件つき分布と一致しないことがわかる．

5.3.3 バックドア基準

前述の例からわかるように，因果効果 $P(y|\mathrm{set}(X=x))$ を定量的に評価するためには，一般に X と Y 以外の変数の観測が必要になる．ある変数への外的操作を念頭において解析を進めるとき，その因果効果を推定するのに必要な観

測すべき変数集合を認識することは重要である．文献［5.3］は，因果効果の識別可能条件として以下の定義と定理を与えた．ここに，因果効果が識別可能であるとは，因果効果が観測変数の同時分布によって記述されることをいう．

【定義3】バックドア基準

因果ダイアグラム G において X は Y の非子孫であるとする．このとき，次の2条件を満たす変数集合 Z は順序対 (X, Y) についてバックドア基準を満たすという．

① X から Z の任意の要素へ有向道がない

② 因果ダイアグラム G より X から出る矢線をすべて除いたグラフにおいて，Z が X と Y を有向分離する　　　　　　　　　　　　　　□

因果ダイアグラム G において，順序対 (X, Y) についてバックドア基準を満たす変数集合 Z が X, Y とともに観測されていれば，X から Y への因果効果 $P(y|\mathrm{set}(X=x))$ は識別可能であり

$$P(y|\mathrm{set}(X=x))=\sum_z P(y|x,z)P(z) \tag{5.9}$$

で与えられる［5.3］．

ここで，X から出る矢線をすべて除いたグラフにおいて，X と Y が共通の先祖をもたないとき，空集合がバックドア基準を満たすことに注意する．また，Z を $pa(X)$ を含む X の非子孫からなる頂点集合とするとき，Z は順序対 (X, Y) についてバックドア基準を満たすことがわかる．この場合には，Z がバックドア基準を満たすことを示すために，つねに因果ダイアグラムを完全に記述しなければならないというわけではないことが知られている［5.17］．なお，$pa(X)$ 以外にもバックドア基準を満たす変数集合が存在しえることに注意する．

例として，図5.1の因果ダイアグラムにおいて，X_3 から出る矢線を取り除いた図5.4（a）のグラフを考えよう．図5.4（a）では，X_2 と $\{X_1, X_2\}$ はともに X_3 と X_4 を有向分離している．このことから，X_2 と $\{X_1, X_2\}$ はそれぞれ順序対 (X_3, X_4) についてバックドア基準を満たすことがわかる．したがって，X_2 あるいは $\{X_1, X_2\}$ を観測することにより X_3 から X_4 への因果効果 $P(x_4|\mathrm{set}(X_3=x))$ は識別可能となり，その表現は式（5.7）で与えられるこ

(a)　　　　　　　　　(b)

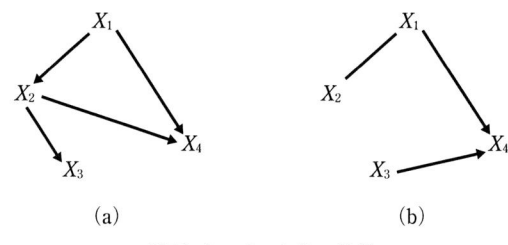

図5.4　バックドア基準

とがわかる.

　一方，X_2 から出る矢線を取り除いた図 5.4（b）のグラフでは，X_1 は X_2 と X_4 を有向分離している．したがって，X_1 を観測することにより X_2 から X_4 への因果効果 $P(x_4|\text{set}(X_2=x))$ は識別可能となり，その表現は，

$$P\bigl(x_4\bigm|\text{set}(X_2=x)\bigr)=\sum_{x_1}P\bigl(x_4\bigm|x_1,x\bigr)P\bigl(x_1\bigr) \tag{5.10}$$

で与えられる．しかし，X_3 は X_2 の子孫であるため，$\{X_1, X_3\}$ はバックドア基準を満たさない．

　このように，解析に先立って背後にある因果関係を有向グラフによって記述することができれば，データを採取する前に，因果効果を推定するうえで観測すべき変数集合を明らかにすることができる．

　なお，ベイジアンネットワークに基づく因果効果の識別可能条件は，文献 [5.3][5.14][5.18]～[5.21] など多くの研究者によって提案されているので，興味のある方はそれらも参照されたい．

5.4　統計的独立関係を利用したアプローチ

　5.2 節からわかるように，ベイジアンネットワークの理論に基づいて因果効果を推定するための第一歩は，因果構造を有向グラフによって記述することであるのはいうまでもない．しかし，真の因果構造を規定する物理的メカニズム（データ生成過程）はあまりにも複雑で，「因果関係に関する確たる結論がひとつの研究から導かれることはほとんどない」[5.22]．このことから，真の因果構造を明らかにし，それを有向グラフによって記述するのは困難をきわめる作業であることがわかる．一方，社会科学，医学，工学等のといった実質科学の

諸分野において，合理的な行動を選択するために用いられる因果構造は真理追求の結果として得られたものである必要はない．すなわち，必要とされる因果構造は各研究分野のニーズに答えたものであり，かつ行動をとったときの結果への因果的効果が定量的かつ合理的に評価できるものであればよい．

このような状況をふまえて，観測変数の同時分布がある因果ダイアグラムに従っていると仮定できるものの，その因果ダイアグラムがわからないときに，観測される変数間の独立性・条件つき独立性に関する情報を用いて，因果ダイアグラムを可能なかぎり復元する方法論について論じる．5.4.1項では，統計的因果推論を議論するうえで重要な概念である忠実性と観察的同値性の定義を与える．その後，因果ダイアグラム上にある変数はすべて観測可能であるという状況の下で，忠実性を仮定して観察的同値なグラフを探索するアルゴリズムとして，ICアルゴリズムを紹介する．なお，ICアルゴリズムをわずかに修正することによって潜在変数を含む場合へ拡張することが可能であるが，これについては文献［5.3］［5.13］を参照されたい．

5.4.1 忠実性

いま，確率変数の集合 $V = \{X_1, X_2, \cdots, X_p\}$ に対する因果ダイアグラムを $G = (V, E)$ とする．このとき，V の同時分布関数 $P(x_1, x_2, \cdots, x_p)$ において，非巡回的有向グラフにより規定される有向分離関係以外のいかなる独立性・条件つき独立性も付加的に成り立っていないとき，V の同時分布は非巡回的有向グラフに忠実であるという．すなわち，非巡回的有向グラフに忠実な同時分布においては，$\{X, Y\}$ と排反な変数集合 Z が X と Y を有向分離しているならば，またそのときにかぎり，$X \perp\!\!\!\perp Y | Z$ が成り立つ．

たとえば，図1の因果ダイアグラムでは，X_2 は X_1 と X_3 を有向分離しており，このことから $X_1 \perp\!\!\!\perp X_3 | X_2$ であることがわかる．図5.1のベイジアンネットワークでは，これ以外の有向分離関係は存在しない．忠実性とは，グラフから導かれる有向分離関係とデータから導かれる条件つき独立関係が一対一に対応することを意味する．

ここで，忠実性の意味をもう少し深く理解するために，図5.1のグラフ上にある変数集合は多変量正規分布に従うものとし，このグラフに対応する構造方

程式モデルとして,

$$\left.\begin{aligned} X_4 &= \alpha_{41}X_1 + \alpha_{42}X_2 + \alpha_{43}X_3 + \epsilon_4 \\ X_3 &= \alpha_{32}X_2 + \epsilon_3 \\ X_2 &= \alpha_{21}X_1 + \epsilon_2 \\ X_1 &= \epsilon_1 \end{aligned}\right\} \tag{5.11}$$

が与えられているとしよう。ここに,構造パラメータ α_{ij} は定数であり,グラフ上の変数は平均 0, 分散 1 に基準化されているものとする。このとき,X_4 に対する構造方程式の両辺に X_3 をかけて期待値を取ることにより,X_3 と X_4 の共分 $\mathrm{cov}(X_3, X_4)$ は,

$$\begin{aligned}\mathrm{cov}(X_3, X_4) &= \alpha_{42}\mathrm{cov}(X_2, X_3) + \alpha_{41}\mathrm{cov}(X_1, X_3) + \alpha_{43}\mathrm{var}(X_3) + \mathrm{cov}(\epsilon_4, X_3) \\ &= \alpha_{42}\mathrm{cov}(X_2, X_3) + \alpha_{41}\mathrm{cov}(X_1, X_3) + \alpha_{43}\end{aligned}$$

と表現することができる。同様な手続きにより,$\mathrm{cov}(X_2, X_3) = \alpha_{32}$ と $\mathrm{cov}(X_1, X_3) = \alpha_{32}\mathrm{cov}(X_1, X_2) = \alpha_{32}\alpha_{21}$ を得ることができるので,

$$\mathrm{cov}(X_3, X_4) = \alpha_{43} + \alpha_{32}(\alpha_{42} + \alpha_{21}\alpha_{41})$$

と書けることがわかる。したがって,$\alpha_{34} = -\alpha_{32}(\alpha_{42} + \alpha_{21}\alpha_{41})$ という関係が成り立っている場合には,$X_3 \perp\!\!\!\perp X_4$ となるが,この独立関係を図 5.1 のグラフから読み取ることはできない。

この非忠実性がデータに基づく因果構造の発見に深刻な問題を与える例として,図 5.5(a)の完全グラフを考えよう。ここでも,先ほどと同様に,図 5.5(a)のグラフ上にある変数集合は多変量正規分布に従うものとし,このグラフに対応する構造方程式モデルとして

$$\left.\begin{aligned} X_3 &= \alpha_{31}X_1 + \alpha_{32}X_2 + \epsilon_3 \\ X_2 &= \alpha_{21}X_1 + \epsilon_2 \\ X_1 &= \epsilon_1 \end{aligned}\right\} \tag{5.12}$$

が与えられているとする。このとき,X_1 と X_3 の共分散 $\mathrm{cov}(X_1, X_3)$ は,

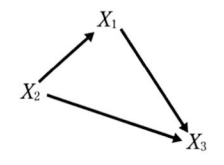

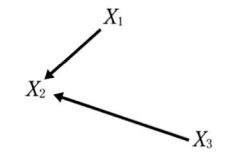

（a）因果ダイアグラム　　（b）復元されたグラフ

図 5.5　忠実性を満たさない例

$$\sigma_{13} = \alpha_{32} + \alpha_{31}\alpha_{21}$$

と書ける．ここで，$\alpha_{32} = -\alpha_{31}\alpha_{21}$ が成り立つ場合には $X_1 \perp\!\!\!\perp X_3$ となるが，この独立関係を記述できる有向グラフは図 5.5（b）のようになる．すなわち，この独立関係は図 5.5（a）のグラフから読み取れないどころか，本来は X_2 は X_3 の直接的原因であるにもかかわらず，この独立関係をグラフで表現しようとするばかりに X_3 が X_1 の直接的原因であると誤った判断を下してしまうことになる．

統計科学的な立場から考えた場合，構造パラメータは連続値をとる母数であるから，ベイズ流の立場でこれらの母数に事前分布を考えたとすれば，このような忠実でない状況とは，ほとんど起こることのない事象といえる．よって，忠実性を仮定することは，それほど非現実的ではない［5.3］［5.4］．その一方で，実際のデータを用いて変数間の独立関係を調べる際には，2種類の誤り（第1種の誤りや第2種の誤り）の問題が起こりえることを念頭に解析を進める必要がある．なお，ここでは，議論を簡単にするために，これらの問題は起こらないものと仮定する．

5.4.2 観察的同値性

統計的因果推論の数理基盤を支えるベイジアンネットワークは，純粋な確率論的モデルである．したがって，同時分布のもつ統計的独立関係の観点からは識別できない有向グラフが複数存在しえる．ここでは，ある同時分布とそれを規定する因果ダイアグラムが与えられたとき，その同時分布は因果ダイアグラムに忠実であると仮定する．このとき，因果ダイアグラムによって規定される

独立性・条件つき独立性から区別できないグラフは，観察的に同値であるという。したがって，観察的に同値な因果ダイアグラムは，同一の独立性・条件つき独立性の集合を与える。

観察的同値な因果ダイアグラムの例として，図 5.6 のグラフを考えよう。図 5.6 (a)，(b)，(c) のグラフでは，X_2 が X_1 と X_3 を有向分離しており，これ以外に有向分離される変数の組み合わせは存在しない。したがって，統計的独立関係として $X_1 \perp\!\!\!\perp X_3 | X_2$ だけが成り立っていることがわかる。このことは，$X_1 \perp\!\!\!\perp X_3 | X_2$ という統計的独立関係から得られるベイジアンネットワークは図 5.6 (a)，(b)，(c) であり，これらのグラフ構造をデータのもつ統計的関連情報のみで区別することができないことを意味している。一方，図 5.6 (d) のグラフでは，X_2 が v 字合流点となっていることから，空集合が X_1 と X_3 を有向分離しており，これ以外に有向分離される変数の組み合わせは存在しない。したがって，$X_1 \perp\!\!\!\perp X_3$ だけが成り立っていることがわかる。図 5.6 (a)，(b)，(c) では，X_1 と X_3 は独立ではないことから，統計的関連情報だけで図 5.6 (a)，(b)，(c) と図 5.6 (d) を区別できることがわかる。

ここで，観察的同値性の意味をグラフ構造の観点から考察し，観察的に同値な因果ダイアグラムの特徴づけを行ってみよう。図 5.6 (a) において X_1 から X_2 への矢線の方向を反転させることによって，図 5.6 (b) のグラフを得ることができる。このとき，v 字合流点が生成されることはないため，因果ダイアグラムによって規定される有向分離関係が変わることはない。このことから，矢線の方向を反転させても統計的独立関係 $X_1 \perp\!\!\!\perp X_3 | X_2$ を保存したまま，図 5.6 (a) とは異なる因果ダイアグラムを構成できることがわかる。同様に，図 5.6 (b) のグラフにおいて，X_2 から X_3 への矢線の方向を反転させることに

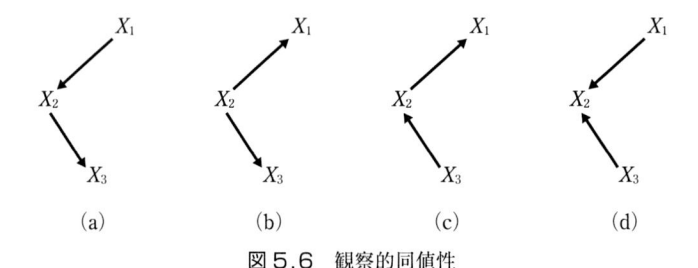

図 5.6 観察的同値性

よって，図 5.6（c）のグラフを得ることができる．この場合も，v 字合流点が生成されることはないため，因果ダイアグラムによって規定される有向分離関係が変わることはない．以上のことから，図 5.6（a），（b），（c）のいずれにおいても，統計的独立関係 $X_1 \perp\!\!\!\perp X_3 | X_2$ を用いて矢線の方向性を決定することはできないことがわかる．また，図 5.6 に与えた（a），（b），（c）のグラフは，①同じスケルトンをもち，②v 字合流点がない，という特徴をもつ．

一方，図 5.6（d）の因果ダイアグラムも図 5.6（a），（b），（c）と同じスケルトンをもつ．しかし，図 5.6（a），（b），（c）が v 字合流点をもたないのに対して，図 5.6（d）には v 字合流点が存在しており，図 5.6（d）の X_1 から X_2 への矢線，または X_2 から X_3 への矢線の方向を反転させると，v 字合流点が消えてしまう．このことは，矢線の方向を反転させることによって統計的独立関係が $X_1 \perp\!\!\!\perp X_3$ から $X_1 \perp\!\!\!\perp X_3 | X_2$ へと変わってしまうため，統計的独立関係を保存したまま矢線の方向を反転させることはできないことを意味する．その一方で，この例より，時間情報がなくても，統計的独立関係を用いてグラフにおけるいくつかの矢線の方向を決定できる場合があること，そして，矢線の方向を決定する際に v 字合流が重要な役割を果たすことがわかる．

なお，2 つの因果ダイアグラムが観察的同値であるための必要十分条件は，その 2 つのグラフが同じスケルトンと同じ v 字合流をもつこと，すなわち，2 つの合流する矢線がある場合には，その尾が矢線によって連結していないことであることが知られている [5.3]．

5.4.3 IC アルゴリズム

ここでは，観測変数の同時分布がある因果ダイアグラムに従っていると仮定できるものの，そのグラフ構造が未知であるときに，観測される変数間の独立性・条件つき独立性に関する情報から，因果ダイアグラムを可能なかぎり復元する方法論について論じることにしよう．

まず，因果ダイアグラムで成立している基本的性質について，有向分離性と条件つき独立性との関係より次のことがいえる．

①因果ダイアグラムにおいて，X と Y のあいだに矢線がなければ，X と Y はある変数集合（空集合のこともある）を与えたとき条件つき独立となる．

また，観測される変数の同時分布が因果ダイアグラムに忠実であれば，次の性質が成り立つ。

②因果ダイアグラムにおいて，X と Y のあいだに矢線があれば，X と Y はいかなる変数集合を与えても条件つき独立にならない。

③因果ダイアグラムにおいて，$X \to Z \leftarrow Y$ という v 字合流点があれば，X と Y は，Z を含むいかなる変数集合を与えても条件つき独立にならない。

この3つの性質に基づいて，因果ダイアグラムを復元するアルゴリズムを与えることができる。

IC アルゴリズム

入力：変数集合 V の $P(x_1, x_2, \cdots, x_p)$

出力：P と一致するパターン $H(P(x_1, x_2, \cdots, x_p))$

　　ステップ1　V から任意の変数の組（X, Y）を取り出し，$P(x_1, x_2, \cdots, x_p)$ において $X \perp\!\!\!\perp Y | S_{xy}$，すなわち，$S_{xy}$ を与えたとき X と Y が独立となるような集合 S_{xy} を探索する。このような S_{xy} が見つからない場合には，頂点 X と Y を無向辺で結び，無向グラフを構築する。

　　ステップ2　S_{xy} が存在するとき，互いに隣接しない X と Y が共通の隣接点として Z をもつ場合には $Z \in S_{xy}$ であるかどうかを調べ，

　　　　①$Z \in S_{xy}$ ならば，矢印（＞）を加えない

　　　　②$Z \notin S_{xy}$ ならば，Z へ向かう矢印（すなわち $X \to Z \leftarrow Y$）を加える

　　ステップ3　次の規則に従って，ステップ2で得られた無向辺と矢線からなるグラフの無向辺にできるかぎり多く矢印を加える。

　　　　①新しい v 字合流を作るような矢印を加えない

　　　　②巡回道を作るような矢印を加えない

　パターンとは，IC アルゴリズムによって構成される矢線と無向辺からなるグラフのことである。パターンに現れる矢線は，$P(x_1, x_2, \cdots, x_p)$ の背後にある因果ダイアグラムと観察的に同値なクラスに含まれるグラフに共通に現れる矢線を表し，無向辺は矢線の方向が決まらないことを意味している。すなわち，背後にある因果ダイアグラムと同じ方向の矢線をもつ同値構造もあれば，それとは逆方向の矢線をもつ構造もある。

ICアルゴリズムでは，ステップ1とステップ3が詳しく記述されているわけではない．この2つのステップについては，いくつかの改良が提案されている．文献 [5.23] は，$P(x_1, x_2, \cdots, x_p)$ のマルコフネットワーク，すなわち，任意の2つの変数に対して，それ以外の変数すべてを与えたときに従属するときのみ無向辺で結ぶように構成した無向グラフから始めれば，探索回数を大幅に減らすことができることを示している．正規線形モデルの場合には，共分散行列の逆行列の0ではない成分に対応する変数の組に無向辺を割り当てることによって，マルコフネットワークを多項式時間で見つけることができる．文献 [5.13] はステップ1において集合 S_{ab} を探索するためのシステマティックな方法を提案している．それは，要素の数が0である集合 S_{xy} から始め，S_{xy} の要素の数を1…と増やしていき，分離していると判断されると完全グラフから逐次的に無向辺を取り除くというものである．この改良アルゴリズムは，（その開発者である Peter と Clark の名前にちなんで） PCアルゴリズムとよばれている．このアルゴリズムでは，それぞれの段階において分離集合 S_{xy} は X と Y の隣接点にしぼって探索される．そのため，有限個の頂点をもつグラフに PCアルゴリズムを適用した場合には，多項式時間で終了できる．

ICアルゴリズムのステップ3はいくつかの規則により構成されている．文献 [5.24] はICアルゴリズムで得られたパターンに対してさらに矢線を識別するために，オリエンテーションルールとよばれる，次の4つの規則が必要となることを示した．

規則 R_1：X_1, X_2, X_3 に対して，X_2 と X_3 が隣接しないが $X_2 \rightarrow X_1$ がある場合には，$X_1 - X_3$ に $X_1 \rightarrow X_3$ と矢印をつける（図 5.7 (a)）．

規則 R_2：X_1, X_2, X_3 に対して，連鎖経路 $X_2 \rightarrow X_1 \rightarrow X_3$ がある場合には，無向辺 $X_2 - X_3$ に $X_2 \rightarrow X_3$ と矢印をつける（図 5.7 (b)）．

規則 R_3：X_1, X_2, X_3, X_4 に対して，X_1 と X_3 が隣接しないような2つの連鎖経路 $X_2 - X_1 \rightarrow X_4$ と $X_2 - X_3 \rightarrow X_4$ が存在する場合には，$X_2 - X_4$ に $X_2 \rightarrow X_4$ と矢印をつける（図 5.7 (c)）．

規則 R_4：X_1, X_2, X_3, X_4 に対して X_2 と X_4 は隣接しないが，X_1 と X_3 は隣接するような2つの連鎖経路 $X_2 - X_3 - X_4$ と $X_2 \rightarrow X_1 - X_4$ が存在する場合には，$X_1 - X_4$ と $X_3 - X_4$ にそれぞれ $X_1 \rightarrow X_4$ と

(a) 規則 1　　　　　　　　　(b) 規則 2

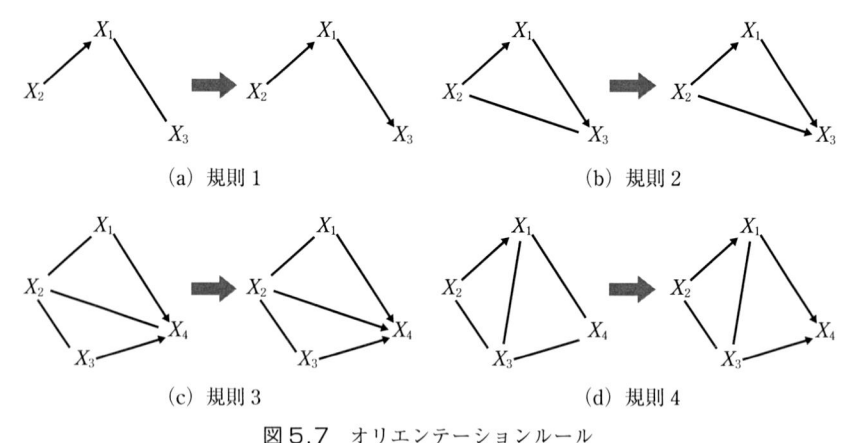

(c) 規則 3　　　　　　　　　(d) 規則 4

図 5.7　オリエンテーションルール

$X_3 \to X_4$ と矢印をつける（図 5.7 (d)）。

文献 [5.25] は，これら 4 つの規則を繰り返し適用することによって最終的には因果ダイアグラムの同値クラスに共通な矢線をすべて見つけることができるという意味で，4 つの規則が十分であることを示している．なお，開始時点で得られている矢線が v 字合流に限られている場合には，R_4 は必要ではない [5.25]．また，ある変数が外生変数であること，すなわち，その変数から出る矢線はあっても入る矢線はないという先験的情報のみが得られている状況においても，R_4 は必要ではない [5.26]．

例として，因果ダイアグラムが図 5.1 のように与えられており，この因果ダイアグラムが背後に潜んでいる観察データが得られていると仮定しよう．忠実性の下で，IC アルゴリズムのステップ 1 に基づいて，

$$X_1 \perp\!\!\!\perp X_2 | (X_3, X_4), X_1 \perp\!\!\!\perp X_2 | X_3, X_1 \perp\!\!\!\perp X_2 | X_4, \cdots$$

を判定していき，どれかひとつでも成立していれば，その段階で X_1 と X_2 とのあいだの辺を削除する．ちなみに，図 5.1 の場合には，X_1 と X_2 のあいだの辺は削除されない．他の変数対についても同様に判定を行っていくと，$X_1 \perp\!\!\!\perp X_3 | X_2$ が成り立つため，この段階で X_1 と X_3 のあいだの辺を削除する．これ以外の統計的独立関係を見つけることはできないため，IC アルゴリズムのステップ 1 の結果として，図 5.8 (a) に示すような無向グラフを得る．このグ

(a) ステップ1　　(b) ステップ2

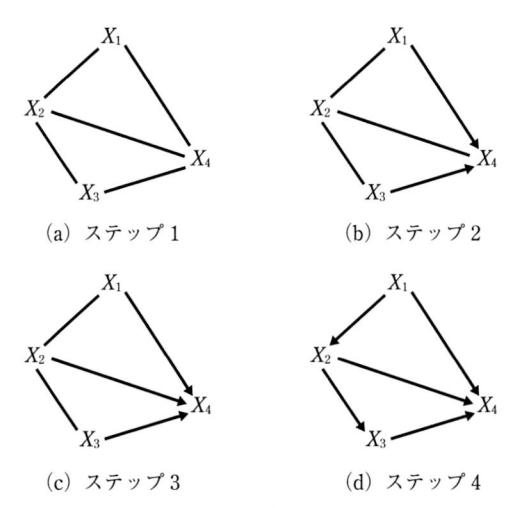

(c) ステップ3　　(d) ステップ4

図5.8　復元作業

ラフは，もとの非巡回的有向独立グラフの矢線を辺に置き換えたスケルトンにほかならない。

次にステップ2に進む。図5.8 (a) で $X-Z-Y$ という構造（X と Y は辺で結ばれていない）を列挙すると，

$$X_1-X_2-X_3, \quad X_1-X_4-X_3$$

のみである。ここで，$X_1-X_2-X_3$ については，X_1 と X_3 は X_2 を与えたときに条件つき独立となるので，この道に v 字合流点はないと判定できる。一方，$X_1-X_4-X_3$ については，

$$X_1 \not\perp\!\!\!\perp X_3|(X_2, X_4), X_1 \not\perp\!\!\!\perp X_3|X_4$$

である。すなわち，X_4 を含む変数集合を与えたときに X_1 と X_3 は条件つき独立とはならないことから，この道に v 字合流点があると認識できる。v 字合流については，無向辺を矢線に変えることができるため，$X_1-X_4-X_3$ を $X_1 \to X_4 \leftarrow X_3$ と変換することができる。この手続きを行った結果を示したものが図5.8 (b) である。

ステップ3として，X_1 と X_3 は隣接しておらず，X_1 と X_3 のそれぞれから

X_4 への矢線があるため,オリエンテーションルールの規則3を用いて,X_2 と X_4 のあいだにある無向辺を $X_2 \to X_4$ と矢線に変えることができる。なお,$X_1 - X_2 - X_3$ については,$X_1 \to X_2 \to X_3$, $X_1 \leftarrow X_2 \to X_3$, $X_1 \leftarrow X_2 \leftarrow X_3$ の3種類の矢線の与え方があり,いずれの場合でもグラフ全体で成立している独立性・条件つき独立性は同じ,すなわち,観察的に同値である。なお,X_1 が外生変数であるという先験的情報があれば,オリエンテーションルールの規則1を用いることにより,図5.8 (d) の因果ダイアグラムを得ることができる。一般に,極大に方向づけられたパターンにある矢線をすべて取り除いた無向グラフがツリー構造の集まりによって構成されている場合,それぞれのツリーに下での外生変数を見つけることができれば,因果ダイアグラムを完全に復元することができる [5.25]。

参考文献

[5.1] 日高一義:「サービス・サイエンスにまつわる国内外の動向」,『科学技術動向』, No.57, 科学技術政策研究所(2005)

[5.2] H. Chan:"Sensitivity Analysis of Probabilistic Graphical Models and Its Application for Service Engineering", 人工知能学会第72回人工知能基本問題研究会(SIG-FPAI-A803), pp.35-40(2008)

[5.3] J. Pearl:"Causality:Models, Reasoning, and Inference", Cambridge University Press(2000), (黒木学訳『統計的因果推論—モデル・推論・推測—』,共立出版(2009))

[5.4] J. Pearl:"Probabilistic Reasoning in Intelligence Systems", Morgan Kaufmann(1988)

[5.5] D. Geiger, T. S. Verma, J. Pearl:"Identifying Independence in Bayesian Networks", Networks, No.20, pp.507-534(1990)

[5.6] E. Castillo, J. M. Gutierrez, A. S. Hadi:"Expert Systems and Probabilistic Network Models", Springer-Verlag(1997)

[5.7] M. I. Jordan:"Learning in Graphical Models", MI Press(1997)

[5.8] F. V. Jensen, T. D. Nielsen:"Bayesian Networks and Decision Graphs", Springer-Verlag(2007)

[5.9] R. G. Cowell, A. P. Dawid, S. L. Lauritzen, D. J. Spiegelhalter:"Probabilistic Networks and Expert Systems:Exact Computational Methods for Bayesian Networks", Springer-Verlag(2007)

[5.10] 繁桝算男,本村陽一,植野真臣:『ベイジアンネットワーク概説』,培風館

[5.11] 本村陽一, 岩崎弘利:『ベイジアンネットワーク技術—ユーザ・顧客のモデル化と不確実性推論—』, 東京電機大学出版局 (2006)
[5.12] S. J. Russell, P. Norvig : "Artificial Intelligence : A Modern Approach", Pearson Education (2003),（古川康一訳:『エージェントアプローチ人工知能 第2版』, 共立出版 (2008)）
[5.13] P. Spirtes, C. Glymour, R. Scheines : "Causation, Prediction, and Search", Bradford Books (2001)
[5.14] 宮川雅巳:『統計的因果推論—回帰分析の新しい枠組み—』, 朝倉書店 (2004)
[5.15] 黒木学:「分散に対する因果効果の定量的評価と工程解析への応用」,『品質』, No.38, pp.87-98 (2008)
[5.16] S. A. Murphy : "Optimal Dynamic Treatment Regimes", Journal of the Royal Statistical Society, Series B, No.65, pp.331-366 (2003)
[5.17] Z. Geng G. Li : "Conditions for Non-confounding and Collapsibility without Knowledge of Completely Constructed Causal Diagram", Scandinavian Journal of Statistics, No.29, pp.169-182 (2002)
[5.18] J. Tian, J. Pearl : "A General identification condition for causal effects", National Conference on Artificial Intelligence, No.18, pp.567-573 (2002)
[5.19] I. Shpitser, J. Pearl : "Identification of Conditional Interventional Distributions", Uncertainty in Artificial Intelligence No.22, pp.437-444 (2006)
[5.20] I. Shpitser, J. Pearl : "Identification of Joint Interventional Distributions in Recursive Semi-Markovian Causal Models", Conference on Artificial Intelligence, No.21, pp.1219-1226 (2006)
[5.21] M. Kuroki, M. Miyakawa : "Identifiability criteria for causal effects of joint interventions", Journal of the Japanese Statistical Society, No.29, pp.105-117 (1999)
[5.22] D. R. Cox, N. Wermuth : "Multivariate Dependencies : Models, Analysis and Interpretation", Chapman & Hall (1996)
[5.23] T. Verma, J. Pearl : "Equivalence and Synthesis of Causal Models", Uncertainty in Artificial Intelligence No.6, pp.220-227 (1991)
[5.24] T. Verma, J. Pearl : "An algorithm for deciding if a set of observed independencies has a causal explanation", Uncertainty in Artificial Intelligence No.8, pp.323-330 (1992)
[5.25] C. Meek : "Causal inference and causal explanation with background knowledge", Uncertainty in Artificial Intelligence 11, pp.403-410 (1995)
[5.26] M. Kuroki, T. Kikuchi, M. Miyakawa : "The Graphical Condition for Identifying Arrows in Recovering Causal Structure", Journal of the Japan Statistical Society, No.31, pp.175-185 (2001)

第6章 データ同化によるシミュレーション計算と大規模データ解析の融合

6.1 データ，情報，知識

　いま，インタネットに代表される ICT 革命により，人間がかかわるあらゆるシステムが大きく変容しつつある．たとえば物流システムが理解しやすい．生産者と消費者双方が求める情報の即時的交換を可能にする総合情報サービスの登場により，生産者と消費者が直結された「中抜き」流通が普通となりつつある．じつは同じことが，一般に普遍的だと思われている，研究の方法（やり方）自体にも起きつつある．データの組織的超大量取得と，そこからの当該分野における有益な情報—知識—の獲得，そして対象の制御能力の向上である．そのようすを図6.1の右図にイメージ化した．網の機能は研究対象を捨象する

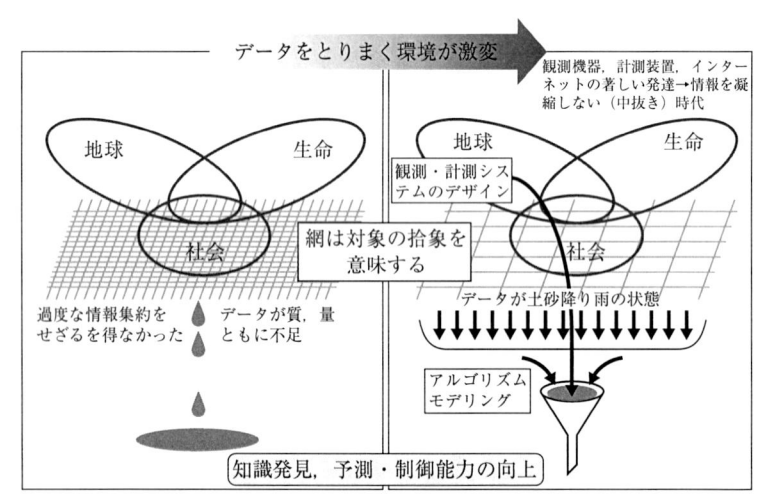

図6.1　データ環境の激変

行為を表現し，捨象された結果はデータになる。現代においては網の目が大きいため，データがまるで土砂降りの状態でわれわれの頭に降ってくるが，有益な情報獲得と制御能力の向上等の一連の作業には，物流システムと同じく機動性と自動化が強く求められる。右図下部に，土砂降りのデータを漏斗でもれなく集め，新たな知識を自動的に出力する理想的なマシンを図化した。従前はデータの質，量とも著しく不足していたため，新しい知見の獲得には，非常に大胆かつ奇抜なアイデアの投入が必要であった。また，左図に模式的に示したように，新たな知識発見や予測・制御能力の向上のためには，一般の研究者は乏しいデータからまるで手編みをするかのようにコツコツと地道に知識を積み上げてきた。そのため研究現場においては，自由な発想の重要性は深く認識されつつも，既存の知識に拘束された研究のすすめ方が多かったことも事実である。

　情報社会の実現によって，さまざまな分野で複雑なシステムに関する大量データに基づく予測と，そのリスク評価の方法の確立が重要な社会的課題となっている。したがって，あらゆる分野において，大量データをいかに高速かつ適切に取り扱うかが研究推進の鍵となってきている。筆者自身が統計科学，情報学関連の研究者と意見交換をするなかで，各研究分野において同じ言葉を違った意味で用いていることに気づいた。超大規模データの取り組みにあたって，この目的達成に必要とされる作業（プロセス）を俯瞰するために言葉の整理を

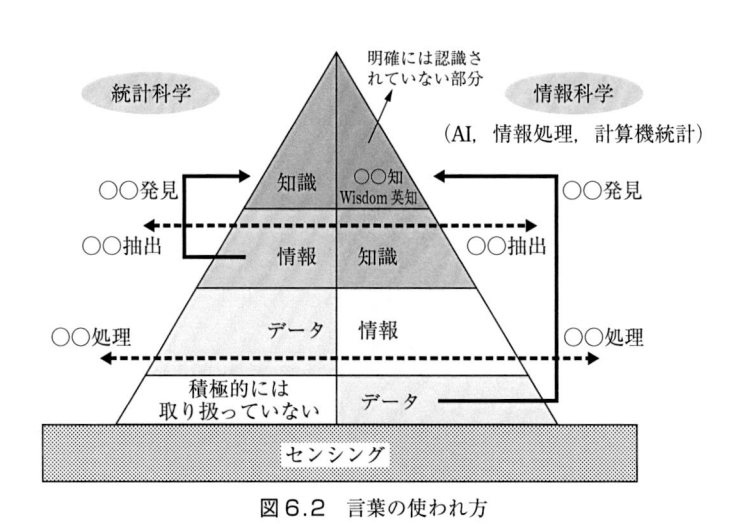

図6.2　言葉の使われ方

してみたい。図 6.2 は使われる言葉の利用状況を図化したものである。上の階層ほど集約度が高い普遍的な価値をもつ量である。横の階層は同じ概念で，左が統計科学関係者が使う言葉，右が情報科学関係者が使う言葉である。この図からわかるように，統計科学関係者が「データ」とよぶものは情報科学関係者では「情報」に，また「情報」とよぶものは「知識」に対応することが多い。そうすると，統計科学関係者が「知識」とよぶものに対応する，情報科学関係者一般で使用されている言葉はない。あえていえば，各応用分野における「〇〇知」といったものであろうか。「Wisdom（英知）」と英語でよばれることもある。かたや，情報科学関係者がデータとよぶ，センシングからの直接的な生データに対応する言葉は，じつは統計科学にはなく，それは統計科学関係者が大量の生データをあまり取り扱ってこなかったことを裏づける。

大規模データ解析にあたっては，下の階層から上の階層のものを導く手法（図中では実線矢印で表記した）の開発や方法論の研究が枢要である。将来的には，センシングからトップレベルまでを直接的につなぐ方法の開発を念頭においているのはいうまでもない。

6.2 大規模データにもとづく研究の指針

ここで大規模データを実際にどのように活用するのか，その基本的な指針を 2 つ示す。1 つは機能のモデル化，もう 1 つは帰納的アプローチである。ともに，音読みはキノウである。

6.2.1 機能のモデル化

機能のモデル化とは，対象そのものを実体的に精緻にモデル化するのでなく，対象に関する情報の入出力関係に代表されるような，機能自体を模倣する数理モデルを構築することを意味する。たとえば，近年の著しい発展があるロボティクスをささえるのも，機能のモデル化の概念に基づく技術である。具体的には，悲しい顔を見たときに相手を元気づけるようなロボットをつくりたいとする。その目的のために従前は，眼の生理的構造，そこからの信号伝達，脳の信号処理の理解，そして運動方程式に基づくロボットの制御など，すべての研究作業が，素過程の積み上げ方式，つまり演繹的プロセスのつなぎ合わせである。

図6.3の上部に，この演繹的アプローチを模式的に表現した．残念ながらこのような研究アプローチでは，未知の入力に対する予測能力度や現実データの再現性等の観点から，満足のいく目的の達成にはなかなかいたらない．
　ところが最近のロボティクスの主たる作業は，インプットデータとアウトプットデータの関係にのみ注目し，その機能（入出力関係）を近似する数理モデルの構築である．図6.3の下部にそのようすを示した．数理モデルを同定する諸パラメータは，過去のデータに基づく統計的学習手法によって決定できる．数理モデルの性能の比較は，未知の入力に対する未知の出力を分析することで行える．図6.3では，その性能の善し悪しを，破線矢印が右側にどこまで延びているかで示した．下段の矢印の先頭が上段のものよりも右側に出ていることで，下段の方法が上段の方法よりもすぐれていることを表した．この図に示したように，粗過程の積み上げによる演繹的手法より，データにもとづく帰納的手法のほうが目的の達成には効率が良いことは，子供がニュートンの運動方程式を知らなくても自転車に乗れたり，また逆上がりできるようになる事実を想起すれば明らかであろう．

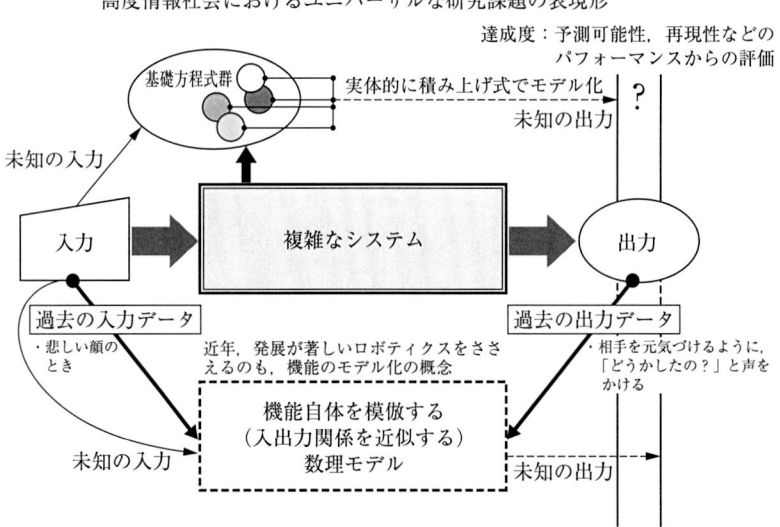

図6.3　機能のモデル化の概念図

6.2　大規模データにもとづく研究の指針

6.2.2 帰納的アプローチ

さまざまな科学の領域における研究対象の複雑な現象の解明手段として，実験，理論，そしてシミュレーションは自然科学の研究手法の3本柱である．近年の計算機の発達に伴い，実際の研究開発を行うあらゆる場においてシミュレーションの占める役割分が増大してきている．通常シミュレーションは，当該分野の基礎理論式を計算機に実装するために数理モデルに変換した，いわゆるシミュレーションモデルの開発から始まる．もしシミュレーションモデルが動的な時間発展形式ならば，初期条件，境界条件等を与えれば，解は淡々と計算され更新されていく．つまり演繹的推論，言い換えれば順問題的（フォワード）思考である．得られた計算結果から，高度化された可視化技術等を利用して当該分野における科学知を発見していく作業，それがシミュレーションを用いた科学的推論のスタイルである．このような演繹的推論のスタイルは，ほとんどの研究領域において王道とされている．図6.4の下段に演繹的推論のイメージを示した．

一方，統計科学においては，研究対象の理解のために，現象を支配している

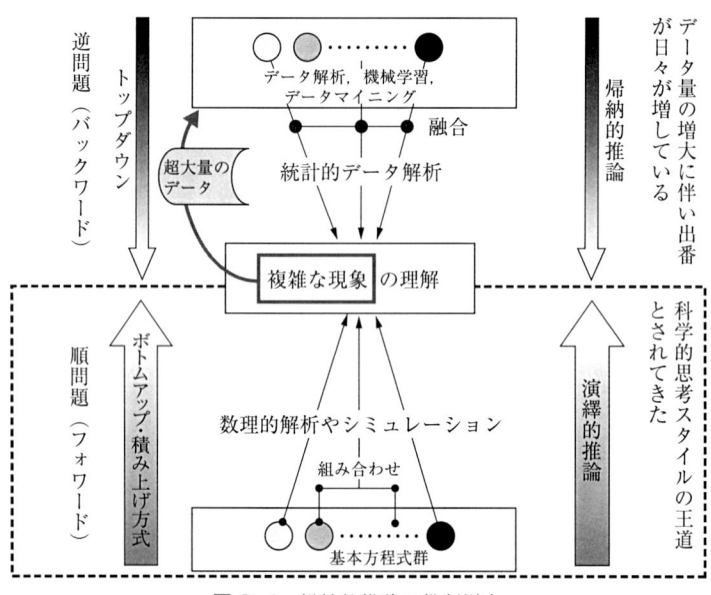

図6.4 帰納的推論の役割増大

規則，関係式といった経験則を観測や計測データから推定していく．すなわち帰納的推論を行う．使われる手法としては，統計データ解析をはじめとして，機械学習の諸々手法やデータマイニング技法，そしてそれらの融合手法が挙げられる．この帰納的アプローチを図 6.4 の上段にイメージ化した．これらはすべて逆問題的（バックワード）思考である．従前はこのアプローチの活躍の場は限られていたが，複雑な対象から大量に多面的なデータが得られるようになった現在においては，帰納的推論の出番は 10 年前とは比較にならないほど多くなっている．

複雑なシステムの理解のためには，帰納的手法，あるいは帰納的手法と演繹的手法との融合的手法の研究が鍵となる．なお，後の 6.5 節にこの融合的手法を紹介する．

6.2.3 『機能と帰納』プロジェクト

大規模データを実際に活用する際の基本的な 2 つの指針，機能のモデル化と帰納的アプローチ，の理念の実現を目標に，情報・システム研究機構の新領域融合研究センターでは，「機能と帰納」プロジェクト（正式名称は，機能と帰納：情報化時代にめざす科学的推論の形）が中期計画の第 1 期（平成 17 年度～21 年度）に推進された．そこでは，機構内の 4 研究所（国立極地研究所，国立情報学研究所，統計数理研究所，国立遺伝学研究所）の地球，生命，社会等の融合分野において戦略的研究を推進しながら，複雑なシステムの理解のための，帰納的手法あるいは帰納的手法と演繹的手法との融合的手法によるシステムの機能のモデル化に関する研究開発を行った．その研究目的は，統計的モデル構築法と予測アルゴリズム，情報抽出・知識発見のための情報統合の方法など，分野に共通の道具を生み出すことである．プロジェクトの内容に関する詳細は，http://www.ism.ac.jp/kinou2/index.html をご覧いただきたい．

6.3 大規模データと知識発展スパイラル構造

6.3.1 「真理の探究」vs. 個人の満足度の向上

社会からの要請に目を向けると，無駄を省く（低価格化，低コスト）ために

資源の有効利用，つまり資源利用の選択と集中化が焦眉の急である．また，価値観の多様化などを受け，「コ」（個人，個性，固有，個別）に特化したサービスが求められている．たとえば，オーダーメイド医療，副作用の研究，テーラーメイド教育，マイクロマーケティング（One-to-One marketing, Situation marketing），環境にやさしい製品などすべて"Personalization"という言葉で概括できる，「コ」に特化したサービスあるいは製品である．20世紀の大量生産・大量消費をめざした科学から，21世紀は個人に焦点をあわせる科学へ確実にシフトしつつある．

　この新しい科学研究の推進にあたっても，従来どおり「真理の探究」の精神で臨んで果たしてよいものだろうか？　ここでいう「真理の探求」とは，自然科学を対象とする研究場面においてよく語られる「法則の発見」に近いものである．自然科学ではこの姿勢は疑いもなく受け入れられるが，一方，人間がつくりあげたシステムである人間社会を研究対象とするサービス科学においては，「真理」とは何かがきわめて怪しくなる．一人ひとりの人間の多様な考え方にもとづく行動の結果が，さらに複層的にからみあって成立する社会システムの理解においては，とくにサービス科学では，ユニバーサルな法則を見いだすこと自体の意義があまりないと思える．それよりも，一人ひとりの生活の質や満足度を高めるにはどうしたらよいかといった，「真理の探求」とは異なる軸で研究を行うことが本質であろう．

　もちろん，その問題にのみ設定される，その場限りの目的関数を研究の中心に据えるだけでは，継続的な健全な科学研究の発展は期待できない．ややもすると自己満足にしかみえない，独善的な論調の横行を許すだけである．そこで大量データの登場である．ICT革命がもたらした人間生活に関連する大量大規模データの出現は，不十分ではあるが一人ひとりの考え方を間接的にとらえることを可能にした．したがって，データを生成する数理モデルを構成すれば，モデルがもつデータの記述（説明）能力の比較により，各研究者のアイデアの客観的な相互比較が実現される．その結果として，建設的な議論の展開がうまれる．

　このような研究スタイルの変化はじつは新しいものではなく，情報量規準等が提案された1960～70年代にもみることができる．当時，複雑な振る舞いを

示す人工物（火力発電所のボイラーやセメントキルン）の定量的理解と制御に，対象を部分的に観察した多次元時系列データに対して多変量自己回帰モデルで記述する戦略を統計数理研究所の赤池元所長は採用した．多変量自己回帰モデルは，人工物の物理・化学現象に関する知識を出発点としない，統計的時系列モデルである．そのため，そのモデルはしょせん疑似モデルであり，その状況限りのモデルである．赤池氏はモデルのもつデータの記述能力を，潜在的な予測能力と関連づける数理的基盤を確立し，統計モデルの永続的な改良によるイノベーション策を実現した．いま，この人工物を人間社会に，また多変量時系列データを大量大規模データに置き換えてみると，われわれがサービス科学研究等の新しい研究の推進原理に据えなければならない姿がみえてくる．

この統計モデルの永続的な改良プロセスを模式的に描くと，図6.5のようなスパイラル構造となる．この構造の性格上，どこが始まりでどこが終わりでもないが，たとえば実験・観測計画から始まるとする．この後，既存のモデルを利用した獲得したデータの分析がなされる．次に新しい統計モデルの開発が行われ，そのモデルの学習（推定），検証が続く．その後，モデルに基づく予測・シミュレーション・リスク解析・制御が行われ，知識発見に至る．その後，ま

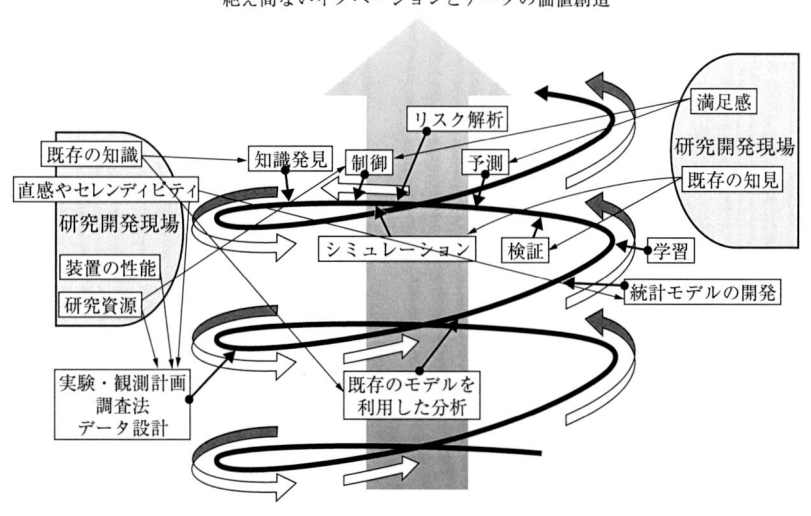

図6.5 知識発展スパイラル構造

た実験・観測計画のプロセスにつながっていくのである．さまざまな知識を整理統合していくためには，このスパイラル構造を自然に実現するしくみが必須である．つまり，諸々の知識の融合物ではなく，融合策の獲得こそが大切で，それを使っていろいろな場面で多彩なイノベーションが惹起できるのである．

6.3.2 ベイズモデルがもつ自然な循環機能

ベイズ統計は，このスパイラル構造を生み出すしくみに適した数理的枠組みである．いま，利用できるデータを y と記述し，その生成メカニズムを，パラメータ x をもつ統計モデル $p(y|x)$ でもって表現する．$p(y|x)$ は，x が与えられたもとでの y の確率分布，つまり条件つき確率分布であり，統計ではデータ分布とよぶこともある．このデータ分布は真のものである必要はまったくなく，仮の近似的なデータの生成モデルである．もっとも，そもそも真のデータ分布など存在しないことに留意していただきたい．データ分布は，パラメータ x をもつモデルが手元にあったとき，そのモデルがデータ y にどれぐらい合っているのかを測るツールである．

ベイズ統計では，データ y ばかりでなく，このパラメータ x も確率変数として取り扱う．データが与えられた状況では，われわれの興味の多くはパラメータ推定の確度にある．ベイズ統計では，事後確率分布とよぶ $p(x|y)$ がそれに関する情報を与えてくれる．なお，事後確率分布は，y が与えられたもとでの x の条件つき確率分布である．事後確率分布は，以下に示すベイズの定理により，

$$p(x|y) = \frac{p(y|x)p(x)}{p(y)} \propto p(y|x)p(x) \tag{6.1}$$

データ分布 $p(y|x)$ と，事前確率分布とよぶ，データに依存しないパラメータの確率分布 $p(x)$ を使って表現できる．$p(x)$ は，x に関する先験的情報を不確実性を含めて表した量である．事後確率分布 $p(x|y)$ をデータ分布の $p(y|x)$ と比較すると，x と y の現れ方が逆（対称）になっているので，このベイズ定理を利用した式変形を反転公式とよぶ．ベイズの定理でもって，想定した事前確率分布 $p(x)$ がどのように修正されるのか，つまりパラメータ x に関する不確実性がデータによりどの程度修正されたかを観察するのである．ここですでに手元

にあるデータ y の発生確率 $p(y)$（中央式の分母）は x によらない数値をとるので，事後確率分布 $p(x|y)$ は最右辺に比例することに注意していただきたい。

事後確率分布は x の確率分布であるから，新しいデータが手に入った時点では，ベイズの定理の右辺の「最新」の事前分布として利用できることに気づいてほしい。そのことを具体的に理解するために新しいデータを y_n，それより以前の最初のデータから $n-1$ 番目まですべてのデータをまとめて $y_{1:n-1}$ と書くことにする。すなわち，$y_{1:n-1}=[y_1, y_2, \cdots, y_{n-1}]$ である。そうすると，ベイズの定理により，

$$p(x|y_{1:n}) = \frac{p(y_n|x, y_{1:n-1})p(x|y_{1:n-1})}{p(y_n|y_{1:n-1})} \equiv \frac{p(y_n|x)p(x|y_{1:n-1})}{p(y_n|y_{1:n-1})} \quad (6.2)$$

新たなデータ y_n を用いた事後確率分布 $p(x|y_{1:n})$ が得られる。最左式から中央式への変形はベイズの定理により一般的に成り立つが，中央式から最右式への変形は，ここまでの議論だと，各データ y_n が独立で，その分布が x にのみ依存すると仮定しているため成立する。言い換えれば，等式の成立理由は，データ分布として $p(y|x)$ の形式を採用しているからである。

式 (6.2) を逐次更新ベイズの定理とよぶことにしよう。この式は，新しいデータを得た時点で，$y_{1:n-1}$ にもとづく直近の事後確率分布 $p(x|y_{1:n-1})$ が最新の事前確率分布の役を務めることを意味する。すなわち，直近の事後確率分布は，最新のデータに触れることにより，最新の事後確率分布に成長するのである。この逐次ベイズフィルタを利用した絶え間ない x の確率分布の更新を，永続的ベイジアンモデリングとよぶことにする。ベイズモデルの有用性は，自然な循環機能をモデル自体がもっていることにある。ベイズモデルを採用すれば，循環機能のようすを確率分布の更新プロセスとしてしっかりと把握できる。

データによって事前確率分布が修正されるので，事前確率分布の設計に関しては，採用する分布の正当性・妥当性を深く追求せず，解析者の知識，経験や勘，さらには直感やセレンディピティ等をも確率モデルとして積極的に取り込んでいけばよい。また，新しいデータの予測は，すでに手元にある事後確率分布 $p(x|y_{1:n})$ と，データ分布の $p(y|x)$ を用いて，確率の加法定理により，以下の予測式により行うことができる。

$$p(y_{n+1}|y_{1:n}) = \int p(y_{n+1}|x, y_{1:n})p(x|y_{1:n})dx \equiv \int p(y_{n+1}|x)p(x|y_{1:n})dx \tag{6.3}$$

　これらの一連の行為により，1つのベイズモデルが自然に構成され，永続的ベイジアンモデリングにより，結果としてより良い商品開発・サービスが実現できる．ベイズモデルの利点は，サービスの受益者のxに対する期待感がスパイラル構造に直接影響を与えられる点にある．このように，受益者を知識発展の環のなかに巻き込んでおき，「受益者が参加できる場」を用意することが大切である．

　経験や勘の優劣に関する議論はややもすると言いっ放しになってしまい，「おまえはそう思うだろう．いやいや俺は違う」と「水掛け論」になりがちである．しかしベイズモデルは統計モデルであるため，あなたの勘と私の勘とどちらが予測能力が高いのか，潜在的な記述能力が高いのかを，尤度の概念でもって統一的に論じることができる．なお，尤度はデータ$y_{1:N}$をとる確率であり，$l(y_{1:n})$と通常記す．また尤度は以下のように分解できる．

$$l(y_{1:n}) = \prod_{n=1}^{N} p(y_n|y_{1:n-1}) \tag{6.4}$$

　ここで$p(y_1|y_{1:0}) = p(y_1|\phi)$とする．$\phi$は空集合である．$p(y_n|y_{1:n-1})$はすでに式（6.2）の分母として現れた量で，定義した各nでのデータの予測の式に，実際のデータを入力した，各nでの予測尤度になる．ベイズモデルの場合，各nでの予測尤度は式（6.3）で与えられる．もちろん，尤度が事前確率分布比較の絶対的指標とはいえないことは付記しておく．

6.4　サービスサイエンス研究の肝要点

6.4.1　スパースな情報空間とImputation

　6.3.1項で述べたように，あらゆる産業分野で「コ」に特化したサービスや製品の開発が社会的に焦眉の急である．ビジネスモデルとしても非常に魅力的であることはいうまでもない．学術側もその社会的ニーズに真摯に対応し，個人化技術に関する研究を急がねばならない．個人の要求に応えるためには，一

人ひとりの要求内容に合わせ既存のさまざまな技術・サービスを適切に組み上げる，状況対応パッケージングが今も昔も常道である．ただ，そのプロセスを自動化する，何らかの汎化性をもったモデルがないとビジネスにならない．

では個人化技術の実現に必要な基本的要素技術は何であろうか．図6.6左上に示された表のように，遺伝子発現量，体重，血糖値といったさまざまな医療検査診断項目（横項目：黒い箇所がデータのある部分）に対する結果（数値，カテゴリデータ）の各個人データが縦に大量に並べられたデータセットを考えてみる．i行目がi番目の人を，j列目がj番目の検査診断項目になる．i番目の人の個人データをy_iと記し，そのj番目の要素y_{ij}がj番目の検査診断項を表すとする．総人数はN人，総項目数はP個としよう．大量のデータが得られるようになったとしても，健康な人とそうでない人は自ずと検査項目が異なり，その結果，すべての項目にデータがある場合はきわめてまれである．また，最近の計測技術や記憶装置の発達により，ケースごとに膨大な属性変数が（同時）測定可能になり，ケース数Nよりも属性変数の数Pが圧倒的に大きい状況が普通になってきた．すると，ある病気の因子を探ろうとして，条件を揃え

図6.6 スパースな情報空間

る操作（Conditioning），たとえば身長，体重，中性脂肪値…が似た値をもつ人の仲間で病気の発症に大きく影響する特徴量を探したくなるが，条件数が大きくなると似た値をもつケース数が著しく減少してしまう．また，そもそも，すべての特徴量が揃っているデータなどまれであるのが通常である．N が P より圧倒的に少ないことで起こるさまざまな問題を，計算数学の分野で広く知られている「NP 困難（Non-deterministic Polynomial）」の言葉にひっかけて，「新 NP 問題」とよぶことも多い．

　この困難を減じるためには，ある特徴量（属性）で似た値をとるものは，他の特徴量でも似た値をとることが期待できるといったような先見的知識を活用することで，表でデータが抜けているところを埋めていく作業が必要である．たとえば，図 6.6 の上段右に示したように，地球上のさまざまな観測点で得られる地球物理データに対しては，どの観測地点においても必ず得られる，緯度，経度のような種類の特徴量でデータを並べ替えしてみる．地理上近い距離にある観測点群内間で他の特徴量を比較しようにも，観測された特徴量が揃っていない場合も多い．したがって決定論的に埋めるのでなく，確率的に情報を埋めていくことも必要であろう．この作業（Imputation）が終われば，前述の条件づけ（Conditioning）の作業を行ってもケース数がゼロになることは避けられる．このようなデータの有限性，表でいえばごく一部にしかデータが埋まっていないような，情報の欠損を前提として，「コ」に特化したサービスを実現しなければならない．

6.4.2　ベイズモデルと逆問題

　ここで登場するのがまたまたベイズモデルである．ベイズの定理の式に立ち戻ってみよう．ベイズモデルでは，多様な様相を呈するデータ y を説明するのに，十分なパラメータ数をもつデータ分布 $p(y|x)$ を用意することがつねである．そのデータを記述するだけならば，パラメータが多ければ多いほど記述能力は高いが，別のデータに対してはそううまくいかない．したがって，どのようなデータに対してもある程度記述能力が高い，つまり汎化能力の高いモデルが求められる．パラメータ数が多すぎると，何の工夫もなければオーバーフィットになってしまう．そのためパラメータ x に対して何らかの制約を加えることが

必要となる．ベイズモデルでは，その制約は当該分野での知識となる．当該分野の知識はいろいろな形で存在するが，ベイズモデルでは x を確率変数として取り扱い，その確率モデルでもって知識の不確実性を具体的に表現する．この種の，手元にない情報を先見情報を利用して確率的に埋めていく作業は，原理的に逆問題解法と同じである．有限の観測データから直接観測できない量を推測する，いわゆる逆問題は地球科学の本質的問題である．

6.4.3　事前確率分布とエージェントベースシミュレーション

図6.6のスパースな情報空間の例に立ち戻ろう．ある個人 i に対して，検査診断漏れなくすべての項目値が得られ，またその値には測定ノイズの影響がない，きわめて理想的な状況を考える．そのときのその個人データを x_i と記そう．現実には，ごく一部の検査項目値しか得られず，またさまざまな測定ノイズの影響を避けられないため，y_i は x_i の要素のごく一部を取り出しただけの，また，その各要素間の関係は確率的に記述することになろう．それを $p(y_i|x_i)$ と表す．y_i は前述したように，i 番目の人の個人データである．われわれはベイズの定理でもって事後分布 $p(x_i|y_i)$ を推定するのだが，その際残る問題は $p(x_i)$ の構成作業である．

ここで，ある特徴量（属性）で似た値をとるものは，他の特徴量でも似た値をとることが期待できるといったような，先見的知識を確率モデルとして表現するのである．いま j 番目の属性変数に注目し，その値が近い人は，その値の近さに従って他の属性変数も似通った値をとるという仮定をおく．具体的に示すと，j 番目属性変数に関して，i 番目の人の値と近い人が i' だったとする．つまり，x_{ij} と $x_{i'j}$ の値は似ている状況を想定する．さらに，たまたま $x_{i'}$ の値は精度よくわかっており，$p(x_{i'})$ を設定できたとする．すると，確率の加法定理より，

$$p(x_i) = \int p(x_i|x_{i'}) p(x_{i'}) dx_{i'} \tag{6.5}$$

が得られる．$p(x_i|x_{i'})$ は，x_{ij} と $x_{i'j}$ の近さ具合に従って，他の変数同士がどの程度近いかを確率的に記述するモデルである．このようにして，既存の知識を活用しながら，$p(x_{i'})$ から $p(x_i)$ に情報を伝搬するこができ，結果として $p(x_i)$

を構築することができる。

　もっと議論を一般化してみよう。ある一変数jだけに限らず，一般論として諸々の観点からi番目の人の値と近いと見なせる，iの近傍集合を$\varepsilon(i)$と記す。$x_{\varepsilon(i)}$は以下で定義する確率変数を並べたものとする。

$$x_{\varepsilon(i)} = \{x_{i_1}, x_{i_2}, \cdots, x_{i_M}\} \quad \text{ただし} \quad i_1, i_2, \cdots i_M \in \varepsilon(i) \tag{6.6}$$

すると，この近傍の確率変数群がもつ情報$p(x_{\varepsilon(i)})$を用いて，以下のようにx_iの事前確率分布を作成することができる。

$$p(x_i) = \int p(x_i | x_{\varepsilon(i)}) p(x_{\varepsilon(i)}) dx_{\varepsilon(i)} \tag{6.7}$$

　$p(x_i|x_{\varepsilon(i)})$は，$x_i$の近傍集団と$x_i$の関係を表した確率モデルであり，それにデータはまったく関与しないことに注意してもらいたい。この$p(x_i|x_{\varepsilon(i)})$は，$i$番目の人が周辺の人とどのような関係を築くのかを確率的にモデル化した関数ととらえられる。これは，まさにエージェントベースシミュレーションモデルそのものである。したがって，事前確率分布の構成にエージェントベースシミュレーションを利用することで，ベイズモデルを通じてエージェントベースシミュレーションをデータに結びつけることが可能となる。それはエージェントベースシミュレーションにもとづく個人化技術の実現を意味する。

6.5　データ同化

6.5.1　事前確率分布と時間発展シミュレーション

　前節の例だと，ある属性変数jに注目し，その類似度でもって，x_iと$x_{i'}$の近さを$p(x_i|x_{i'})$で表現した。ここでは，個人を識別する下付添え字iが時間を指す設定を考える。個人データy_iは離散時刻i（実時間だと$t = i \cdot \Delta t$。ただし，Δtはサンプリング時間）のデータになる。すると，$p(x_i|x_{i'})$は，ある時刻i'からある時刻iへの経過に伴う，$x_{i'}$からx_iへの確率的遷移を表現する。つまり，注目する確率変数xの，時刻i'から時刻iへのダイナミクスを確率的に表現したものである。$p(x_i|x_{i'})$は，エージェントベースシミュレーションと同様に，データにまったく依存しないことに気づいてほしい。

この確率分布の構成法として，シミュレーションによるアンサンブル予測（モンテカルロシミュレーションといってもいいだろう）がすぐに思いつく。ここで，シミュレーションというのは，いろいろな物理・化学の法則等にもとづく時間発展の基礎理論式を計算機上に実装したもの指す。ある時刻 i' において，そのときまでのデータ，$y_{1:i'}$ を観測したもとでの，シミュレーションの解が有限個数，手元にあったと仮定する。また，そのアンサンブルは $p(x_i|y_{1:i'})$ を十分近似していると仮定する。$p(x_i|x_{i'})$ はデータに依存しないので，このアンサンブルのメンバー1つ1つに対して，時刻 i' から時刻 i まで通常のシミュレーションを実行する。そのシミュレーション結果を整理することで，われわれは式（6.5）とまったく同様の形式,

$$p(x_i|y_{1:i'}) = \int p(x_i|x_{i'}) p(x_{i'}|y_{1:i'}) dx_{i'} \tag{6.8}$$

でもって，x_i の事前確率分布を得ることができる。

6.5.2 シミュレーションとベイズモデル

シミュレーションの結果と実際のデータがどの程度あっているかを記述するモデルが $p(y_i|x_i)$ になる。つまり，$p(y_i|x_i)$ はシミュレーションモデルとデータのインタフェースの役割を果たす。すると，式（6.2）において $n-1$ を i' に，n を i に，さらに x を x_i に置き換えれば，データ y_i を新たに観測したもとでの x_i の事後確率分布 $p(x_i|y_{1:i})$ を式（6.2）と同様にして求めることができる。

$$p(x_i|y_{1:i} \equiv [y_{1:i'}, y_i]) = \frac{p(y_i|x_i, y_{1:i'}) p(x_i|y_{1:i'})}{p(y_i|y_{1:i'})} \equiv \frac{p(y_i|x_i) p(x_i|y_{1:i'})}{p(y_i|y_{1:i'})} \tag{6.9}$$

この式を通常，逐次ベイズフィルタとよぶ。

ベイズモデルのもつ自然な循環機能の有用性は6.3.2項でも述べたが，この逐次ベイズフィルタにより，シミュレーションモデルも自然にスパイラル構造に取り込めることから，ベイズモデルのすぐれた循環機能がより明らかになる。ベイズモデルをもとにした，シミュレーションとデータ解析の両方をつなぐ技術がデータ同化である。これがまさに6.2.2項で前触れした，帰納的アプロー

チと演繹的アプローチの融合手法である。なおこれまで述べてきたデータ同化法は，逐次ベイズフィルタに基づいたデータ同化なので，正確にいえば逐次データ同化とよばれている。

　ベイズモデルに基づく逆問題解法の成功例は，6.4.2項で述べたように地球科学の分野にすでに数多くみることができるが，いま，その分野におけるデータ解析の最前線は，データ同化とよばれる手法で新たな展開をみせつつある。気象予測を例にとって説明してみる。毎日，膨大な数の人工衛星，航空機，船舶，ブイ，地上観測点からの超大量のデータが気象予報機関に届く。一方，スーパーコンピュータ上では，物理・化学プロセスを数値表現したシミュレーションモデルが常時活躍している。それでもデータおよびシミュレーションモデルのそれぞれ単独では，気象予報，とくに長期予報や局所予報は難しい。すなわち，データからの情報だけでは高精度予報には全然力不足である。他方，シミュレーションモデルはしょせん近似モデルであって，未来永劫，現実を忠実に表現することはできない。有効な解決策は，先験的情報，この場合シミュレーションによる数値演算結果と，超大量のデータからの両方の情報を活用することであり，それがデータ同化である。

6.5.3　「個」にマッチしたシミュレーション

　従来は，シミュレーション計算の結果を世に問う場合，既存の知見やデータに適合するよう，良い初期値や境界条件を試行錯誤で探索していた。データ同化はベイズモデルを基礎にしているので，シミュレーションの比較に統一的な視点が生まれ，それにより予測精度の高いシミュレーションモデルを試行錯誤で捜していた作業が自動化される。たとえば，考えられるシミュレーションのなかでどれがよさそうなのかというシミュレーションモデルの選択を，統計的評価法，たとえば6.3.2項で言及した最尤法でもって客観的に行うことができる。同様に，シミュレーションモデルの選択だけでなく，初期条件や境界条件といった，通常シミュレーションを行ううえで固定する設定条件をも，複数候補があればそのなかから選択できる。さらに積極的にこのしくみを利用すれば，データにあった初期条件や境界条件を統一的な基準で探すことが可能になる。

　すると，通常シミュレーションに使われる初期条件や境界条件を，個人のデ

ータを利用して，個にマッチした初期条件や境界条件に変化させることで，「コ」に特化したシミュレーションが可能になる。たとえば流体シミュレーションで使われるナビエストークス方程式中には水深や摩擦係数といった，境界条件や物理パラメータが存在する。物理の研究者に諸々のパラメータ値の正当性についてよく聞いてみると，みんな使っているから大体この辺じゃないかというように，さほど厳格な根拠があるわけでもないことも多々ある。さらに，境界条件として採用するデータベース自体の不確実性については，シミュレーションによる研究の真最中は，さほど重要視していないことも多い。しかしながら，地球潮汐や津波の場合は，データベースの信頼性がシミュレーション結果に対して支配的である。データベースを利用して与える境界条件に含まれる不確実性を，別のデータから推察していくということもデータ同化でできるようになる。

本当に実際の現象を上手に表現する「実世界シミュレーション」を実現するには，どうしてもシミュレーション内の諸変数をデータと照らし合わせていくことが必要となる。この照合作業により，シミュレーションモデルに内在する不確さを推測・検討するのが，データ同化の目的のひとつである。

6.5.4 次世代データデザイン

図6.5の知識発展スパイラル構造に再度立ち戻ってみよう。まずデータを得，それに基づいてパラメータを推定し，モデルの評価を行い，必要があればリモデリングをし，そして実験計画を立てる。データ同化はベイズモデルで実現されているため，自然に循環構造が達成され，シミュレーションにもとづいた実験計画，いわば次世代データデザインができる。式（6.9）の逐次ベイズフィルタを再度以下に示す。

$$p\left(x_i \mid y_{1:i} \equiv [y_{1:i'}, y_i]\right) = \frac{p(y_i \mid x_i, y_{1:i'}) p(x_i \mid y_{1:i'})}{p(y_i \mid y_{1:i'})} \equiv \frac{p(y_i \mid x_i) p(x_i \mid y_{1:i'})}{p(y_i \mid y_{1:i'})}$$

$y_{1:i'}$をすでに手元にあるデータ，またy_iをこれから新しくとる予定のデータとする。y_iをいろいろ変化させることで，事後確率分布$p(x_i|y_{1:i})$もあわせて変化する。x_iのなかでとくに注目し精度良く推定したい変数があったなら，

その変数の事後確率分布の広がりが小さくなるような y_i を探せばよい。精度の評価と同時に，経済効率性も考えながら，どのような時点，位置に観測点を設置したら推定精度が上がるのか，データ同化を用いて十分に検討することができる。つまりデータ同化は，計測デザインのプラットフォームになりえる。未来デザインにデータ同化は必須の道具となるであろう。

実際すでにわれわれ研究チームは，東大・医科研の宮野教授研究室と共同でデータ同化に基づくデータデザインの研究を実践している。通常，ウェットラボとよばれる実験室系の研究者との共同研究のスタイルは，ウェットラボの方々からまずデータが提供され，その分析をバイオインフォマティクスの研究者が行うといった流れになる。つまり，ウェットラボ側から最初に，「こういうふうなモデルを検証したい」という仮説とデータがいっしょに投げかけられる流れであった。ところが今回われわれは，あらかじめ既存のデータを利用したデータ同化の結果に基づいて，どういうふうなデータをどのようなタイミングでとってほしいかを先にバイオインフォマティクス側からウェットラボ側にお願いしている。ウェットラボの先生方からは，「本当にしんどいからやめてくれ」と言われるくらいのいろいろな無理な要求をしているが，これまでとはいくぶん違った研究スタイルが生まれてくるのではないかと期待している。

6.6 受益者・生活者の視点と目線

本章では，機能のモデル化と帰納的手法の2つが，大規模データにもとづく研究の指針となることを示した。また，知識をスパイラル的に発展させるためにはベイズモデルが有効であることを解説し，データ同化とよばれるベイズモデルによりシミュレーション科学と統計科学の融合が実現できることを指摘した。何度も繰り返すが，サービス科学の研究推進においては，ベイズモデルのような，受益者，生活者の視点や目線を大規模データの分析・解析・モデリングにしっかりと取り込める枠組みの利用が肝要である。研究推進のなかで，大規模データの分析法の数理的側面を深めるだけでは，とくにサービス科学の研究は早々に根枯れしてしまう。対象，現象，現場に興味をもつ人材が，大規模データの分析・解析・モデリングを担う研究体制づくりも大切である。これはサービスサイエンスだけにとどまる話ではない，どのような分野においても成

り立つ一般論であろう。

　自分にジャストフィットするサービスの提供を受けたいと思うのは，サービスの受益者の自然な感情である．ただそれをコンピュータが実現していると知ったとたん，サービスを個人への余計な干渉と煩わしく感じ，時にはサービスの質まで懐疑的になることも多々あるのがいまの現実であろう．日常生活を対象にする研究はまだまだ奥深く，そしてワクワク感に溢れている．

参考文献

[6.1] 中村和幸，上野玄太，樋口知之：「データ同化：その概念と計算アルゴリズム」，『統計数理』，Vol.53，No.2，pp.211-229（2005）

[6.2] 樋口知之：「粒子フィルタ」，『電子情報通信学会誌』，Vol.88，No.12，pp.989-994（2005）

[6.3] 樋口知之：「全体モデルから局所モデルへ／状態空間モデルとシミュレーション」，『数学セミナーII』，Vol.46，No.11，pp.30-36（2007）

[6.4] 樋口知之（監修・執筆）：『統計数理は隠された未来をあらわにする：ベイジアンモデリングによる実世界イノベーション』，東京電機大学出版局（2007）

[6.5] 赤池弘次，甘利俊一，北川源四郎，樺島祥介，下平英寿：『赤池情報量規準AIC』，共立出版（2007）

[6.6] 佐藤忠彦，樋口知之：「動的個人モデルによる消費者来店行動の解析（討論付）」，『日本統計学会誌』，Vol.38，No.1，pp.1-38（2008）

[6.7] 中村和幸，樋口知之：「逐次ベイズとデータ同化」，『電子情報通信学会誌』，Vol.92，No.2，pp.1062-1067（2009）

[6.8] 樋口知之：『予測にいかす統計モデリングの基本―ベイズ統計入門から応用まで』，講談社（2011）

[6.9] 樋口知之（編著），上野玄太，中野慎也，中村和幸，吉田亮：『データ同化入門―次世代のシミュレーション技術―』，朝倉書店（2011）

第7章

プロ野球ファンの観戦行動のモデル化

7.1 はじめに

　プロ野球の試合を観戦するために，数万人のファンが球場を訪れる．そして，それぞれが，それぞれの楽しみ方で球場での時間を過ごす．

　観戦者のなかには1シーズン中の観戦回数が50回を超す人もいる．いわゆる，リピータである．彼らの球場での時間の過ごし方・楽しみ方は多様である．応援を楽しむ，試合の流れを楽しむ，球団のグッズの収集を楽しむ，ファン仲間との交流を楽しむ，などなど．さらに，彼らの活動は球場内にとどまらない．他球場でのビジター戦をラジオで聞く．あるいは，試合経過を刻々と伝えるネット配信を利用して，試合の状況を知る．また，球団に関する情報を集めたり，情報をブログに掲載したりする．シーズンオフにはお気に入りの選手のトークショーに参加したり，沖縄など遠隔地で実施されるキャンプの見学に行ったりする．これらは行動として表面に現れている活動である．それ以外にも球団や選手のことを考えている時間が多くあるだろう．このような熱狂的なプロ野球ファンは，試合観戦ばかりでなく，球団やお気に入りの選手にかかわることに，時間的・経済的に多くの資源を費やしている．別の言葉でいえば，彼らは，球団や選手に対するマインドシェアが非常に高い状態にあるといえる．

　しかし，現時点でリピータとなっている人たちであっても，過去を遡れば，それほど頻繁に球場観戦には行かない普通のプロ野球ファンであった時期があった．このようなステージの人たちも，球場に訪れた人たちのなかに少なからずいるはずである．そのなかの，どのような人たちがリピータになり，どのような人たちがそのステージにとどまり，あるいは球場に足を運ばなくなってしまうのだろうか．

この章では，プロ野球ファンの野球場での観戦行動をモデル化する方法と，その方法に基づいて行った調査の結果について説明する。

7.2 モデルの目的と構築方法

7.2.1 モデルの目的

モデルを構築するときには，モデルを構築する理由（目的）を明確にする必要がある。モデルは，現象を説明したり，予測することを目的とするが，「説明」や「予測」を，だれが何のために行うのかによって，どのような仕様のモデルを構築すればいいのかが変わってくる。

本章で取り上げる研究は，エンターテインメントサービスのひとつである「野球場でのプロ野球観戦」のサービス向上を目的とした研究の一環として実施された。ここで「サービス向上」は，そのサービスをすでに利用している人に対してより適切なサービスを提供することによって満足度をさらに高める，あるいは，そのサービスで満足を得られることが期待される顧客でまだその恩恵に浴していない人にその機会を提供する，などによって達成できると考えている。つまり，モデルの利用者はサービス提供側であり，そのモデルを利用して新たなサービスを企画し，サービス利用者の満足度を高めよう，というのがモデル構築の目的である。

7.2.2 モデルの構築方法

球場にプロ野球観戦に訪れるファンは1年間に200万人にも及ぶ。個々の観戦者がどのように「野球場でのプロ野球観戦」というサービスコンテンツを楽しんでいるのかを「プロ野球ファンの観戦行動のモデル」を構築することによって理解することをめざす。モデル構築は，リピータを理解するための「リピータモデル」の構築，ファンの全体像を理解するための「ファンモデル」の構築の2段階で行う。

(1) リピータを理解するための「リピータモデル」

現時点でリピータとなっているが，数年前（4〜5年前）にはリピータでなかったファンを対象として，どのようにしてリピータに変容していったのかを

明らかにする。プロ野球というコンテンツは年間スケジュールが決まっており，ペナントレースが行われているシーズン中と，それ以外のシーズンオフに大別できる。提供されるコンテンツはシーズン中・オフで質的に異なるので，プロ野球とファンとのかかわりもそれぞれの時期で異なってくる。典型的なリピータのファンとしての歴史を詳しく調査し明らかにすることによって，それぞれの時期のどのようなコンテンツがそれらのファンの行動変容を生じさせ，リピータに成長させたのかを明らかにすることができるだろう。そのことによって，リピータ化のパターンがみえてくることが期待される。これにより，現時点でリピータになったファンが過去にどのような「普通のファン」であったのかを記述する「リピータモデル」が構築される。

(2) ファンの全体像を理解するための「ファンモデル」

前述のリピータ化の条件を満たす「普通のファン」が必ずリピータになるわけではない。そこで「リピータモデル」をレファレンスとして，リピータにならなかったファンを理解することを試みる。すなわち，一見，リピータ化したファンと同じような条件下におかれながらリピータ化しなかったファンを詳しく調べることにより，リピータ化の必要条件を満たしながらリピータ化しないファンというセグメントを明らかにする。リピータはファンロイヤリティが最も高いファンセグメントであるが，ファンロイヤリティのレベルによっていくつかのセグメントにファンを分割できたとき，リピータと非リピータをモデル化したのと同じように，各セグメントごとにそのセグメントに属すファンとそのセグメントに属さないファンをモデル化できる。これを行うことにより，『ファンの全体像を理解するための「ファンモデル」』が構築される。

7.3　リピータモデルの構築

ここでは，スポーツサービスの生産性の向上に向けたリピータモデル構築の事例として，プロ野球球団の北海道日本ハムファイターズのファンを対象として行った調査を紹介する。なお，本調査は，平成20年度経済産業省委託事業「サービス研究センター基盤整備事業」の一環として実施された。

7.3.1 調査の概要

(1) 北海道日本ハムファイターズについて

北海道日本ハムファイターズは，日本のプロ野球の球団であり，パリーグに所属している。チーム名には球団の親会社である日本ハム株式会社の名前を冠している。2004年に本拠地を東京から札幌へと移し，札幌ドーム（札幌市豊平区）を本拠地として活動している。

札幌ドームは2001年にオープンし，観客席数は42,126席。野球のほかサッカーの試合も開催され，2002年日韓共催FIFAワールドカップでは3試合が行われた。現在は，北海道のプロスポーツチームとして，野球ではファイターズ，サッカーではコンサドーレ札幌が札幌ドームをホームスタジアムとしている。

(2) ファンの構成（図7.1）

プロ野球のリピータたちが現在の状態になるまでには，それぞれがたどってきた変遷がある。最初は，ファンになる前（プレファン）の段階である。次にファンとなり，最終的にリピータとよばれるコアなファンへと変化していく。プレファンは自分自身でチケットを購入して球場に観戦に行くことはない。ただし，チケットが手に入れば球場観戦に行くことはある。ファンは，チームに積極的に興味をもってきた段階の人たちである。自分でチケットを購入し球場

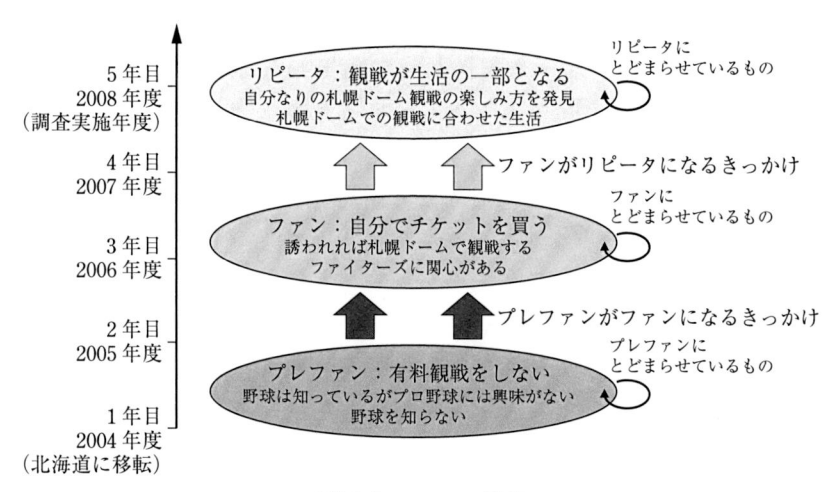

図7.1 ファンの構成

観戦に訪れる。ただし，球場観戦の頻度は高くはない。球場観戦は，映画鑑賞など他の余暇活動の一環として位置づけられる。リピータは，野球観戦が最優先事項であり，野球観戦を中心に自身のその他の活動を調整する。

(3) 調査の目的

調査時の 2008 年は，ファイターズが札幌へと本拠地を移し満 4 年が経った時期である。5 年間にファンの数は劇的に増加した。2004 年当初 38,776 人だったファンクラブの公式会員は徐々に人数を増やし（2005 年 41,817 人，2006 年 41,193 人，2007 年 60,216 人），2008 年の 9 月末時点で会員数は 74,974 人となっている。これらのファンのなかには，ファイターズが北海道に移転してきたときにはリピータではなかったが，2008 年の調査時にはリピータになっている人が少なからず存在すると想定される。そこで，本調査では，そのような人々を対象として，普通のファンが，リピータに成長するプロセスのモデルを構築することを目的として，調査を実施した。

(4) 調査の方法

調査方法として，認知的クロノエスノグラフィ（以下，CCE）を採用した。この方法は，日常生活のさまざまな局面において人間がどのように行動選択を行うのかを，典型的なモニタ（エリートモニタ）の実場面での行動データを収集し，そのデータを用いた回顧インタビューを行って，解明しモデル化するものである（詳細は，章末の付録を参照のこと）。本調査の場合は，球場へ野球観戦に行き，どのようにそれを楽しむかに関する行動選択が，モデル化の対象になる。

7.3.2 調査の内容

(1) エリートモニタの選定

リピータが球場に足を運ぶ理由はさまざまである。たとえば，応援を楽しみに観戦に行く，グッズを購入するために球場に足を運ぶ，野球の試合そのものに興味がある，などである。楽しみ方の違いによりリピータに成長するプロセスが違っていることが想定された。そこで，楽しみ方の異なるモニタを選定することにした。具体的には，ファンクラブ会員を対象としたウェブアンケートを実施し，観戦スタイルの異なる 9 人のエリートモニタを選出した。

(2) モニタの行動観察

エリートモニタには，札幌ドームで行われるファイターズ主催試合のうち3試合を観戦してもらった．調査の都合により，通常の観戦場所ではなく，3塁側のアッパー席で，3人並んで観戦してもらった．モニタが観戦する座席の3列前にDVDカメラを設置しモニタの観戦時の行動を記録した．また，モニタには耳かけのCCDカメラとピンマイクを装着し，何を見ているか，何を言っているかを記録した．さらに，試合中の場面に対する生理反応を計測するため，心電計と加速度計を装着し，心拍数と重心加速度を記録した．調査対象試合は，ソフトバンクホークスとの3連戦（7月），オリックスとの3連戦（8月），楽天との3連戦（9月）であった．モニタは，それぞれの3連戦のうちいずれかの試合を1試合ずつ計3試合観戦した．図7.2に行動観察のようすを示した．

(3) 観戦後の回顧インタビュー

各月の試合観戦後，インタビューを実施した．各モニタに対し3回のインタビューを実施したことになる．インタビュー時間は，各回90分であった．インタビューの目的は，そのモニタのファンヒストリを調べ上げることであった．インタビューに際し，調査対象試合の得点シーン，イニング間のイベント，生理計測で特徴的な変化が表れた場面などを，試合中に記録したカメラの映像や当該試合のテレビ中継映像の該当部分を切り出してモニタに提示した．1回目のインタビューでは，モニタの試合の楽しみ方を調べた．2回目のインタビューでは，モニタのファン度の変遷について調べた．3回目のインタビューでは，プレファン／ファン／リピータの各ステージへの遷移のきっかけや，各ステージにとどまらせている要因を調べた．図7.3に回顧インタビューのようすを，図7.4にインタビュー結果を整理して作成されたファンヒストリの例を示す．

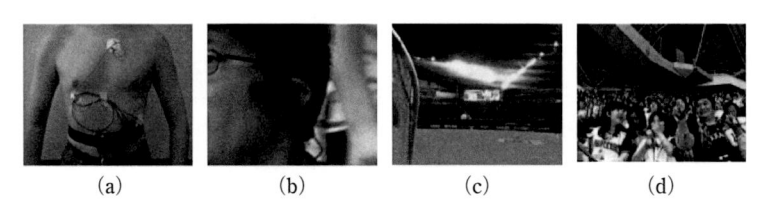

(a)　　　　(b)　　　　(c)　　　　(d)

図7.2 球場での観戦行動の観察のようす
(a) モニタに装着した心拍数計測のための電極，(b) モニタに装着した耳かけカメラ，(c) 耳かけカメラの映像，(d) モニタのようすを記録するDVDカメラの映像

図7.3 回顧インタビューのようす

スクリーンに投影されているのは，モニタの観戦のようすを記録した映像，視点カメラの映像，当該試合のテレビ中継の映像。インタビュー時に，インタビューポイントの前後を再生した。

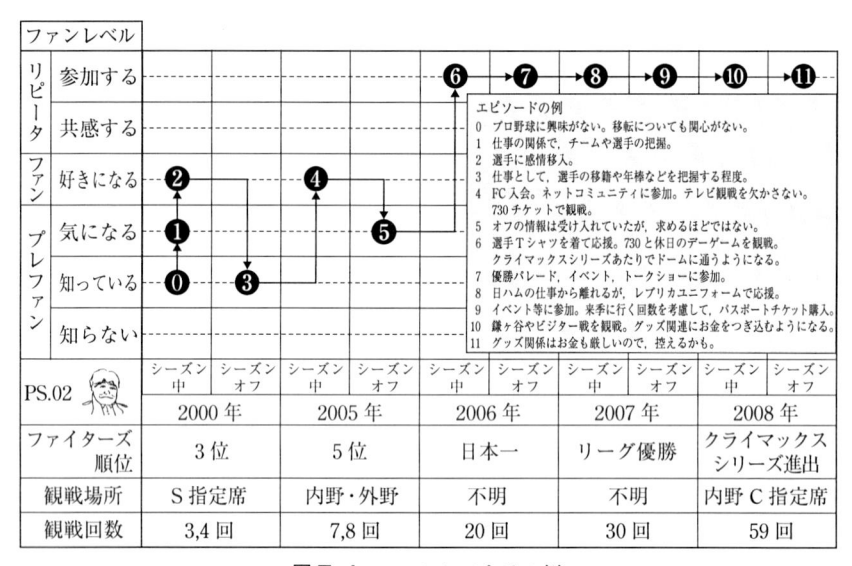

エピソードの例
0 プロ野球に興味がない。移転についても関心がない。
1 仕事の関係で，チームや選手の把握。
2 選手に感情移入。
3 仕事として，選手の移籍や年俸などを把握する程度。
4 FC入会。ネットコミュニティに参加。テレビ観戦を欠かさない。730チケットで観戦。
5 オフの情報は受け入れていたが，求めるほどではない。
6 選手Tシャツを着て応援。730と休日のデーゲームを観戦。クライマックスシリーズあたりでドームに通うようになる。
7 優勝パレード，イベント，トークショーに参加。
8 日ハムの仕事から離れるが，レプリカユニフォームで応援。
9 イベント等に参加。来季に行く回数を考慮して，パスポートチケット購入。
10 鎌ヶ谷やビジター戦を観戦。グッズ関連にお金をつぎ込むようになる。
11 グッズ関係はお金も厳しいので，控えるかも。

ファンレベル											
リピータ	参加する					❻	❼	❽	❾	❿	⓫
	共感する										
ファン	好きになる		❷		❹						
プレファン	気になる	❶			❺						
	知っている	❶		❸							
	知らない										

PS.02	シーズン中	シーズンオフ	シーズン中	シーズンオフ	シーズン中	シーズンオフ	シーズン中	シーズンオフ	シーズン中	シーズンオフ
	2000年		2005年		2006年		2007年		2008年	
ファイターズ順位	3位		5位		日本一		リーグ優勝		クライマックスシリーズ進出	
観戦場所	S指定席		内野・外野		不明		不明		内野C指定席	
観戦回数	3,4回		7,8回		20回		30回		59回	

図7.4 ファンヒストリの例

7.3.3 調査の結果：ファン成長プロセスモデルの構築

前のステップによって作成された9人分のファンヒストリを俯瞰的に眺めることにより，プレファンのステージからファンのステージにステージアップす

る3つのきっかけ，ファンステージからリピータステージにステップアップする10のきっかけを見いだした．これにより，定性的ではあるが，プレファン，ファン，リピータの3ステージと，これらのステージ間の遷移から構成されるファン状態進化モデルが構築された．以下に，これらのきっかけを記す．

(1) プレファンからファンへ（3つの要因）

(a)「スター選手の引退」「優勝への期待」

プロ野球の知識がなかった3人のモニタと，プロ野球の知識はあるが興味がなかったという3人のモニタにとって，2006年シーズンの2つの出来事がファンへとステップアップさせるきっかけとして挙げられた．1つめの出来事は，当時のスター選手である新庄剛が開幕当初に引退を宣言したことであった．このニュースはさまざまなメディアで取り上げられた．もう1つの出来事はファイターズの優勝であった．

(b)「ファンたちが応援する姿を見て」

プロ野球の知識がなかった2人のモニタとプロ野球に興味がなかったモニタは，球場で生のファンたちの応援する姿を見て，ファンへとステップアップした．

(c)「選手やチームのことを知った」「選手の野球以外の意外なタレント性」

プロ野球の知識レベルに関係なく，選手やチームを知ることによって，ファンへとステップアップした．プロ野球の知識があった3人のモニタは，ファンにステップアップしたのは「野球以外での選手の活動を知ったからだ」と回答した．

(2) ファンからリピータへ（10の要因）

(a)「生で試合を観ること」

野球をよく知らなかった2人のモニタがこれに該当する．このモニタ以外でも，テレビやラジオ観戦は応援や球場の一体感・球場だけで起こる出来事が伝わらないのでつまらないとするモニタは多い．

(b)「野球のルールとチームを知ること」

野球をよく知らなかったモニタが野球本来の試合の駆け引きを楽しむことを見いだしたきっかけとして，ルールや選手の詳細な理解を挙げている．

(c)「自発的に試合を観ること」「旦那さんの影響」「球場で仲間をつくること」「球場に来た人と出会うこと」

知り合い（たとえば，奥さん，友だちなど）と球場で気もちよく観戦することができるような環境をつくり上げたことが，これらのきっかけの背後にある。

(d)「気になる選手がいる」

プロ野球の知識がなかったモニタ，他球団のファンであったモニタ，シーズン終了間際にファンになったモニタたちは，選手，チーム，その他ファイターズに関する情報についてそれを知る機会を探している傾向があった。こうしたモニタはトークショーなどのオフシーズンのイベントを注目するようになった。翌シーズンにはロイヤルファンへ成長していった。

(e)「ファイターズグッズを集めること」

グッズのコレクションに強い興味関心を抱くモニタがいる。これもシリーズ限定品や記念品・身につけられるグッズを重視するタイプと，ファイターズ関連の物なら何でも飛びつくタイプに分かれた。

(f)「生の試合を観戦したという記録を残したい」

デジカメや携帯で写真を撮りだめする，SNSに観戦記やコメントの書き込みをする，チケットや球場での配布物を収集してファイリングする，観戦した試合のデータを自分なりに記録するなど，観戦の証となるものを継続的に記録・収集するモニタがいる。これを見返すことで，観戦時の思い出や達成感，自己充実感を味わっていると考えられ，これの継続意欲がリピート要因のひとつとなっている。

(g)「クライマックスシリーズや日本シリーズ進出への期待」

札幌で行われるクライマックスシリーズや日本シリーズを最大の楽しみにしているモニタがいた。クライマックスシリーズや日本シリーズなどの短期決戦を観戦して，その魅力によりファンになったモニタがいた。

(h)「生の試合を観に行ったときの他のファンたちとの交流」

球場観戦の良い部分として，他のファンとの暖かい交流を理由として挙げるモニタがいた。

(i)「ネットワークコミュニティ」

試合を観ながら，ネットを通じて情報交換をしたり，書き込みをしたりする

など．

(j)「選手を近くで見たい」

たとえば，沖縄の春季キャンプを見に行ってまでも選手を近くで見たい，また，フィールドで生の動きを見たいと言っていた．

(3) リピータ化のプロセス

プレファンのときの状態，(a) 野球を知らなかった，(b) プロ野球には関心があったが自分でチケットを購入して観戦に行くわけではなかった，(c) 野

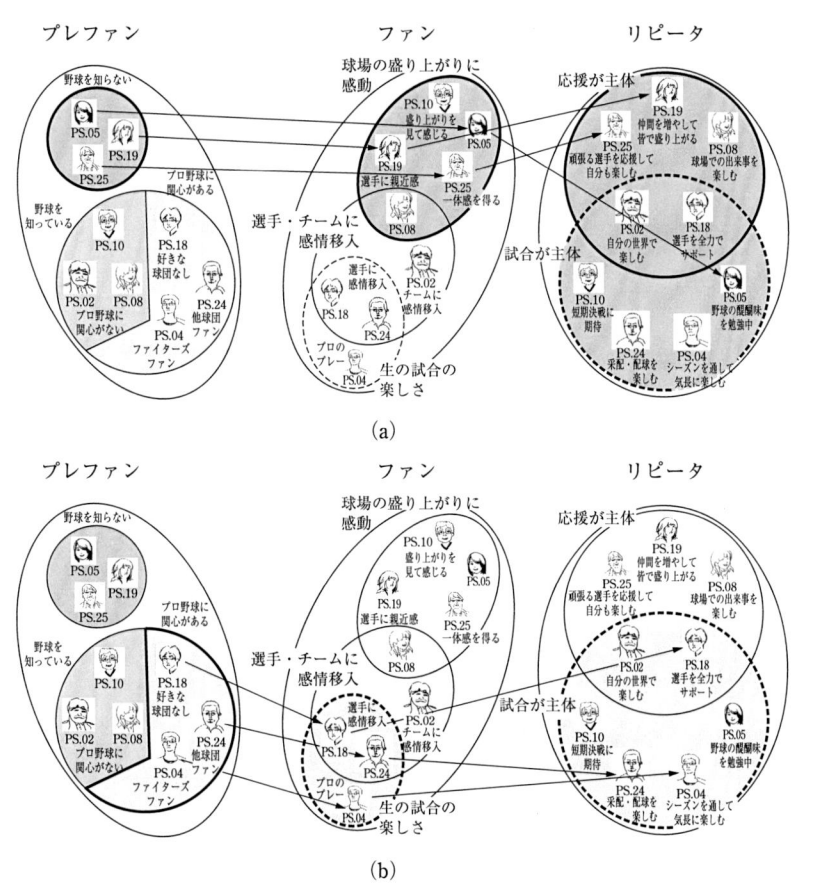

図 7.5　プレファンからリピータにいたるプロセス
(a)「野球を知らなかった」プレファン，(b)「プロ野球には関心があったが自分でチケットを購入して観戦に行くわけではなかった」プレファン．

球には関心があるがプロ野球には関心がなかった，によって，どのようなファンになるのか，どのようなリピータになるのかが異なっていることがわかった。図7.5に（a）と（b）の場合を示した。野球を知らなかったプレファン（a）は，球場の盛り上がりに共感を覚えるファンとなり，応援主体，あるいは試合主体のリピータに進化した。プロ野球に関心はあるが自分でチケットを購入しなかったプレファン（b）は，生の試合の楽しさに共感し，試合主体のリピータに進化した。

(4) リピータの観戦場所

図7.6は，本調査のエリートモニタが普段観戦する場所を示している。応援が主体のモニタは応援ゾーンで観戦している。試合が主体のモニタは，1塁側のビジターゾーンで観戦している。そこからは，ファイターズのベンチ（3塁側）の中を見ることができる。また，ファイターズを応援しているファンのようすを見ることもできる。野球観戦は長い場合は4時間にも及ぶ。リピータは，自身が楽しく過ごせる場所を見いだして，そこで観戦しているということができる。

おのおののリピータがプレファンの時代から現在の場所で観戦していたわけではない。彼らは，自分自身で心地よく時を過ごせる場所を見いだしている。

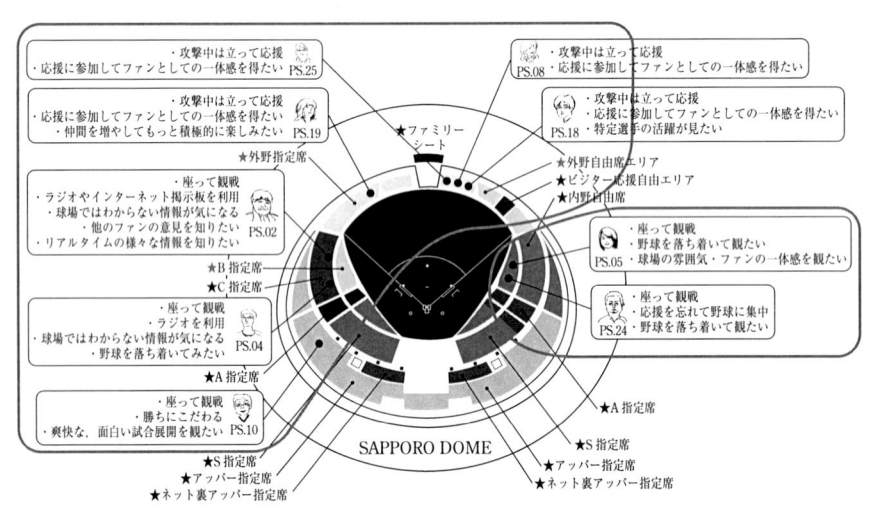

図7.6 モニタの普段の観戦場所と観戦スタイルとの関係

現在のリピータがプレファンであった時代に，どこが自分に適した観戦場所であるかをわかっていたわけではない．プレファンの観戦属性がわかれば，そのファンにとって心地よい場所で観戦経験をすることにより，リピータ化が促進されることが期待される．イベントの即効性をねらったショートタームマーケティングではないロングタームマーケティングのひとつの形態である．

7.4 ファンモデルの構築

　プロ野球のような集客型サービスでは，サービスを利用するファンがサービスの現場に何を求めてやってくるのか，また，そこでどのような体験をしているのか，ということについての理解を深めることがサービス設計に欠かせない．ここでは，プロ野球球団の北海道日本ハムファイターズの札幌ドームでの試合観戦に訪れることに関して行ったインタビュー調査を紹介する．なお，本調査は，7.3 節で説明したリピータに関する調査結果をふまえて実施されたものであり，平成 21 年度経済産業省委託事業「IT とサービスの融合による新市場創出促進事業（サービス工学研究開発事業）」の一環として実施された．

7.4.1 調査の概要
（1）調査の目的
　集客型サービスにおけるファンサービスの生産性の向上には，サービス利用者（いわゆるファン）の裾野を拡大しロイヤリティを高めることが重要である．プロ野球のファンを大別すると，プロ野球に関心のないプレファン，野球観戦に球場に行き始めるファン，かなりの頻度で球場に野球観戦に訪れるリピータという 3 種類に分類できる．

　7.3 節で紹介した調査で構築したリピータモデルを参照しながら，以下の条件を満たすモニタに対してインタビュー調査を行うことによって，ファンモデルを構築する．

- 現在，リピータになっているファンと似たプレファン状態（ファンでない状態）でありながら，リピータとなっている人がプレファンからステージアップしたのと同様のきっかけがあったにもかかわらず，ステージアップしていない人

- 現在，リピータになっているファンと似たプレファン状態（ファンでない状態）であり，リピータとなっている人がプレファンからステージアップしたのと同様のきっかけがあった結果，ファン状態にステージアップした人

(2) 調査の手順

本調査は，以下の手順で実施された。

(a) モニタ像の検討

「リピータモデル」を参考に，本調査にふさわしいモニタ像を検討し，本調査のモニタが満たすべき要件を明確化した。

(b) モニタオーディション

前述の要件を満たすインタビュー対象者を選出するためにオーディションを実施した。オーディション参加者の募集にあたっては，ファイターズ公式ファンクラブの会員およびそれ以外の人を対象としたウェブアンケートを実施した。アンケートでは，前年度構築したリピータモデルにおけるステージアップ要素（7.3.3項(1), (2)に掲載）体験の有無，および現在のファンステージ（リピータ，ファン，プレファン），札幌ドーム来訪のための物理的障壁の有無を確認するための設問などを設定した。これらのウェブアンケートに対する設問の回答結果を分析し，(a)で定めたモニタ要件を満たす者をインタビューの候補者として選出した。選出する人数は，プレファン30人，ファン状態20人の計50人とした。オーディションでは，ウェブアンケートに対する回答が誠実であったかどうか，ファンレベルが適切であるかどうか，体験したステージアップの要素の内容，調査の全日程に参加可能かどうかを確認し，最終的に30人（プレファン20人，ファン状態10人）のモニタをインタビュー対象者として選出した。なお，オーディションは，5人1組，10セッションで実施した。

(c) グループインタビュー

選出したモニタとスケジュール調整のうえ，グループインタビューを実施した。グループインタビューでは，モニタが体験したステージアップ要素の具体的な内容，体験したときの生活環境および生活状況，モニタの周囲の人たちの状況，その当時にモニタがとったファイターズに対する関心のもちよう，態度や行動などを中心に情報を収集した。なお，グループインタビューは，5人1

組，3セッションずつ，計6セッションで実施した。

(d) 個別インタビュー

グループインタビューで得られた回答を整理し，それに基づいて個々のモニタに対して個別にインタビューを実施した。モニタのステージアップ要素の体験時の状況を詳しく聞き出すほか，モニタのパーソナリティや生活価値意識，その他の趣味，普段の興味・関心のある対象などについてより詳細な情報を収集した。

(e) インタビュー結果の分析

オーディション，グループインタビュー，個別インタビューから得られた発話データから，ファイターズとのコンタクトポイントを列挙し，分析することで，各モニタのライフヒストリを構築した。また，プレファン状態とファン状態であるモニタとのライフヒストリ構造を比較することで，両者のあいだに差異が生じるに至った要因を抽出した。

7.4.2 プロ野球ファンの構造化

30人のエリートモニタのインタビューを通してさまざまな情報を収集した。その結果，さまざまなファン・プレファン像がみえてきた。継続的な球場観戦に至っていない人（プレファン）について，ファイターズマインドシェア（ファイターズへの思い入れの強さ）と球場観戦アクティビティ（球場観戦の経験者／未経験者，および経験回数）という2つの軸でとらえ，構造化した。結果を図7.7に示す。

以下に，異なる特性をもつ観戦者の特徴について説明する。

(1) 主体的観戦者

①コミットメントリピータ：献身的に，皆勤賞めざして球場に通うファン。

②リミテッドリピータ：3連戦のうち1回，月に1～2回など回数に制限を決めて観戦するファン。現在の観戦状況に満足する人もいれば，不満に思っている人もいる。

③コンスタント観戦者：周期などはとくに決まっていないが，気が向いたり予定が合えば観戦に来るファン。

④シーズナル観戦者：シーズン終盤やクライマックスシリーズ，日本シリー

札幌ドームでの観戦アクティビティ					
小		中		大	
非観戦者		観戦者			
		客体的観戦者		主体的観戦者	
観戦に興味なし	観戦に興味あり	観戦経験あり/1回	観戦経験あり/数回	一定のペースで観戦	ほぼ全試合観戦

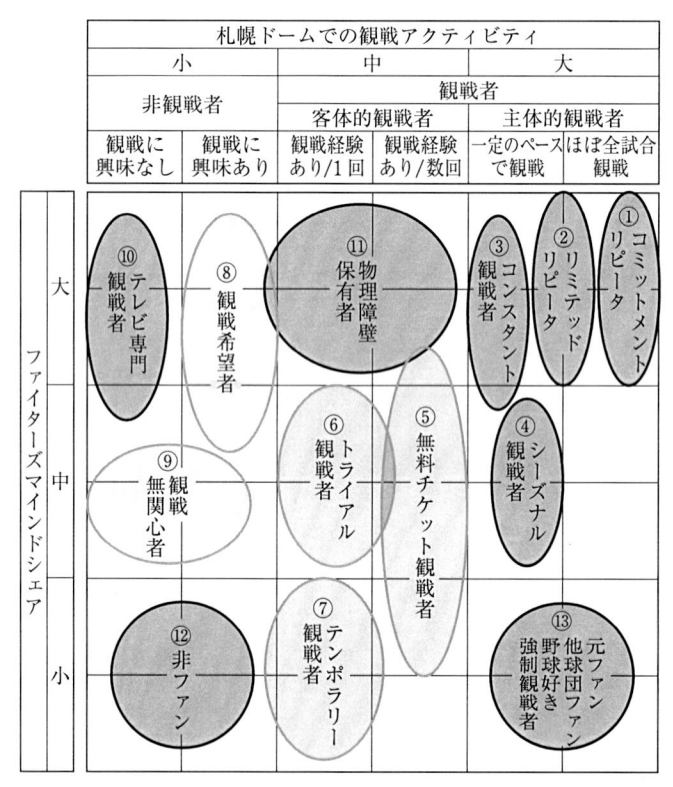

図7.7 マインドシェア×球場観戦アクティビティマップによる構造化

（ファイターズマインドシェア：大・中・小）

① コミットメントリピータ
② リミテッドリピータ
③ コンスタント観戦者
④ シーズナル観戦者
⑤ 無料チケット観戦者
⑥ トライアル観戦者
⑦ テンポラリー観戦者
⑧ 観戦希望者
⑨ 観戦無関心者
⑩ テレビ観戦専門者
⑪ 物理保有障壁
⑫ 非ファン
⑬ 元野球ファン・他球団ファン・野球好き強制観戦者

ズなどの盛り上がる時期をねらって観戦するファン。

(2) 見込み観戦者

⑤無料チケット観戦者：無料チケットを頼りに観戦機会を設ける人。移転初期は入手しやすかったが，近年では入手困難。

⑥トライアル観戦者：試しに何度か観戦した結果，比較的よい印象をもっている人。今後の観戦回数増加が期待される。

⑦テンポラリー観戦者：観戦したものの，熱心なファンのようすにひいてしまったり，テレビの方がよいと思ったなど，球場の魅力を感じられなかった人。

⑧観戦希望者：「球場観戦したい」とは言うが，なかなかきっかけが見いだせず，観戦に至っていない。同行者の不在や，チケット入手が困難などが

原因の場合が多い。

⑨観戦無関心者：観戦できていないことにあまりこだわっていない。「観戦したい」とは言うが，実際に行く意欲があるかは不明。

⑩テレビ専門観戦者：テレビ観戦で満足しており，とくに球場観戦に対する意欲がない。球場観戦へのネガティブなイメージが強いことが理由である場合が多い。

⑪物理的障壁保有者：ファイターズマインドシェアは高いが，何らかの障壁のために継続的に観戦に行くことができない。仕事，育児，介護などのために時間の余裕がない場合や，金銭的な事情，環境の変化（引越しなど）により観戦回数が伸びない状態。

⑫非ファン：ファイターズに対するマインドシェアが低いため，球場観戦アクティビティも同じく低い状態。

⑬元ファン：ファイターズそのものに対する熱が冷めてしまった場合と，球場観戦に対する熱が冷めてしまった場合がある。

他球団ファン，野球好き：ファイターズには惹かれないが他球団や野球観戦そのものが好きで，球場に足を運んでいる状態。

強制観戦者：仕事やつき添いなどの理由で観戦に来ている状態。

7.4.3 ファンの観戦行動モデル

球場観戦に対する興味のもち方は人によってさまざまである。そこに刺激が加わることにより，球場観戦に至る。さらに，球場観戦の場での刺激を受けることにより，球場観戦への興味が大きくなり，その後の継続的な球場観戦につながっていくと考えられる。この，人がもともともっている球場観戦への興味を「動因」，球場観戦のきっかけとなる刺激を「行動発現要因」，球場観戦の場で受ける刺激を「動因強化要因」とよび，札幌ドームで観戦するファンの観戦行動モデルを構築した。

（1）動因

30人のエリートモニタにインタビューするなかで，球場観戦を促す動因にはおもに4つの因子が存在し，その大きさが球場観戦行動に影響していることがわかった。

①野球因子（球場でプロ野球を観戦したい）：もともと野球に慣れ親しんでいる人はこの因子は普通にもっている。また，プロ野球に関心のなかった人でも，テレビ観戦や各種報道，その他の影響を受けて球場に足を運ぶことで，球場観戦の実態を知り，この因子が強化されることがある。
②郷土因子（球場で地元のチームを応援したい）：プロ野球ファンに限らずこの因子をもつ人は多い。北海道のチーム，われわれのチームという意識を義務的にもっている人もいればまったくもっていない人もいる。
③選手因子（球場で興味・関心ある選手を見たい）：プロ野球ファンにもこの因子がある。ミーハー的な興味・関心のもち方を含め，この因子をもつ可能性のある人の層は幅広い。過去においては新庄選手がこの因子に非常に大きな影響を与えていた。
④共有因子（球場で観戦して盛り上がりたい）：球場でたくさんのファンと試合を観て盛り上がりたいといったプロ野球ファンらしい動機のほかに，熱狂して騒ぎたい，ストレスを発散したいという動機もあり，プロ野球ファンに限らず，この因子をもつ人は多い。しかし，後者の動機はファイターズが優勝争いに絡まないと生じにくい。また，応援のなかに入るのではなく，応援を客観的に観て楽しむ人も多い。

動因は，次のように考えられる。
- いずれかの因子が「大きい」場合，主体的に球場観戦に行く
- いずれかの因子が「中程度」の場合，きっかけがあれば行く
- すべての因子が「小さいあるいはない」場合，誘われても行かない

主体的に球場観戦に足を運ぶ条件として，すべての動因が大きくなる必要はない。いずれかの因子の強さが球場観戦に割く生活コストを上回れば，主体的に球場観戦に行くことになる。

(2) 行動発現要因

動因を強化して球場観戦を誘発する行動発現要因には，次のような因子が考えられる。

(a) ヒト因子

ファン任せの因子である。とくに「帰属コミュニティからの誘い」は，球場観戦の促進に最も強く働くことが期待される因子である。

①身近なファンがもたらす情報・ふるまい：家族や友人，職場の同僚など，本人の周りにいる身近なファンが，動因に強い影響を与えることがある。動因が中程度であれば，身近なファンがもたらす情報・知識やふるまいなどに促されたり，影響を受けたことにより球場観戦に行くこともある。

②帰属コミュニティからの誘い：親しい友人や家族など，帰属している何らかのコミュニティから観戦仲間として誘われたことが球場観戦の行動発現要因になる場合がある。1人で行くのには抵抗がある，チケットの入手方法がよくわからない（調べようとしない）などの，球場観戦の障壁を取り除く役割があり，球場を訪れる新規ファンの多くがこのルートで獲得されていると思われる。さらに，居心地のよい観戦コミュニティからの継続的な誘いは，動因の強化をもたらす。また，ファンである家族を喜ばせたい，友人が行くから，など身近なコミュニティ（仲間）との繋がりのために球場観戦に行くこともある。一方，現在の見込み観戦者の周囲には，この因子がないために観戦に至っていないことも多い。

(b) モノ・サービス因子

主体的観戦者には届いているが，見込み観戦者にはほとんど影響していない因子である。見込み観戦者にとっては，チケットをうまく手に入れることができる大きな行動発現要因になる。

①シリーズイベント：現状，もっぱら既存ファンが楽しむ内容となっており，見込み観戦者が球場観戦に訪れる強い動機には結びついていない。しかし，主体的観戦者が見込み観戦者を球場観戦に誘う口実として利用しているなどの実態はある。見込み観戦者の場合，シーズン中よりはむしろクライマックスシリーズや日本シリーズなど，優勝争いの山場に球場観戦の関心が強い。しかしながら，リピータに比べてチケット入手が困難なため，球場観戦を体験できていない場合が多い。

②オフイベント：オフイベントについては，試合ではなく選手が中心になるため，見込み観戦者の嗜好性によってはそれなりの関心をもつ可能性がある。しかし，「熱狂的なファンの集い」というイメージもあり，来季の球場観戦に繋がる行動発現要因にはなりにくい。また，全国区的に著名なスター選手でなければ，多くの人に興味をもたせることは難しい。

③チケット：【入手方法とチケット施策】もともと球場観戦に関心が弱い者は，自ら調べてチケットを入手するほどの意欲はなく，行く場合ももっぱら誘ってくれるファンに頼ることが多い。また，料金や企画チケットについてもよく知っているというわけではなく，主体的観戦者には効果的でも，見込み観戦者の球場観戦に繋がる行動発現要因にはなっていない。
【無料チケット（招待券，懸賞チケットなど）】球団移転当初は，招待券などの無料チケットが多く出回っていたが，調査当時は少なくなってきている。また，ファイターズマインドシェアの低い見込み観戦者は，回ってきた招待券を主体的観戦者に譲ってしまうことも多い。

(c) メディア因子

チーム動向やスター選手に依存する不安定な因子である。ファンが楽しんだり，初期の主体的観戦者の動因の強化には役立つ因子である。

①テレビ中継：とくにプロ野球に関与が少なかった人がファンに成長していく過程のなかで，「野球のルールの理解」「チーム事情の知識」「所属選手の知識」など，基礎的な情報の伝達はファンステージをアップさせる働きがある。その意味で，テレビ中継は4つの動因の強化に繋がっている。ただし，プレファンについては，テレビ中継がされていても，よほどの山場の時期でないかぎりチャンネルを変えてしまう可能性が高く，球場観戦への行動発現要因とはなりにくい。さらに，球場観戦よりテレビ観戦のほうに「実況・解説で試合展開がわかる」「配球や選手が良く見える」「移動やお金，時間の無駄がない」などの利点を感じていて，これらは球場観戦を抑制する要因にもなっている。

②各種報道（チーム動向，選手動向）：見込み観戦者であってもシリーズ終盤の「優勝への期待」がもてるチーム動向の報道は，球場観戦への強い行動発現要因になる。また，「人気選手に対する興味・関心」がもてる報道も同様である。しかしながら，これらは，チームがつねに優勝争いをしている状況や，全国区に人気・話題性のあるスター選手の存在が不可欠で，この条件がなければ，プレファンの関心を惹きつけておくことができない。

③広告・CM：ファンにとっては，イベント情報入手のきっかけになる場合もあり，有効な面も考えられる。しかし，ファイターズマインドシェアの

低い人にとって，ファイターズを身近なものとして認識させる程度の効果は見込めるが，球場観戦への行動発現要因としては非常に弱い。

(3) 動因強化要因

球場観戦の場で，動因を強化する動因強化要因には，次のような因子が考えられる。

(a) 情報・知識因子

球場観戦行動において，徐々に効果を表す因子である。早くに働くほど，次の観戦につながりやすい。

① 野球ルール・試合運びの詳細な理解：野球関与が少ない人にとって，試合観戦の面白さを理解することは，野球因子の強化につながり，球場観戦をつづけるうえで重要な要素である。

② チーム事情・所属選手に精通：見込み観戦者がこれらの情報に精通することで，チームや選手への愛着と親近感が増す。北海道のチーム・地元の球団という意識が根づいてきたり，個々の選手の特徴を知ることによって，郷土因子，選手因子が強化される。

③ お気に入り選手の発見：球場観戦を通じて特定の選手に対する思い入れが強くなると，自ら情報収集したり，グッズの購入や球場で選手を応援したい欲求が生まれるなど，選手因子の強化につながる。また，特定の選手ではなく，チームで頑張っている選手全員が好きという状態も同様である。

(b) ライブ因子

球場観戦ならではの因子である。

① 球場での応援の一体感：ファンが一体となって応援しているようす，声援・応援の迫力など，球場でしか味わえない雰囲気を目の当たりにすることで，共有因子や郷土因子が強化される。見込み観戦者が初めて球場を訪れた際にはこれを体感でき，球場観戦のポジティブな印象としてとらえる。試合そのものよりも応援が楽しみでリピートするというケースも多い。

② 球場で観るプレーの臨場感：テレビ中継では観たことがあるプレーも，実際に球場で目の当たりにすると，臨場感があり，まったく違うもののようにも感じられる。1つ1つのプレーの音，スピード，スケール感など，これらの差を認識してもらうことが重要である。野球要因と共有要因が強化

される。

③球場でのみ味わえる魅力的な体験：【球場の空間を体感する】球場という大きな空間を初めて訪れた人からは，その広さや，芝生のグリーンの美しさに驚いた，という発言が多い。その広い空間でビールを飲む，声を出して自ら応援に参加できる，などは実際に球場に来場して初めて味わうことのできる体験である。

【選手とのふれあい，イベント】選手とハイタッチできるイベント，球団マスコットのBBとのふれあいなども，球場ならではの体験である。球場観戦には興味がなくとも，この体験ができるのであれば足を運んでみよう，という動機につながる場合もある。

【球場でのみ手に入るファイターズグッズ】配布されるノベルティグッズを得るために早く球場に行く。応援グッズを購入し，それを使う。ピンバッジなどグッズを収集する。既存ファンに楽しんでもらう役割がある。

④テレビやラジオ等では伝わらない「視点」の発見：テレビやラジオ等のメディアでは伝わらない，球場観戦ならではの「視点」に気づかせることは，球場観戦を継続させる動機になる。球場の広々とした空間のなかでは，テレビ中継での画一的な視点とは異なる攻守交替時の選手の動き，バッター交代のようす，打たれたあとのピッチャーの落胆のようす，野手の動き，ベンチの雰囲気など，自由な視点で観ることができる。これらは野球因子の強化につながる。しかし，これらの視点の発見には，時間がかかるケースも多い。球場観戦の初期では，どう観てよいかわからない，テレビ観戦の方がよいといったマイナスの印象も与えかねない。

(c) 居心地因子

観戦を継続的に促すための因子である。この因子が効果的に働くことで，継続的に観戦するリピータになりえる。

①球場観戦スタイルの確立・居心地の良い場所の発見：見込み観戦者が球場観戦する場合，客体で球場観戦に訪れているため，自分に合った観戦スタイル，居心地の良い観戦場所がすぐに見つけられるわけではない。また，観戦仲間も限られた特定の人たちであり，必ずしもスタイルの合う同行者とはいえない。観戦仲間の好む観戦スタイルが自分とは異なる場合，球場

観戦は居心地悪くおもしろくないという印象をもつ可能性があり，そうすると今後の球場観戦につながらなくなってしまう。しかし，これらの問題がクリアされれば，共有因子が強化され，最終的には1人でも球場観戦できる状態になる。

②観戦コミュニティへの帰属：応援をしながら，周囲の観戦者とのコミュニケーションが生まれ，仲間意識が芽生えることがある。選手が好プレーをしたときに，周囲とハイタッチして喜びを分かち合うなどの経験は，共有因子を強化する。また，同じ場所で観戦をつづけると，周囲のファンとも顔馴染みになり，そこで新しいコミュニティが生まれることもある。さらに観戦に慣れてくると，SNSやmixiなどのネットワークコミュニティを活用しながら観戦を行うようにもなる。

7.5 ファンモデルをファン構造のうえで考える

各モニタは，図7.7に示したファン構造のいずれかのファンセグメントに属する。そこで，同図の主体的観戦者，客体的観戦者，未観戦者の傾向を，各モニタの動因・行動発現要因・動因強化要因を整理することによって検討し，ファンセグメント間の遷移の可能性について検討できるようにした。

7.5.1 主体的観戦者の傾向

次の要素のいずれかが満たされた場合に，主体的観戦者となる。

- もともといずれかの動因（-野球因子，-郷土因子，-選手因子，-共有因子）が大きい
- 行動発現要因-ヒト因子の「帰属コミュニティからの誘い」が継続的に働く
- 行動発現要因-モノ・サービス因子の「チケット」が入手しやすい環境にある（無料チケットの入手，有料チケットを手配してくれる同行者，年間パスの購入など）

図7.7の①コミットメントリピータは，気軽に球場に通える物理的環境（自宅や職場からの距離，有給をとりやすい職場，定年後の時間的な余裕，など）の条件が揃っている，あるいは自ら構築している。1人観戦行動にとっては，

現地での観戦コミュニティの存在が重要であり，現場に行けば仲間がいるという状況ができれば，球場観戦の機会がより多くなる。

②リミテッドリピータのなかで，現状の観戦行動に満足していない人は，機会さえあれば観戦回数を増やしたいという思いが強く，新たなコミュニティや同行者の開拓を積極的に行っている。

一方，③コンスタント観戦者，④シーズナル観戦者は，ある一定のペースで観戦することに満足している場合が多く，観戦回数を増やしたいとは考えていない。他のマインドシェアが大きいことも理由のひとつと考えられる。

7.5.2　客体的観戦者の傾向

客体的観戦者は，以下の共通点を有している。
- 動因が小〜中程度で，主体的な観戦行動の欲求が起こらない
- 行動発現要因-ヒト因子の「帰属コミュニティからの誘い」が働いていない，あるいは弱い
- 行動発現要因-モノ・サービス因子の「チケット」が届いていない，手元に届いても譲ってしまう

図7.7の⑥トライアル観戦者は，球場観戦を経験した結果，さらに次の機会をねらっている状態である。したがって，継続的な球場観戦機会が得られると，その後，主体的観戦者への成長が期待できる。

球場観戦しても，動因強化要因がうまくかからなかった場合，⑦テンポラリー観戦者となり，以降の観戦は見込みにくい。これは，もともと野球に興味をもたなかった人が陥りやすい。また，球場観戦で楽しんだあと，ファイターズマインドシェアが高まっているあいだに次の観戦行動に移れないと，⑦テンポラリー観戦者として定着してしまう可能性が高くなる。

7.5.3　未観戦者の傾向

未観戦者は，以下の共通点を有している。
- 行動発現要因-ヒト因子の「帰属コミュニティからの誘い」が働いていない，あるいは弱い
- 行動発現要因-モノ・サービス因子の「チケット」が届いていない，手元

に届いても譲ってしまう
- 動因がもともと小さいため，前記の2つの因子が働いても響かない
- 他のタイムシェアが充実している

図7.7の⑧観戦希望者には，ヒト因子（帰属コミュニティからの誘い）・モノ・サービス因子（チケット）さえあれば比較的簡単に球場観戦者に遷移する人も多く含まれると考えられる。⑧観戦希望者でも，仕事・趣味などのタイムシェアに押されている場合，予定を決めてチケットを手配して，というほどのモチベーションに至らない人もいる。その場合，ひたすら懸賞チケットに応募して当選を待ちつづけるという，モノ・サービス因子に依存する状況もある。⑨観戦無関心者は，加齢による体力的な制約の影響で球場観戦をリタイアした人も含まれると考えられるが，テレビ観戦でも満足している人が多い。

7.6 おわりに

本章では，プロ野球ファンの球場観戦という行動を対象として，観戦行動のモデル化を行った。モデル構築の目的は，現時点（調査時点）での観戦行動を明らかにするだけではなく，その状態にいたるプロセスも明らかにすることであった。モデル化は2段階で行われた。第1段階は，現時点でのリピータのモデル化であった。リピータであるためには多くの強い制約（経済的，時間的）があると想定されたので，リピータとなるためのいくつかの典型的なパスが明らかにされることが期待された。調査した結果，プレファンからファンへのステージアップのきっかけとして3要因，ファンからリピータへのステージアップのきっかけとして10要因を特定することができた。また，図7.5に示したように，どのようなプレファンであったかに依存して，ステージアップのパスも異なることがわかった。

この結果をふまえ，モデル化の第2段階として，これらのステージアップ要因が有効に働くファンと有効に働かないファンの特徴を明らかにすることによって，第1段階で構築されたファンの観戦行動のモデル（リピータモデル）の精緻化を図った。30人のエリートモニタにインタビューを行った結果，プロ野球ファンの構造が7.4.2項に示したように13のセグメントで表現できることを明らかにした。さらに，それぞれのセグメントにどのようなファンがどの

ような経緯で属すようになるのかについて，7.4.3項に示した「ファンの観戦行動モデル」により記述した。

このようなモデル化を行うことにより，リピータになる可能性のあるファン・プレファン，リピータにはならないファン，ほとんど有料観戦を見込めないファン，などが備えるべき属性が明らかになった。これらの属性に関する知識をもったうえで，それぞれの顧客セグメントに属するファンの満足度を向上させるサービスを企画・実施することは，サービス向上の最大化を図るために必要なアクティビティである。どのセグメントにどのようにかかわるのかは，サービス提供者の決定事項である。経験と勘によるのではなく，本章で説明した方法によって構築されたモデルに基づいた決定は，高い信頼性・説得力をもつ。

付録　認知的クロノエスノグラフィ

認知的クロノエスノグラフィ（Cognitive Chrono-Ethnography：CCE）とは，人間の日常的な行動選択を理解するためのメソドロジーである。以下に，CCEを簡単に紹介する。

A.1　日常生活における行動選択にかかわる要素

人間の日常的な行動選択（あるいは，意思決定）にかかわる要素として，以下の4要素を挙げることができる。

① Two Minds：人間が日常的な生活のなかで実際にとる行動は，無意識的な情報処理プロセス（システム1）と意識的な情報処理プロセス（システム2）の結果を統合した結果として現れる。システム1での処理は自動化されており処理速度は速い。一方，システム2では合理的な処理が行われる。しかし，状況を完全に把握できるわけではないので，処理結果が必ずしも合理的であるわけではない。この現象は「限定合理性」とよばれる。

② 個人／集団を媒介するミーム：個人の行う行動選択は，その個人のもつ知識のなかで，そのときに活性化した部分が影響を及ぼす。これを「ミーム」とよぶ。ミームはその個人が置かれている集団，ならびに集団から構成される社会との相互作用のなかで発達する。同時に，個人が集団・社会

の構成要素であることから，個々人の行動の結果が集団・社会の振る舞い・規範に影響を及ぼす。個人の行動選択はミームの現れであるが，ミームは絶対的なものではなく個の影響を受ける集団・社会のなかで個がかたちづくるものであり，時間の経過に従って変動する。

③多様な行動目標：行動は何らかの目標を達成するために生じる。ここで，目標は必ずしもコストを最小にしてベネフィットを最大にするというような効用の観点からのものだけではない。家族を喜ばせる，競争に勝つ，など，多様である。

④環境と行動とのあいだの強い結合：行動は環境のなかで生じる。行動を起こすことにより，自身の状態だけでなく環境も変化する。環境のなかで生じる行動は，時々刻々と変化する環境と同期がとれていなければならない。人間の行動は，環境との同期をどれくらいの時間間隔で行わなければならないかに応じて，神経レベル，認知レベル，タスクレベル，社会レベルなどの時間帯のレベルに分けられる。各レベルで起こる現象は非線形的に関係しているので，下位のレベルの現象を線形的に外挿することによって上位のレベルの現象を理解することは原理的にできない。

A.2　CCE調査の要件

CCE調査の目的は，「人間の日常的な行動選択を理解すること」である。それは，「観測される行動とミームを関連づけることによって理解すること」によって達成される。前記の4要素をふまえると，CCE調査で何を行うべきかは，以下のように整理できる。

- 活性化するミームは何か
- そのミームはどのように活性化されるのか
- そのミームはどのようにして形成されたのか（変容過程）

その際に，「Two Minds」「多様な行動目標」「環境と行動のあいだの強い相互作用」といった要素を考慮に入れる。

A.3　行動観測の方法

次に，前記要件を満足できるデータについて考えてみよう。観測対象は，時

間制約下の実フィールドでの普段どおりの行動選択過程である。この対象に対して観測可能なデータは以下のとおりである。
　①行動観察結果：観察者が観察対象の特徴的な行動を記録したもの。
　②行動計測結果：観察対象に装着したセンサなどにより心拍数，からだの動き，視線などを自動的に記録したもの。あるいは，行動の結果の想起を促進するような観察対象者によって自ら記録されたもの（写真，メモなど）。
　③行動に関する聞き取り結果：行動観察結果，行動計測結果を利用して行われる回顧的インタビューを記録したもの。

A.4　CCE 調査のステップ

　CCE は，特定の個人が，現時点における行動選択特性を獲得するに至った経緯に関する成長プロセスのモデルを，「日常生活における行動選択にかかわる要素」をふまえて，その行動が実行される現場における現場観察調査をデザインし，「行動観測の方法」に記した方法に準じて，行動データを記録・収集し，その記録をもとに回顧インタビューを実施し，成長プロセスや成長の結果を明らかにし，その現場における行動選択特性とその変容過程を明らかにするメソドロジーである。

　これを具現化するために，CCE は以下の 7 ステップによって実施される。
　①現象観察：エスノグラフィとしての基本的な調査法を用い，調査対象の社会生態の構造の概略を明らかにする。
　②脳特性照合：これまでに明らかになっている人の行動特性を参考に，①での調査結果において，人の行動のどのような特性要素が関与しているかを考察する。
　③簡易構造モデル：人の行動の違いをふまえた①と②での考察の結果として，ミームと人を構成要素とする最初の調査対象空間の簡易生態モデルを構築する。
　④CCE 調査法策定：調査対象空間の簡易生態モデルを基に，調査対象の集団を構成する多様な人たちから典型的な行動特性を備えたタイプを特定し，エリートモニタの選別基準と調査法を策定する。
　⑤CCE 調査：エリートモニタを選定し調査を行う。

表 A.1　CCE 調査事例

現場	目的	協力団体	報告書，論文など
駅	案内表示を利用した駅施設利用行動	JR 東日本フロンティア研究所	文献 [7.1] の第 4 章，文献 [7.2]
温泉	湯治客の温泉観光行動	城崎温泉	文献 [7.1] の第 3 章，文献 [7.2]
映画館	国際短編映画祭における映画鑑賞行動	札幌国際短編映画祭	文献 [7.2]
自動車内	運転満足度を高めるための案内提供行動	日産自動車	文献 [7.1] の第 4 章
野球場	プロ野球ファンのリピート観戦行動	北海道日本ハムファイターズ	文献 [7.1] の第 3 章

⑥特性照合確認：調査の結果を人の行動モデルと照合し，適否を考察する。

⑦モデル修正：調査結果が不満足なものであれば④に戻り調査法を再考し調査を行い，納得のいく結果に至っていれば，その結果をこれまでの人の行動生態情報に反映する。

A.5　CCE 調査の実際

表 A.1 に，これまでに実施した CCE 調査事例をまとめた。文献 [7.1] では，CCE 調査をどのように実施したのか（CCE の調査のステップ④，⑤）を中心に詳細に紹介している。また，文献 [7.2] では，CCE 調査をどのように設計し，また，調査結果を評価したのか（CCE 調査のステップ①，②，③，⑥，⑦）を中心に紹介している。

参考文献

[7.1]　北島宗雄，内藤耕（編）：『消費者行動の科学』，東京電機大学出版局（2010）
[7.2]　北島宗雄，豊田誠：『*CCE（Cognitive Chrono-Ethnography）の実践的概説—認知科学に基づく人の行動生態の調査手法*』ON-BOOK.ltd（2011）

第8章

よりよい医療サービス提供に向けた
ヒヤリ・ハット情報の活用

8.1 はじめに

　医療サービスは，その行為の提供と同時に消費される即時性・不可逆性などの特徴に加えて，専門的複雑性・公共性・情報の非対称性が大きいことから，長いあいだサービス産業のなかでも特別な存在として考えられてきた。しかし，近年医療サービスにおいても他のサービス産業と同様に「質」の議論が活発に行われるようになっている。たとえば『病院のことばをわかりやすく』[8.1]など専門用語を言い換えるための書籍の出版をはじめ，ISO9000シリーズや医療機能評価機構，労働衛生機関評価制度，シルバーマーク制度など，第三者機関の基準に沿って業務モデルの体系化を行う取り組みがはじまっている。さらに，臨床面でのクリニカルパスの導入などは，医療の質を客観的に評価し，情報を「見える化」して，サービス受給者である患者の不安や疑問を低減し，より安心・満足して医療サービスを受けられるようにしようとする取り組みとしてとらえることができる。

　情報技術の進展によって医療機関では，症例や治療法の情報を収集し，それまで経験や勘で決められていた医療行為の決定や判断を，体系的に観察・収集された症例や効果のデータに基づいて，より強い確信をもって行うようになった。この考え方は「科学的根拠に基づく医療（Evidence Based Medicine；EBM）[8.2]とよばれ，すでに医療機関に浸透している。

　本研究は，医療機関ですでに浸透しているデータに基づいて意志決定を行う方法を，医療事故や医療過誤の防止策の立案，日常業務の生産性向上に応用しようとするものである。データに基づいて意志決定を行うプロセスが確立されれば，安全性や生産性の向上が期待できるばかりでなく，効果を見極め，対策

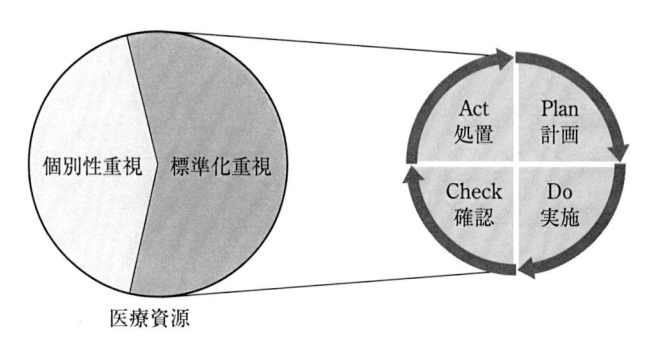

図8.1 データに基づいて決定を行うプロセスの概念図

や維持のために配分されている時間・人材・費用などの医療資源を再配分して，より高い医療サービスの提供に使うことができる（図8.1）。

8.2 医療機関におけるサービスの質管理と質保証

医療機関において「質のよいサービスの提供」について検討する際には，質の保証としてのリスクマネジメントとあわせて語られることが多い[8.3][8.4]。リスクのマネジメントとは，事故や過誤を誘発しやすい作業環境を改善したり，万が一ミスが発生してもそれが吸収されるような防止策を立案したり，それらに必要な資源を配分して，安全管理に努める業務である。このリスクマネジメントが質とあわせて語られるのは，医療サービス自体が生死にかかわり，やり直しや交換がきかないにもかかわらず，最善を尽くしても100%の結果にならない特徴があることによる。不確実性がある場合には，確実な部分の割合を増やしたり，他の不確実性を低く抑えたりして全体の確実性を高める努力が行われる。このようなリスクマネジメントは部署を超えて，組織全体，さらには医療機関全体で取り組むべき課題である。

これまでに各医療機関では，医療事故を防止し，安心・安全に細心の注意を払ってさまざまな取り組みが行われてきた。それでも具体的な事故防止対策や効果的な改善法はいまだ見つかっていないというのが現状である。このような背景には，医療機関がマンパワーに依存した組織であることと，対象である患者の状態が個々に異なること，医療従事者の業務内容は状況に応じて変化するなど，複数の要因が関係しており，製造業界で定着している安全工学の考え方

をそのまま適用するには違いが多すぎる。そのため，医療機関における事故防止への取り組みの多くは，注意喚起，二重監査の実施など，医療従事者に向けた対策にならざるをえないという事情がある。また，現在のところ，医療安全業務および研修などについては，各医療機関および医療団体に任せられているので，医療安全管理が組織防衛の文脈で語られたり，個人の資質や精神論に帰する問題として扱われたりするなど，基本的な考え方や内容についても多種多様な取り組みがなされている。

　このようななかで，安全性を客観的な方法で測定し，評価して，問題があれば改善し，問題がない場合はその推移を経過観察しようという取り組みが国レベルで始まっている。厚生労働省や医療機能評価機構によって展開されている医療事故等収集事業 [8.5] では，医療事故情報を収集・分析し，情報を提供して全体共有することによって医療安全対策の推進が図られている。2009年度から収集が始まった薬局ヒヤリ・ハット事例収集・分析事業 [8.6] では，ヒューマンエラーの研究に基づき，事故に至る前に発見されたヒヤリ・ハット事例までを収集範囲とすることで，より多くのデータを収集し，予防に役立てることがうたわれている。すなわち，1つの重大事故の背後に29の小さな事故があり，29の小さな事故の背後には300の事故には至らない事件があるという「ハインリッヒの法則」が教訓とされており [8.7]（図8.2参照），この教訓に基づいて，医療事故事例に加えて，発生頻度の高いヒヤリ・ハット事例を分析することで，エラーの誘因を抽出し，事故につながる芽を摘むことがね

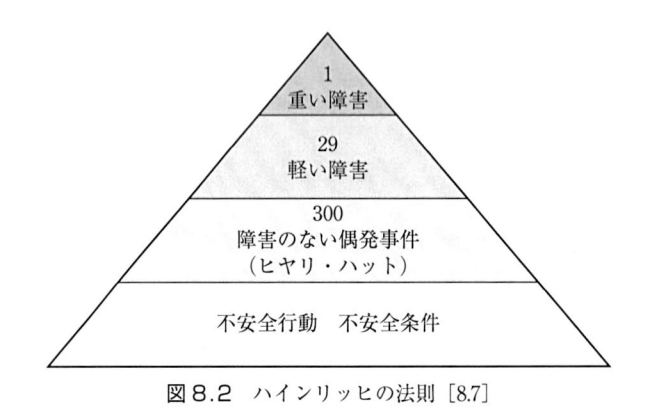

図8.2　ハインリッヒの法則 [8.7]

らいとされている。

　現行の報告システムでは，ヒヤリ・ハット（インシデント）[1]，アクシデント[2]について登録医療機関に報告を義務づけ，事例の発生から1カ月以内にレポートをオンラインで提出することになっている。各登録医療機関では自組織で収集された報告例をリスクマネージャなどがインタネット端末に入力し，収集されたデータは分析・評価され，定期的に集計結果が公表される。各医療機関では集計結果や事例を構成員にフィードバックして事故防止の意識を高め，事故例から学んで，事前に注意したり対策を打ったりして，同じ事例を増やさないことが期待されている。

　しかし，先例から教訓を得るのでは後追い対策であり，発生事例の更新ごとに注意する対象が増え，古い事例から忘れられていくような場当たり的な対策という印象も否めない。また，報告形式で集められるデータは，報告者の意識に上らない潜在要因についてはデータが集まらないという欠点がある。さらに，詳細な状況報告部分の自由記述は量的な分析が難しく，質的分析には専門家や技術者による手助けが必要となるなど，データの精度や分析方法に課題が残されている。

　客観的なデータを業務を増やすことなく取得する方法としては，日々の実データを利用するという方法がある。近年，電子カルテやオーダリングシステムなどの導入が進んでおり，IT化の次の課題として挙げられていることのひとつに，蓄積されたデータをいかに活用して改善に結びつけるかということがある［8.8］。たとえば，オーダリングシステムや電子カルテシステムは，技術的に大量のデータを収集・蓄積している。ただし，標準的なシステムは導入当初の目的である業務運営の円滑化に重点が置かれた設計になっており，蓄積されたデータの二次利用までを見越して設計されているものはごく少数である［8.9］。このため，医療機関によっては，大量にデータを蓄積しても利用できるのはごく一部であったり，データが膨大すぎて手に負えない状態に陥ったりしている機関もある［8.10］。さらに，データの二次利用を検討するにあたっ

---

1) 患者に実施される前に発見された事例，あるいは実施されたが結果として患者に被害などの影響を及ぼすに至らなかった事例。
2) 患者に被害などの影響および処置が必要となった事故事例。

て，分析に必要なデータの欠落や整合性に欠陥がみつかるなど，多くの課題が指摘されている［8.11］。

システムに蓄積されているデータは，取捨選択して，並べ替え，分類することによって初めて情報となる。ただ大量に蓄積するだけでは価値がなく，どう活用するか，どう分析するかという意味が与えられて初めて有益な情報となる［8.12］。そして，次の課題はデータを分析し，結果を活かして改善へとつなげるサイクルを回すことであり，現状を反映した正確なデータを分析に足るだけ集めることが重要である。正確なデータを集めるためには，明確な目的と計画が必要で，どのデータに焦点をあてるか，どのように分析するかを明確にしなければならない。さらに，改善は継続して行われるべきであるので，自組織で継続可能な規模を考慮して設計する必要があるだろう。

看護の分野では，看護の質を評価するために米国看護協会の看護質指標を参考にして指標の選定を行っている。その際に必要な条件としては，①わかりやすいこと，②データ収集が容易なこと，③正確に収集できること，④リスクによる差異を調整できることが挙げられている［8.13］。

ビジネスの分野では，データを分析して，経営戦略に活かす取り組みが行われており，分析力を武器とするための情報環境ステージを次のようにまとめ，不備を補いながら整備していく必要性が指摘されている［8.14］。医療現場でデータに基づいて改善を行う環境を整備する際にも役立つと思われるので表8.1に示す。

ヒヤリ・ハットデータを改善に活かすためには，まず，現象を正しくとらえるための正確なデータを収集することが必要である。さらに，正確なデータは1，2例ではなく，分析に足る量を集める必要がある。そして，改善結果を評価したり，恒常的に改善を行っていくためには，継続可能性という要素も考慮しなくてはならない。

ここでは，データに基づいて事故防止や作業環境の改善策を立案するシステムを構築するために，病院薬剤部で記録されている医薬品の取り揃え作業時に発生したエラーデータを収集し，分析する過程で生じた問題点を補いながら改善プロセスに必要なデータを特定していった事例を紹介する。

表8.1　情報技術環境の段階 [8.14]

第1ステージ	データが不十分，またはデータの精度が低い，またはデータの定義が不統一である。システム統合も進んでいない。
第2ステージ	日々の取引データはきちんと収集されているが，必要なデータが欠落していることが多く，適切な意思決定につながらない。
第3ステージ	ビジネス・インテリジェンス・ツールは導入されているが，データが標準化・正規化されておらず，整合性を欠くことが多い。またデータへのアクセスが十分確保されていない。
第4ステージ	データの精度は高く，組織横断型のシステムが計画されている。分析プロセスやシステム運用の原則も確立されている。意思決定の一部は自動化されている。
第5ステージ	全社的にビジネス・インテリジェンス・アーキテクチャーが整っており，高度な分析プロセスが実行されている。ルーティンな意思決定の多くは完全自動化されている。

8.3　病院薬剤部において蓄積されるヒヤリ・ハットデータを活用する試み [8.15]

8.3.1　調査1

(1) 目的

病院薬剤部における医薬品の取り揃え作業時に発生する取り間違いの特徴について明らかにし，改善サイクルで必要なデータの特定を行うことを目的とした。まず，正確なデータを収集するために，病院薬剤部から医薬品を払い出す前に必ず行われている監査業務で収集されているデータ（ヒヤリ・ハット報告書）に注目した。このデータに基づいて，エラーの特徴を抽出することを試みた。

(2) 方法

病院の概要：東京城南地区の中核病院。特定機能病院として地域医療機関との連携を行っている。全館にオーダリングシステムを導入している。

診療科目：29診療科目（呼吸器・アレルギー内科，リウマチ・膠原病内科，糖尿病・代謝・内分泌内科，腎臓内科，消化器内科，血液内科，循環器内科，神経内科，腫瘍内科，総合内科（ER），心臓血管外科，呼吸器外科，消化器・一般外科，乳腺・内分泌外科，小児外科，脳神経外科，整形外科，リハ

ビリテーション科,形成外科・美容外科,産婦人科,泌尿器科,耳鼻咽喉科,小児科,放射線科,麻酔科,臨床検査科,病院病理科,救急医学科,歯科)。
特別診療施設:6施設(CCU,ICU,新生児・未熟児センター,総合周産期母子医療センター,救急医療センター(救命救急センターを含む),口唇口蓋裂センター)。
建て屋:診療棟(地上9階,地下3階),入院棟(地上17階,地下3階)
病床数:853床
1日平均患者数:外来:1,944人,入院:798人。
調査対象薬剤部作業者:47人(平均年齢33.2歳,24〜51歳),男性20人,女性27人。平均作業経験年数8.9年(7ヵ月〜28年7ヵ月)。
調査対象作業:計数調剤医薬品の取り揃え作業。平日の朝8時30分から9時30分にかけて入院処方の作業の大半が25〜35人で実施され,その後の9時30分〜17時にかけてはおおむね4〜5人で実施される。作業の終了後,調製された医薬品は作業にかかわらなかった2人の薬剤師の監査(一次監査・二次監査)によってチェックされる(図8.3参照)。チェックの際に発見されたエラーは,ヒヤリ・ハットとして記録される。チェック項目は15

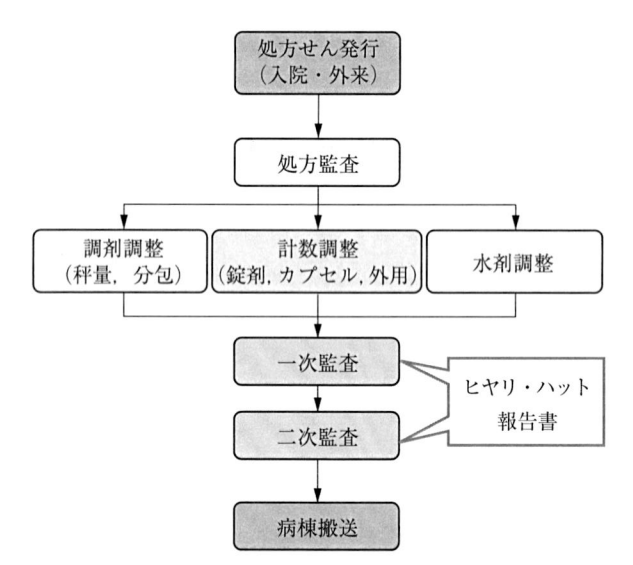

図8.3 病院薬剤部における医薬品の調製過程

項目（①別薬品，②規格違い，③数量過不足，④集め忘れ，⑤添付用紙，⑥分包数，⑦薬袋入違，⑧賦形量誤，⑨色線違，⑩薬札袋指示，⑪目盛指示，⑫相互作用，⑬用法確認，⑭用量確認，⑮その他）であった（詳細は表8.2参照）。

調査期間：2008年7月23日〜2008年12月31日。

手続き：病院の薬剤部で行われる医薬品の取り揃え作業後にチェックされたヒヤリ・ハット報告書を対象として，エラー件数を集計した。次に，重大事故につながる可能性の高い①別薬品と②規格違いを対象として，エラーの発生した薬品棚（消化器官用剤棚／環器官用剤棚／抗アレルギー薬他棚／劇薬棚／管理薬棚／外用薬棚／抗菌薬棚／吸入薬棚／固定棚なし）の情報を付与して集計を行った。

(3) 結果と考察（エラーの割合）

ヒヤリ・ハットとして報告された15項目のエラーの総数は全処方せん発行

表8.2 処方監査における15種類のチェック項目

項目	内容
①別薬品	処方せんに記載されている医薬品と別の医薬品が集められている。
②規格違い	処方せんに記載されている医薬品であるが，規格が異なる医薬品が集められている。
③数量過不足	処方せんに記載されている数量と異なる。
④集め忘れ	処方せんに記載されている医薬品が取り揃えられていない。
⑤添付用紙	処方せんに記載されている医薬品の説明書が取り揃えられていない。
⑥分包数	処方せんに記載されている医薬品の分包数と異なる。
⑦薬袋入違	他の患者の薬袋の混入を確認できなかった。
⑧賦形量誤	賦形（増量混合）量が運用規程量でない。
⑨色線違	散薬分包紙に引く色線が運用規程に則った色でない。
⑩薬札袋指示	薬袋または薬札に記載する特殊な薬剤の指示事項が記載されていない。
⑪目盛指示	水剤薬札に記載した1回服用量指示が誤っている。
⑫相互作用	処方せんに記載されている医薬品の相互作用が確認されていない。
⑬用法確認	処方せんに記載されている医薬品の用法に疑義があるにもかかわらず処方医に確認されていない。
⑭用量確認	処方せんに記載されている医薬品の用量に疑義があるにもかかわらず処方医に確認されていない。
⑮その他	上記区分に分類されないエラー

図8.4 発生エラーの内訳

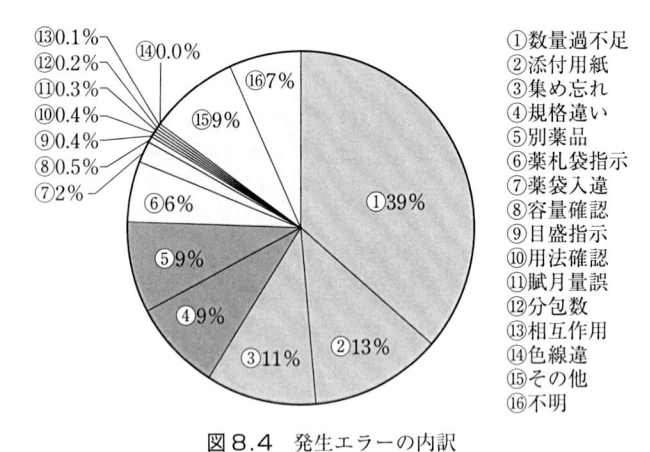

①数量過不足
②添付用紙
③集め忘れ
④規格違い
⑤別薬品
⑥薬札袋指示
⑦薬袋入違
⑧容量確認
⑨目盛指示
⑩用法確認
⑪賦月量誤
⑫分包数
⑬相互作用
⑭色線違
⑮その他
⑯不明

①39%　②13%　③11%　④9%　⑤9%　⑥6%　⑦2%　⑧0.5%　⑨0.4%　⑩0.4%　⑪0.3%　⑫0.2%　⑬0.1%　⑭0.0%　⑮9%　⑯7%

枚数の3.0%であった。この3.0%中の15項目のエラーの割合を図8.4に示す。割合の高い項目から順に，①数量の過不足，②添付用紙忘れ，③集め忘れ，④規格違い，⑤別薬品であった。上位3番目までのエラーは，いずれも「記憶」がかかわっているエラーである。④規格違いおよび⑤別薬品のエラーは，薬剤部でチェックをすりぬけてしまうと，看護師や患者では間違いに気づきにくいうえに，重篤な医療事故につながる可能性があるのでとくに注意が必要である。

得られたエラーデータについて，さらに特徴を抽出するために，どの棚で (Where)，どの薬剤 (What) がとくにエラーが多いのかについて棚別に分類を行うことにした。しかし，当該薬剤部では，重大事故につながる可能性の高い「別薬品」と「規格違い」のエラーのみ薬品名を記録することになっていた。このため，以降の分析では，薬品名の特定ができる「別薬品」と「規格違い」のエラーを対象として行った。同様に，エラーの発生の割合については，処方される薬品の頻度を考慮する必要があるが，当該薬剤部では対象となる薬品別に期間を区切ってデータを抽出することが困難であった。そこで，標本調査を行って薬品の処方頻度を推定することにした。

8.3.2 調査2
(1) 目的

薬品別の処方頻度調査を行いエラーの発生割合と薬品の処方頻度との関係を

明らかにする。

(2) 方法

調査対象：2008 年 7 月 23 日〜10 月 31 日までに発行された処方せん。

手続き：薬品の処方頻度について標本調査を行った。信頼度 95％，誤差の範囲 5％以内で最低限必要な標本の大きさは 380 部であったが，薬品棚に配置されている薬品数（967 種）の処方される組み合わせの特徴を分析するため，約 1,000 枚の処方せんを無作為抽出した。処方せんの選び方は，層化無作為二段抽出法で，全処方せんをまず月と曜日で 28 層に分け，各層から 1 日を無作為に抽出して調査対象日とした。次に，その調査対象日の処方せんのなかから，処方せんの発行数の割合に応じて無作為に平均 36 枚の処方せんを抽出した。

(3) 結果と考察（棚別発生頻度）

棚別に発生頻度を分類した結果，処方頻度の高い薬品は順に，①消化器官用剤棚，②環器官用剤棚，③固定棚なし，④抗アレルギー薬他棚，⑤劇薬棚，⑥管理薬棚，⑦外用薬棚，⑧抗菌薬棚，⑨吸入薬棚にあることがわかった。この割合は，エラーの発生頻度と一致した。調査対象となる「別薬品」および「規格違い」の取り間違いのうち，記入の不備などで薬剤が特定できない件数を除いた 221 件（処方せん発行数の 0.4％）について，薬剤処方頻度から算出した期待度数と実際の取り間違いの発生件数の偏りについて χ^2 検定を行ったところ，有意な偏りはみられなかった（$\chi^2_{(8)} = 9.05$, $n.s.$）。したがって，取り間違いは特定の棚で発生しているのではなく，薬剤が処方される頻度と同様の割合で発生していることが示された（図 8.5 参照）。

さらに「別薬品」および「規格違い」の取り間違いについて，薬品棚を細分化し，棚の上部（棚部分）と下部（引き出し部分）に分けて発生頻度を分類した。その結果，94％は同じ棚の上部で発生していることが明らかになった。そこで，棚の上部で処方された薬品と取り間違われた薬品との相対位置の関係を水平方向に 3 分類（左側，同じ列，右側）し，さらに配置の近さを隣接か否かで 2 分類して集計を行った。その結果，取り間違いの多い棚では，隣接位置での取り間違いが多いことが明らかになった。また，取り間違えられる薬品の位置に棚ごとの偏りがある特徴が示された（図 8.6 参照）。

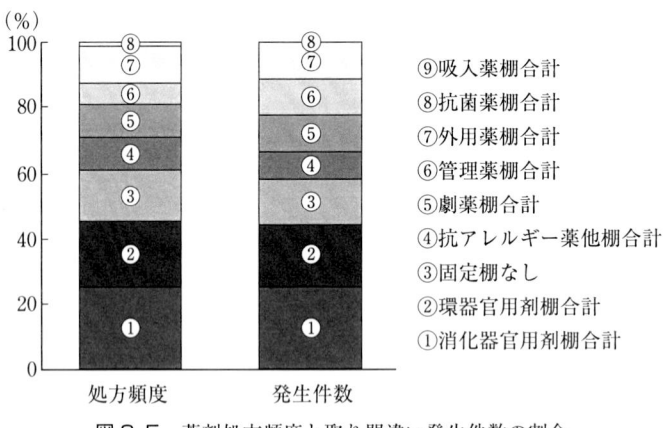

図8.5 薬剤処方頻度と取り間違い発生件数の割合

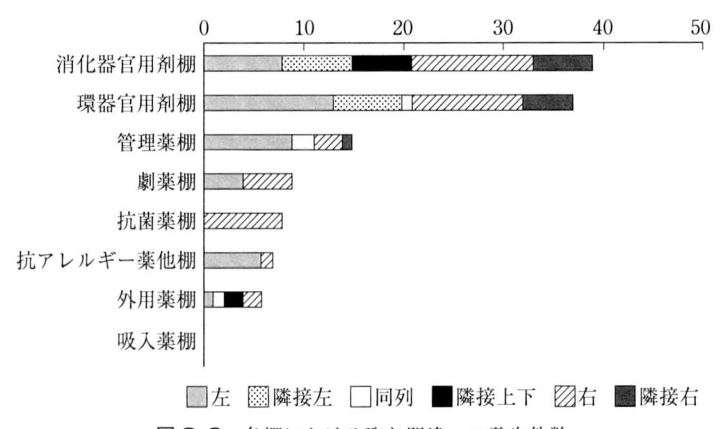

⑨吸入薬棚合計
⑧抗菌薬棚合計
⑦外用薬棚合計
⑥管理薬棚合計
⑤劇薬棚合計
④抗アレルギー薬他棚合計
③固定棚なし
②環器官用剤棚合計
①消化器官用剤棚合計

図8.6 各棚における取り間違いの発生件数

■左 ▨隣接左 □同列 ■隣接上下 ▨右 ■隣接右

8.3.3 考察：作業人数の推定

今回の調査で明らかになった特徴は以下のとおりである。

- 記憶が関係するエラーの割合が高い
- エラーの発生頻度は，薬品の処方頻度と同様の割合で発生している
- 処方頻度の高い棚では，正しい薬剤の隣接位置にある薬品と取り間違える割合が高い
- 取り間違われる薬品の位置に棚ごとの偏りがある

これらの結果から，得られた薬品処方頻度を利用して，各棚に集まる作業者の人数を試算した。作業者は処方せんの記載どおりに薬品の取り揃え作業を行うので，薬品の処方割合は薬品棚の前で作業する薬剤師の人数を反映する。図8.7は，棚別の薬剤処方頻度を30人で作業する場合にどのくらいの人数が薬剤棚の前に集まるのかについて試算した人数を図示したものである。各薬品棚は1竿のサイズが縦100cm，横90cmで（図8.8参照），床からの高さが85cmの引き出し式の薬剤棚と一体化されて設置されている。薬品の配置数によって異なるが，1〜2竿に薬効別に配置されている。平均的な成人の肩幅を約53センチと見積もると［8.16］，薬品棚一竿分の作業領域には約2人が並んで作業できる計算になる。実際は，ひとつの薬品が配置されている場所は一箇所なので，処方頻度の高い薬品の前には作業者が多く集まることになる。このようにして，当該作業スペース内の薬品棚の範囲に収まる人数を定員として概算すると，処方頻度の高い消化器官用剤棚と環器官用剤棚の前には，棚の定員以上の作業者が集まることがわかった。

　作業者が集中すると混雑するので，作業者間で接触や干渉が起こる。また，

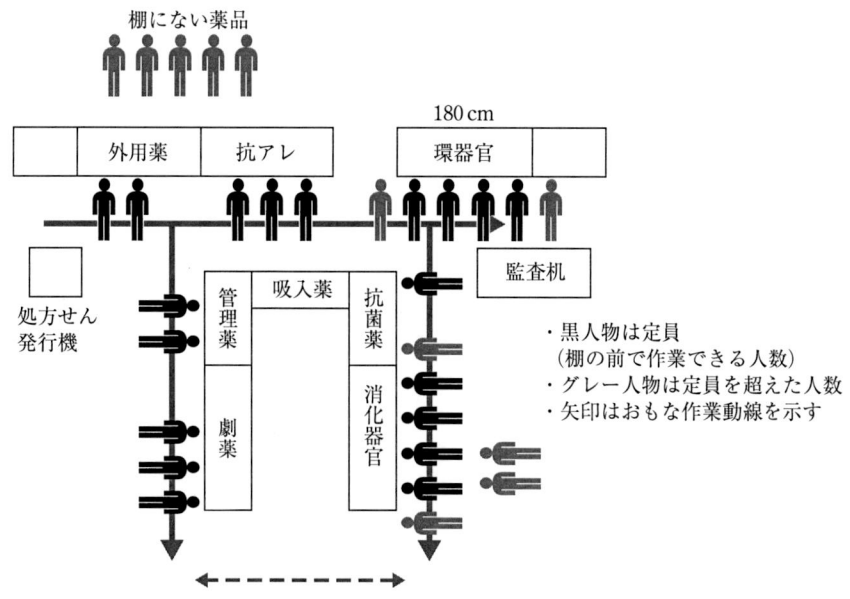

図8.7　薬剤処方頻度に基づく作業者人数（n = 30人の場合）

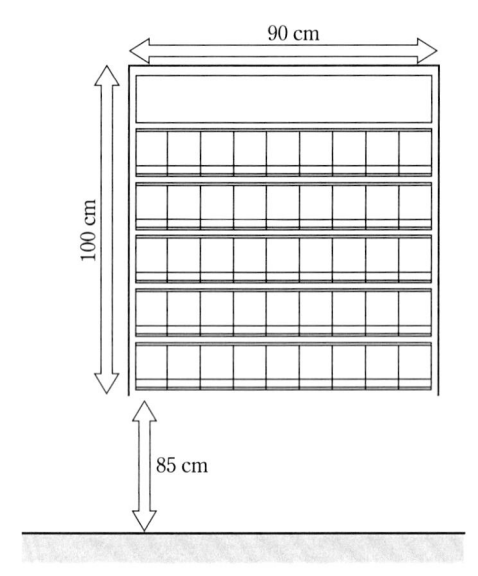

図 8.8　薬剤棚の大きさ（上部）

　薬品の真正面に他の作業者がいる場合には横から手を伸ばして作業を行うこともあるだろう．作業中に声をかけられたり，横から手をのばされたりすると，注意が散漫になるので計算を間違えやすい．また，人が多い棚で順番を待つよりも，すいている棚で先に別の薬品を取り揃えようとして作業順序を変えたりすると，後回しにした薬品を集め忘れたりすることがある．実際に作業者へのインタビューと作業の観察からも，上記の行動は確認された．

　以上の分析から，薬品の処方頻度を反映した作業スペースの確保や，混雑を避ける方法や最適な作業人数を検討する工夫が必要であることが示唆された．また，今回の調査では，薬品処方頻度を標本調査によって算出したが，すでにオーダリングシステムや電子カルテを導入している場合は，実際の薬品の処方頻度に基づいて，リアルタイムで作業人数を調整したり，作業順序を変更したりすることが可能だろう．

　定量的な判断資料が提供されたことにより，事故を防ぐ作業環境の再設計に向けて，薬品の配置場所，作業スペースなどを具体的に検討することが可能になった．

8.4 まとめと今後の課題

病院薬剤部で，データに基づいた改善プロセスを立案する過程において，必要なデータは次のとおりであった．
- 薬品の処方頻度
- エラーの起こった薬品名の記録（処方された薬品名，取り間違えた薬品名）
- 薬品の配置場所の情報

これらのデータを関連づけるとともに，より正確なデータを容易に取得して分析する工夫が必要である．

病院薬剤部でのデータに基づいて改善を行う取り組みはまだ始まったばかりであるが，薬品の処方頻度を明らかにして他の情報と関連づけるだけでも具体的な対策が検討できることが示された．

データを収集する項目が決まり，プロセスも決まってくれば，分析を自動化することも可能となる．組織的な改善や提案を行う場合にもデータに基づいた提案が可能であれば合意形成も容易であろう．正確なデータを少ない労力とコストで収集・分析する方法が確立されれば，これを標準化し，現在は，医療機関ごとの様式で蓄積されているデータも相互比較することが可能になる．さらに，多くの医療機関で使用されるとなればシステムを量産できるので，単価が抑えられ，低コストで各医療機関に導入できる可能性がある．

以上のような，データの収集から改善へのサイクルを確立することによって，具体的で効果的な提案が行えるようになり，安全性や生産性の向上が期待できる．さらに，対策や維持のために配分されていた時間・人材・費用などの資源を，患者とのコミュニケーションや癒しのような，人にしかできない個別性の高いサービスにあてることができるようになるだろう．医療サービスは，人間ならではの時間をかけて行うべき業務と，できるだけ能率よくすべき業務が混在しているので，それらをうまく見極めて医療資源を有効配分することが望まれている．よりよい医療サービスの実現には，医療従事者だけでなく，患者となる可能性のあるすべての人が知恵と技術を出し合ってデータに基づいて意志

決定ができるしくみを構築していく取り組みが必要であろう。

本研究は昭和大学医学部「医の倫理委員会」の承認を得て実施された研究である。
本研究は平成21年度経産省委託事業「ITとサービスの融合による新市場創出促進事業（サービス工学研究開発事業）」の一部として行われた。

引用文献

[8.1] 国立国語研究所「病院の言葉」委員会（編著）:『病院の言葉を分かりやすく：工夫の提案』, 勁草書房（2009）
[8.2] G. Guyatt, J. Cairns, D. Churchill, et al.："Evidence-based medicine. A new approach to teaching the practice of medicine", The Journal of the American Medical Association, Vol.268, pp.2420-2425（1992）
[8.3] 棟近雅彦：「なぜ医療機関にISO取得が広がっているのか」,『看護』, Vol.60, No.2, pp.40-46（2008）
[8.4] 水流聡子：「医療の質安全保証のための『質マネジメントシステム（QMS）』の構築」,『看護』, Vol.60, No.2, pp.47-51（2008）
[8.5] 財団法人日本医療機能評価機構　医療事故情報収集等事業　http://www.med-safe.jp/
[8.6] 財団法人日本医療機能評価機構　薬局ヒヤリ・ハット事例収集・分析事業 http://www.yakkyoku-hiyari.jcqhc.or.jp/
[8.7] H. W. Heinrich：Industrial Accident Prevention - A Scientific Approach. McGraw-Hill（1959）
[8.8] 紀ノ定保臣, 酒井順哉, 平川秀紀, 神野正博：「座談会 電子カルテをここまで活用している」,『病院』, Vol.66, No.12, pp.1013-1020（2007）
[8.9] 柏木公一：「電子カルテ導入の意義」,『看護』, Vol.60, No.10, pp.40-43（2008）
[8.10] 蘇れ医療取材班第2部②　白熱「コスト論争」. 日本経済新聞, 第44011号, p.1（2008.7.29）
[8.11]『診療所を揺るがす改革と制度のカベ』, 東洋経済新聞, 第6212号, pp.54-56（2009, 7.18）
[8.12] リチャード・S・ワーマン（金井哲夫訳）:『それは「情報」ではない』, エムディエムコーポレーション（2001）（R. S. Wurman：Information Anxiety 2. Que Corporation（2000））
[8.13] 山岸まなほ：「米国看護師協会の看護質指標：米国での収集の現状と日本での実用化にむけて」,『看護管理』, Vol.12, No.6, pp.431-436（2002）
[8.14] トーマス・H・ダベンポート, ジェーン・G・ハリス（村井章子訳）『分析力

を武器とする企業』，日経BP社（2008）（Thomas H. Davenport, Jeanne G. Harris：Competing on Analytics：The new science of winning. Harvard Business School Publishing Corp（2007））

[8.15] 羽渕由子，白石康星，野守耕爾，本村陽一，新佐絵吏，竹ノ内敏孝，村山純一郎：「病院薬剤部における医薬品の取り揃え作業時に発生する取り間違いの特徴と分析：作業過程に着目した検討」，『日本人間工学会誌』，第45巻特別号（日本人間工学会第50回記念大会講演集），pp.224-225（2009）

[8.16] 産業技術総合研究所：AIST 人体寸法データベース 1991-92　http://riodb.ibase.aist.go.jp/dhbodydb/91-92/

第9章

小売サービス

9.1 小売業サービスの実際

　今日，小売サービスを取り囲むさまざまな環境が大きく変化してきている。これまで小売業を含む流通関連業界を牽引してきたビジネスモデルは，少品種大量生産・販売という考え方である。そこでは多くの消費者に最大公約数的に評価される商品に絞り大量生産・販売し，規模の経済の原理で多くの利益を創出していこうと考えられた。しかし，市場の成熟化と消費者嗜好の多様化に伴って，昨今，その形式が多品種少量生産・販売へと変化した。少品種大量生産・販売型のビジネスモデルで利益を創出することが困難になってきているのである。この変化は小売店頭への新商品導入数の増加やそれに伴う商品改廃の激化といった現象で確認できる。また，この小売業のビジネスモデルの変化は，その現象を支配する論理が供給者サイドの論理から需要サイドの論理へ変化していることをも意味し，消費者や顧客のニーズを的確にとらえることの必要性の高まりを示唆する。

　別の環境変化として，小売業の主たるプロモーション手段（値引き，エンド陳列，新聞折込チラシなど）が効果的でなくなりつつある。これは，昨今の過剰店舗供給（オーバーストア）によって小商圏化が進み，消費者の物理的店舗移動が容易になったため生じた。ある特定の狭い地域での競争が激化しているのである。地域的にみても，よりきめ細かいマーケティング活動が求められる状況なのである。

　現在マーケティング分野では，Customer Relationship Management（CRM）や One to One マーケティングとよばれる活動が，その有効性から注目を浴びている。それらの活動は，顧客一人ひとりの好みや価値観，状況の違いを把

握・認識し，それぞれのニーズに合わせて異なったアプローチを行おうというマーケティングコンセプトに基づいている．従来のマスマーケティングが顧客をマス（集合体，群れ）ととらえ，それを属性や傾向などの共通項から絞り込み"顧客ターゲット"を設定するというアプローチなのに対し，One to One マーケティングは顧客を個としてとらえ，顧客起点の個別アプローチを行う．マスマーケティングが新規顧客を獲得することをおもなねらいとするのに対し，One to One マーケティングは既存顧客との双方向で継続的な関係維持を重視したものである．

多くの小売業でも，CRM を実現する手段として Frequent Shoppers Program（FSP）とよばれる活動が実施されている．通常，小売業における FSP 実施の目的は顧客の囲い込みである．FSP を実施し，顧客に買上金額に応じてポイントというインセンティブを与えることで，顧客の他店への離反を防ごうとしている．現在，数多くの小売業がこの FSP を実施している．表 9.1 には，日本の代表的小売業の FSP 実施状況の概要を示した．そこに示すように，FSP 実施企業の多くでは買上金額に応じてポイントを付与している（多くの場合，200 円 1pt あるいは 100 円 1pt 程度）．ポイントによる顧客へのインセンティブの提供は，顧客の全購買金額に対して一定率のポイントを付与することになるため，還元されると小売業にとっては当然ある種のコスト増になる．小売業の平均的な営業利益率は 2〜3％程度であり，この営業利益から FSP の経費分が減少することを考え，前述のように数多くの小売業が FSP を実施している状況を鑑みた場合，実際に FSP 実施により顧客の囲い込みが実現できる可能性は低下し，利益の観点からも企業行動として合理的でなくなるリスクを有している．それらの状況をふまえ，小売業の FSP 実施の効果を高めるためには，その副産物として獲得できる顧客購買履歴データを高度に活用し，その活動上有用な高次情報を抽出することが必要不可欠である．

小売業では通常 2 種類のデータが自動的に蓄積されている．その 1 つめは POS データとよばれるものであり，「いつ」「何を」「いくらで」「何個」販売したかが記録されている．POS データに関してはほぼ 100％の小売業でそのデータを取得できる．現在でも小売業のさまざまな意思決定にはこの POS データを用いることが多い．しかし，FSP 実施小売業の増加に伴い，POS データ

表 9.1 代表的小売業の FSP 実施状況

企業名	現金ポイントカードの有無	付与レート	還元レート	自社クレジットカード決済
イオン㈱	有	200 円 1pt	100pt ごとに 100 円として利用可能	有
㈱イトーヨーカ堂	有	100 円 1pt	1pt1 円で利用可能	有
㈱ダイエー	有	200 円 1pt	500pt ごとに 500 円分の商品券と交換可能	有
㈱西友	無	—	—	有
㈱ライフコーポレーション	有	100 円 1pt	500pt ごとに 500 円分の商品券と交換可能	無
㈱マルエツ	無	—	—	有
㈱東急ストア	有	200 円 1pt	1pt1 円で利用可能	無
サミット㈱	有	100 円 1pt	1pt1 円で利用可能	無
㈱カスミ	有	200 円 1pt	1000pt 以上で、商品券または商品と交換可能	無
㈱ヤオコー	無	—	—	無
㈱いなげや	有	200 円 1pt	500pt ごとに 500 円分の商品券と交換可能	有
オーケー㈱	無	—	—	無
㈱ピーコックストア	有	210 円 1pt	1pt1 円で利用可能	無
㈱関西スーパーマーケット	無	—	—	有
㈱とりせん	無	—	—	無
㈱アオキスーパー	有	200 円 1pt	500pt ごとに 500 円分の商品券と交換可能	無
㈱オギノ	有	210 円 1pt	250pt で 1 グリーンスタンプと交換可能．グリーンスタンプ 3 枚で 1000 円分の商品券として利用可能	無
㈱オオゼキ	有	100 円 1pt	1pt1 円で利用可能	無

よりも情報量の大きいデータの蓄積が進んできている．2 つめは ID 付き POS データである．これには，「誰が」「いつ」「何を」「いくらで」「何個」購買したかという情報が含まれる．ただし，このデータの活用はまだまだ進んでいないのが実情である．効果的なマイクロマーケティングを実現するためには，そ

れらデータから有用な情報を抽出できるかどうかが，マーケティングの成否を決める大きな要因である．とくに，前述したように顧客との関係性を築き，マイクロなレベルでのマーケティング活動を高度化しようとした場合，ID付きPOSデータの高度活用が必要不可欠である．個人の行動データに内在するメカニズムを，統計モデルによって明らかにしていくのである．

9.2 研究の概要

　小売業の個別対応型のマーケティング活動を高度化するために，ID付きPOSデータを用いて情報抽出を試みた事例を紹介する．具体的に対象にするマーケティングの現象は，消費者一人ひとりの来店生起行動とカテゴリ購買生起行動である．消費者のカテゴリ購買生起行動には，家庭内の在庫量や消費量，値引きやエンド陳列等のセールスプロモーションが影響することが知られている [9.1]．とくに家庭内在庫量や消費量に関しては，世帯ごとの食事や生活習慣により，大きく異なる行動をとることが想定されるため，それらがカテゴリ購買生起にどのような影響をもたらすかを解明することはマーケティング上，非常に重要である．ただし，家庭内在庫量や消費量は通常ID付きPOSデータやスキャンパネルデータなどでは直接的に観測されないため，それらデータから世帯ごとの家庭内在庫状況がカテゴリ購買生起行動にどのように影響するかの解明には統計モデルの助けが必要となる．文献 [9.2] には，家庭内での消費量が家庭内在庫量のレベルによって変動することが示されている．そこでは，消費量と家庭内在庫量の相互依存性の理由として，2つのことが示されている．1つは，在庫を家庭内に多く保持することによる心理的な消費圧力である．もう1つは，多くの家庭内在庫量を保持することにより，高価格での置換えリスクを回避でき，そのため，ある程度柔軟に消費量を変動させるというものである．文献 [9.3] には，プロモーションの結果として生じた生鮮食品，スナック菓子および冷蔵を必要とする食品等の家庭内在庫量の増加は，結果的に速いスピードで消費されるといったことが示されている．

　一方，マーケティングサイエンスの文脈で研究されているカテゴリ購買生起モデルの多くでは，家庭内在庫量や消費量がその説明変数として取り込まれている．しかし，それらでは基本的に，在庫レベルとは無関係に世帯ごとの消費

量は一定であると仮定しモデル化がされている [9.4]。すなわち，これらの研究では消費者行動研究の文脈でなされた消費量と家庭内在庫量の相互依存性の仮定は考慮されていない。

本章では消費者の来店の有無とカテゴリ購買生起行動を動的かつ個人単位で解析するためのモデルの紹介と解析事例を説明する。モデル化は観測時系列が離散データになるため，一般状態空間モデルの枠組みで行い，そのモデルの推定は粒子フィルタ／平滑化のアルゴリズムで行う。ここで用いるような非線形・非ガウス型の状態空間モデルを推定するためには，文献 [9.5] で提案されている非ガウス型フィルタが活用できる。ただし，当該アプローチはその状態推定において数値積分を用いるため，状態の次元が高い場合（5次元以上）には活用することが実際上できない。後述するモデルでは，非ガウス型フィルタで推定できる状態の次元を超えているため，その推定に粒子フィルタのアルゴリズムを用いる。粒子フィルタの詳細は文献 [9.6]〜[9.9] 等を参照のこと。

本章は以下，次のような構成である。9.3節は提案するモデルを示す。9.4節は提案モデルの推定のアルゴリズムを簡単に示す。さらに9.5節は解析結果の概略を示す。最後に9.6節は簡単なまとめを示す。

9.3 動的個人モデル[1]

ここで紹介するアプローチは，マーケティング分野で個人の異質性をとらえるために通常用いられる階層ベイズモデルとは異なっている。図9.1には，動的個人モデルと階層ベイズモデルを用いた知識発見の枠組みの違いを模式的に示した。階層ベイズモデル（図9.1左側）では消費者の異質性をとらえるために，事前分布によりその構造を記述する。そこでは階層化に用いた変数の組み合わせで，異質的なパラメータの生成メカニズムを表現する。一方，本紹介モデル（図9.1右側）では個人ごとにモデルの推定を行う。階層ベイズモデルとの対比で考えると，提案モデルの状態推定結果が階層ベイズモデルでいうところの個人ごとのパラメータに対応する。消費者の異質性のみを取り扱うのであれば，階層ベイズモデルは非常に有用である。しかしながら，消費者の異質性

---

1) 以降で紹介する解析事例は，文献 [9.10] をもとに取りまとめている。本研究に関するより詳細な内容は原論文を参照のこと。

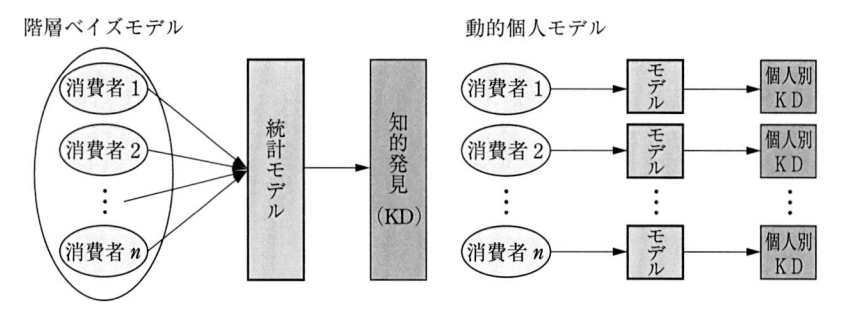

図9.1　階層ベイズモデルと提案モデルの枠組みの違い

にくわえ，その動的変化まで同時にとらえようとすると，階層ベイズモデルではその推定にかなりの困難が予想される。そこで，それらの問題を緩和し，消費者の異質性と時変パラメータの同時推定を実現するために，動的個人の来店・購買生起モデルを用いる。ただし，本提案の枠組みが用いられるのは，各個人から得られるデータが十分にある際に限定される。各個人に関するデータが少ないケースやアンバランスなケースにおいては，提案の枠組みとの比較で階層ベイズモデルが有用である［9.11］。いずれにしても前述したID付きPOSデータのような大規模なデータをCRM的観点で有効に活用するためには，紹介するモデルや階層ベイズモデルなどをツールとして柔軟に用いることが求められる。

　消費者個々人の来店の有無とカテゴリ購買生起を動的観点から同時にモデル化する。統計的には，離散時系列（2値）のモデル化を行うことになる。紹介するモデルは前述のように一般状態空間モデルの枠組みでモデル化し，その推定は粒子フィルタ／平滑化のアルゴリズムで行う。同様の枠組みで離散時系列のモデル化を試みたものとしては文献［9.12］［9.13］がある。

9.3.1　全体モデル

　第n日に消費者iが来店するかどうかを$y_{1,n}^i$（来店；$y_{1,n}^i=1$，非来店；$y_{1,n}^i=0$），あるカテゴリを購買するかどうかを$y_{2,n}^i$（購買；$y_{2,n}^i=1$，非購買；$y_{2,n}^i=0$）とし，それぞれベルヌーイ過程に従うと仮定し，次のようにモデル化する。

$$P\left(y_{1,n}^i, y_{2,n}^i\right) = P\left(y_{2,n}^i \mid y_{1,n}^i\right) P\left(y_{1,n}^i\right)$$

$$= \left(p_{2,n}^i\right)^{y_{2,n}^i} \left(1 - p_{2,n}^i\right)^{1 - y_{2,n}^i} \left(p_{1,n}^i\right)^{y_{1,n}^i} \left(1 - p_{1,n}^i\right)^{1 - y_{1,n}^i} \quad (9.1)$$

式 (9.1) 中, $p_{1,n}^i$, $p_{2,n}^i$ は消費者 i の第 n 日における来店確率およびカテゴリ購買生起確率をそれぞれ示す. 式 (9.1) に示すモデルが一般状態空間モデルにおける観測モデルになる. 以降にそれらの詳細なモデル化を示す. なお, 表9.2 にはモデル化で用いる変数をまとめた.

なお, 表9.2 の基準化は各変数の最大値, 最小値を用いた変数変換を意味し, 次の式によって行う. 式中, 0.001 は対数変換を可能にするために便宜上用いた値であり, 意味はない. また, $\hat{x}_{n,j}^i$ は $x_{n,j}^i$ の変換前の原データを示す.

$$\hat{x}_{n,j}^i = \log\left(0.001 + \frac{\left(x_{n,j}^{\hat{i}} - \min_n\left(x_{n,j}^{\hat{i}}\right)\right)}{\left(\max_n\left(x_{n,j}^{\hat{i}}\right) - \min_n\left(x_{n,j}^{\hat{i}}\right)\right)} (0.999 - 0.001)\right)$$

$j = 1, 2, 3, 5, 6, 7$

チラシは1回の配布で以降数日間の特売情報が提示されることが多い. そのため, チラシ配布日でなくてもチラシプロモーションの実施が存在する. ただし, 配布日でもなく, しかも日付指定のチラシ特売もなされていない日時の当該情報は 0（実際は, log(0.001)）とし, データを用いている. また, $x_{n,1}^i$ と $x_{n,4}^i$ は部分的に情報が重なっているが, 前者は来店に与える短期の傾向的要素

表9.2 変数表

記号	変数	特性
$x_{n,1}^i$	前回来店からの日数（基準化後）の対数	消費者ごと
$x_{n,2}^i$	チラシ掲載商品の平均値引率（基準化後）の対数	全消費者共通
$x_{n,3}^i$	チラシ掲載商品数（基準化後）の対数	全消費者共通
$x_{n,4}^i$	昨日来店の有無	消費者ごと
$x_{n,5}^i$	平均消費量 / 1000	消費者ごと
$x_{n,6}^i$	前回購買からの日数（基準化後）の対数	消費者ごと
$x_{n,7}^i$	20%以上値引き商品数（基準化後）の対数	全消費者共通
$x_{n,8}^i$	カテゴリ平均価格掛け率の対数	全消費者共通
$x_{n,9}^i$	家庭内在庫量 / 1000	消費者ごと

を，後者は来店に与えるその他変数では説明できない短期のパルス的要素を吸収させることをねらいとして導入した．

9.3.2　来店の有無のモデル化（$p_{1,n}^i$）

消費者 i の第 n 日における来店確率，$p_{1,n}^i$ は次のようにロジットモデルで定式化する．

$$p_{1,n}^i = \frac{\exp(u_{1,n}^i)}{1+\exp(u_{1,n}^i)} \tag{9.2}$$

式（9.2）中，$u_{1,n}^i$ は消費者の来店効用を示すものとし，次のように定式化する．

$$\begin{aligned}u_{1,n}^i &= t_n^i + w_n^i + \beta_{n,1}^i x_{n,1}^i + \beta_{n,2}^i x_{n,2}^i + \beta_{n,3}^i x_{n,3}^i + \beta_{n,4}^i x_{n,4}^i \\ &\quad + \beta_{n,5}^i \ln\left(1+\exp(u_{2,n}^i)\right)\end{aligned} \tag{9.3}$$

式（9.3）中，t_n^i，w_n^i，$\beta_{n,j}^i$，$j=1, \cdots, 5$ は，消費者 i の第 n 日におけるトレンド，週周期，および回帰変数に関する時変パラメータをそれぞれ示す．ただし，消費者行動理論の知見に基づき [9.14]，チラシの係数 $\beta_{n,2}^i$，$\beta_{n,3}^i$ は $\log(\beta_{n,2}^i)$，$\log(\beta_{n,3}^i)$ と変数変換し推定を行う．また，右辺の最終項はカテゴリ購買生起から得られる個人 i に対する第 n 日のカテゴリの魅力度の影響を表現している．なお，来店の有無のモデル化に関しては文献 [9.12] と同一の枠組みでなされているため，その詳細は当該論文を参照のこと．

9.3.3　カテゴリ購買生起のモデル化（$p_{2,n}^i$）

消費者 i の第 n 日におけるカテゴリ購買生起確率，$p_{2,n}^i$ は次のようにロジットモデルで定式化する．

$$p_{2,n}^i = \frac{y_{1,n}^i \exp(u_{2,n}^i)}{1+\exp(u_{2,n}^i)} \tag{9.4}$$

式（9.4）中，$u_{2,n}^i$ は消費者のカテゴリ購買生起効用を示すものとし，次のように定式化する．

$$u_{2,n}^i = \gamma_{n,1}^i x_{n,5}^i + \gamma_{n,2}^i x_{n,6}^i + \gamma_{n,3}^i x_{n,7}^i + \gamma_{n,4}^i x_{n,8}^i + \gamma_{n,5}^i x_{n,9}^i + \mathrm{sar}_n^i \tag{9.5}$$

式（9.5）中，$\gamma_{n,j}^i$，$j=1,\ \cdots,\ 5$，sar_n^i は，消費者 i の第 n 日における回帰変数に関する時変パラメータと比較的短期の循環変動を示す定常 AR 成分である。なお，本章の枠組みではデータの制約上，来店しない場合は対象カテゴリの購買は発生しないと仮定しモデル化している。そのため，複数店舗を買い回る行動には対応できていない。本モデルの限界に関連することなので注記しておく。

9.3.4 家庭内在庫量および消費量

先行研究 [9.4]，[9.15]〜[9.17] に従って，第 n 日の個人 i に対する家庭内在庫量，INV_n^i，を次のように定義する。

$$\mathrm{INV}_n^i \equiv \mathrm{INV}_{n-1}^i + \mathrm{PurQty}_{n-1}^i - \mathrm{Consumpt}_{n-1}^i \tag{9.6}$$

式（9.6）中，PurQty_n^i，$\mathrm{Consumpt}_n^i$ は第 n 日の個人 i の購買量（ミリリットル）および消費量（ミリリットル）をそれぞれ示す。個人ごとの家庭内在庫量の初期値は，推定に用いるデータ期間から除外した期間のデータ（ホールドアウトデータ）を用いて算定する。具体的にはホールドアウト期間の個人 i の平均消費量，C^i（ホールドアウト期間合計の購買量（ミリリットル）を日数で除す）と平均購入間隔日数をかけ合せた値を用いる。なお，9.3.3項に示したカテゴリ生起モデルで用いた家庭内在庫量変数 $x_{n,9}^i$ は，$\mathrm{INV}_n^i/1000$（リットル）で求める。

家庭内消費量に関しても，いくつかのモデルが提案されている。ホールドアウトサンプルの平均消費量 C^i を消費すると仮定するもの（たとえば文献 [9.4]），またスプライン関数を用いて，購入してからある時点までは平均消費量よりも多くを消費し，その後の期間では前述の C^i を消費すると仮定するもの，および本研究で用いる消費量のベースとなっている，家庭内在庫量のレベルに応じて消費量が連続的に変動するもの [9.18][2]) 等がある。本研究では式（9.7）で定義される関数を消費量として採用する。

$$\text{Consumpt}_n^i = \text{INV}_n^i \left(\frac{(C^i)^{b^i}}{(C^i)^{b^i} + (\text{INV}_n^i)^{fp^i}} \right) \tag{9.7}$$

式 (9.7) 中, b^i はホールドアウト期間で算定される C^i が以降の推定に強く影響してしまう可能性が高いため, それを軽減することを目的として導入したパラメータで, 文献 [9.18] では考慮されていない。また fp^i は消費量に与える家庭内在庫量の影響度を示すパラメータである。いずれのパラメータも最尤法で決定する。

9.3.5 時変パラメータ

時変パラメータの定式化を行う。9.3.1 ～ 9.3.4 項に示したモデルに含まれる t_n^i, w_n^i, $\beta_{n,j}^i$, $\gamma_{n,j}^i$, $j=1, \cdots, 5$, sar_n^i は時間とともに変動するパラメータになる。モデルには, たとえば t_n^i だけでも時点数のパラメータが含まれ, 全体では非常に多くのパラメータを推定しなければならない。そのため, 最尤法など通常の推定法ではこれらパラメータを推定することはできない。本研究では, パラメータに平滑化事前分布とよばれるモデルを仮定する。この平滑化事前分布は, 多数の時変パラメータの推定を可能にするために, パラメータに課した事前制約である [9.19]。

本研究では前述のようにパラメータに事前分布を仮定したモデリングを行う。その意味で提案モデルはベイズモデルの一種である。ただし, 階層ベイズモデルとはその超パラメータ（本研究ではシステムノイズの分散）の推定法に違いがある。階層ベイズモデルでは超パラメータもベイズ推定する（フルベイズ法）が, 本提案モデルの超パラメータは最尤法で決定する（経験ベイズ法）。重要な点なので注記しておく。

(1) t_n^i, $\beta_{n,j}^i$, $\gamma_{n,j}^i$

来店のトレンド, t_n^i, および時変係数 $\beta_{n,j}^i$, $\gamma_{n,j}^i$, $j=1, \cdots, 5$ は, 次に示すランダムウォークモデルによりそれぞれ定式化する。

---

2) 文献 [9.18] では, 消費量に関して 2 つのモデル化がなされている。そこでは, 後者の連続的に変化するモデル化が適当と判断されている。

$$t_n^i = t_{n-1}^i + v_{n, t_n^i} \tag{9.8}$$

$$\beta_{n, j}^i = \beta_{n-1, j}^i + v_{n, \beta_{n, j}^i}, \ j = 1, 4 \tag{9.9}$$

$$\log\left(\beta_{n, j}^i\right) = \log\left(\beta_{n-1, j}^i\right) + v_{n, \beta_{n, j}^i}, \ j = 2, 3 \tag{9.10}$$

$$\log\left(\frac{\beta_{n, j}^i}{1 - \beta_{n, j}^i}\right) = \log\left(\frac{\beta_{n-1, j}^i}{1 - \beta_{n-1, j}^i}\right) + v_{n, \beta_{n, j}^i}, \ j = 5 \tag{9.11}$$

$$\gamma_{n, j}^i = \gamma_{n-1, j}^i + v_{n, \gamma_{n, j}^i}, \ j = 1, \cdots, 5. \tag{9.12}$$

式 (9.8)〜(9.12) 中, v_{n, t_n^i}, $v_{n, \beta_{n, j}^i}$, $v_{n, \gamma_{n, j}^i}$ $j = 1, \cdots, 5$ はパラメータの時間変化を達成するために導入した確率項であり, ここではそれぞれ, $N(0, \tau_{t_n^i})$, $N(0, \tau_{\beta_{n, j}^i})$, $N(0, \tau_{\gamma_{n, j}^i})$, $j = 1, \cdots, 5$ に従うものと仮定する. この確率項はシステムノイズとよばれる. なお, 式 (9.11) の定式化は $0 \leq \beta_{n, 5}^i \leq 1$ に制約するために行った変換である. この制約は消費者の効用最大化行動を担保するために行った [9.20].

(2) w_n^i

時間的変化を許容した週周期成分の確率モデルは, 次のように定式化する.

$$\sum_{k=0}^{6} w_{n-k}^i = v_{n, w_n^i} \tag{9.13}$$

式 (9.13) 中, v_{n, w_n^i} は $N(0, \tau_{w_n^i})$ に従うものと仮定する.

(3) sar_n^i

循環変動などの短期の変動成分を示す定常 AR 成分に関しては, 次のように自己回帰モデルに従うと仮定する.

$$\mathrm{sar}_n^i = \sum_{j=1}^{2} a_j \mathrm{sar}_{n-1}^i + v_{n, \mathrm{sar}_n^i} \tag{9.14}$$

式 (9.14) 中, v_{n, sar_n^i} は $N(0, \tau_{\mathrm{sar}_n^i})$ に従うものと仮定する. a_1, a_2 は最尤法で決定する.

本成分の次数（本稿では 2 次）はモデル推定を行ったうえで AIC などの情

報量規準を用いて決定すべきであるが，ここでは推定モデル数の緩和を目的に文献［9.21］を参考に，次数を2次のみに限定して推定を行った．

9.3.6 状態空間モデル表現

一般状態空間モデル[3]は，観測モデルおよびシステムモデルの2つのモデルで定式化する．提案モデルは，次に示すように状態空間モデル表現できる．

$$P(y_{1,n}^i, y_{2,n}^i) = (p_{2,n}^i)^{y_{2,n}^i} (1-p_{2,n}^i)^{1-y_{2,n}^i} (p_{1,n}^i)^{y_{1,n}^i} (1-p_{1,n}^i)^{1-y_{1,n}^i}$$

観測モデル　　(9.15)

$$Z_n^i = F Z_{n-1}^i + G v_n^i \quad \text{システムモデル} \tag{9.16}$$

ただし，式（9.16）中，Z_n^i および v_n^i は，状態ベクトルおよびシステムノイズベクトルを示し，それぞれ $Z_n^i = \left(t_n^i, w_n^i, \cdots, w_{n-5}^i, \beta_{n,1}^i, \log(\beta_{n,2}^i), \log(\beta_{n,3}^i), \beta_{n,4}^i, \log(\beta_{n,5}^i/(1-\beta_{n,5}^i)), \gamma_{n,1}^i \cdots, \gamma_{n,5}^i, \mathrm{sar}_n^i, \mathrm{sar}_{n-1}^i \right)^t$, $v_n^i = \left(v_{n,t_n^i}^i, v_{n,w_n^i}^i, v_{n,\beta_{n,1}^i}^i, \cdots, v_{n,\beta_{n,5}^i}^i, \right.$

$$F = \begin{bmatrix}
1 & 0 & 0 & 0 & 0 & 0 & 0 & 0 & 0 & 0 & 0 & 0 & 0 & 0 & 0 & 0 & 0 & 0 \\
0 & -1 & -1 & -1 & -1 & -1 & -1 & 0 & 0 & 0 & 0 & 0 & 0 & 0 & 0 & 0 & 0 & 0 \\
0 & 1 & 0 & 0 & 0 & 0 & 0 & 0 & 0 & 0 & 0 & 0 & 0 & 0 & 0 & 0 & 0 & 0 \\
0 & 0 & 1 & 0 & 0 & 0 & 0 & 0 & 0 & 0 & 0 & 0 & 0 & 0 & 0 & 0 & 0 & 0 \\
0 & 0 & 0 & 1 & 0 & 0 & 0 & 0 & 0 & 0 & 0 & 0 & 0 & 0 & 0 & 0 & 0 & 0 \\
0 & 0 & 0 & 0 & 1 & 0 & 0 & 0 & 0 & 0 & 0 & 0 & 0 & 0 & 0 & 0 & 0 & 0 \\
0 & 0 & 0 & 0 & 0 & 1 & 0 & 0 & 0 & 0 & 0 & 0 & 0 & 0 & 0 & 0 & 0 & 0 \\
0 & 0 & 0 & 0 & 0 & 0 & 0 & 1 & 0 & 0 & 0 & 0 & 0 & 0 & 0 & 0 & 0 & 0 \\
0 & 0 & 0 & 0 & 0 & 0 & 0 & 0 & 1 & 0 & 0 & 0 & 0 & 0 & 0 & 0 & 0 & 0 \\
0 & 0 & 0 & 0 & 0 & 0 & 0 & 0 & 0 & 1 & 0 & 0 & 0 & 0 & 0 & 0 & 0 & 0 \\
0 & 0 & 0 & 0 & 0 & 0 & 0 & 0 & 0 & 0 & 1 & 0 & 0 & 0 & 0 & 0 & 0 & 0 \\
0 & 0 & 0 & 0 & 0 & 0 & 0 & 0 & 0 & 0 & 0 & 1 & 0 & 0 & 0 & 0 & 0 & 0 \\
0 & 0 & 0 & 0 & 0 & 0 & 0 & 0 & 0 & 0 & 0 & 0 & 1 & 0 & 0 & 0 & 0 & 0 \\
0 & 0 & 0 & 0 & 0 & 0 & 0 & 0 & 0 & 0 & 0 & 0 & 0 & 1 & 0 & 0 & 0 & 0 \\
0 & 0 & 0 & 0 & 0 & 0 & 0 & 0 & 0 & 0 & 0 & 0 & 0 & 0 & 1 & 0 & 0 & 0 \\
0 & 0 & 0 & 0 & 0 & 0 & 0 & 0 & 0 & 0 & 0 & 0 & 0 & 0 & 0 & 1 & 0 & 0 \\
0 & 0 & 0 & 0 & 0 & 0 & 0 & 0 & 0 & 0 & 0 & 0 & 0 & 0 & 0 & 0 & a_1 & a_2 \\
0 & 0 & 0 & 0 & 0 & 0 & 0 & 0 & 0 & 0 & 0 & 0 & 0 & 0 & 0 & 0 & 1 & 0
\end{bmatrix}$$

$$G = \begin{pmatrix} 1 & 0 & 0 & 0 & 0 & 0 & 0 & 0 & 0 & 0 & 0 & 0 & 0 \\ 0 & 1 & 0 & 0 & 0 & 0 & 0 & 0 & 0 & 0 & 0 & 0 & 0 \\ 0 & 0 & 0 & 0 & 0 & 0 & 0 & 0 & 0 & 0 & 0 & 0 & 0 \\ 0 & 0 & 0 & 0 & 0 & 0 & 0 & 0 & 0 & 0 & 0 & 0 & 0 \\ 0 & 0 & 0 & 0 & 0 & 0 & 0 & 0 & 0 & 0 & 0 & 0 & 0 \\ 0 & 0 & 0 & 0 & 0 & 0 & 0 & 0 & 0 & 0 & 0 & 0 & 0 \\ 0 & 0 & 0 & 0 & 0 & 0 & 0 & 0 & 0 & 0 & 0 & 0 & 0 \\ 0 & 0 & 1 & 0 & 0 & 0 & 0 & 0 & 0 & 0 & 0 & 0 & 0 \\ 0 & 0 & 0 & 1 & 0 & 0 & 0 & 0 & 0 & 0 & 0 & 0 & 0 \\ 0 & 0 & 0 & 0 & 1 & 0 & 0 & 0 & 0 & 0 & 0 & 0 & 0 \\ 0 & 0 & 0 & 0 & 0 & 1 & 0 & 0 & 0 & 0 & 0 & 0 & 0 \\ 0 & 0 & 0 & 0 & 0 & 0 & 1 & 0 & 0 & 0 & 0 & 0 & 0 \\ 0 & 0 & 0 & 0 & 0 & 0 & 0 & 1 & 0 & 0 & 0 & 0 & 0 \\ 0 & 0 & 0 & 0 & 0 & 0 & 0 & 0 & 1 & 0 & 0 & 0 & 0 \\ 0 & 0 & 0 & 0 & 0 & 0 & 0 & 0 & 0 & 1 & 0 & 0 & 0 \\ 0 & 0 & 0 & 0 & 0 & 0 & 0 & 0 & 0 & 0 & 1 & 0 & 0 \\ 0 & 0 & 0 & 0 & 0 & 0 & 0 & 0 & 0 & 0 & 0 & 1 & 0 \\ 0 & 0 & 0 & 0 & 0 & 0 & 0 & 0 & 0 & 0 & 0 & 0 & 0 \end{pmatrix}$$

$v^i_{n,\gamma^i_{n,1}}, \cdots, v^i_{n,\gamma^i_{n,5}}, v^i_{n,\mathrm{sar}^i_n}$ とする。また，F および G は次に示す固定の行列を示す。

さらには，$v^i_n \sim N(0, \Sigma)$, $\Sigma \sim \mathrm{diag}\left(\tau^i_{t_n}, \tau^i_{w_n}, \tau^i_{\beta^i_{n,1}}, \cdots, \tau^i_{\beta^i_{n,5}}, \tau^i_{\gamma^i_{n,1}}, \cdots, \tau^i_{\gamma^i_{n,5}}, \tau^i_{\mathrm{sar}}\right)$ とする。

9.4 推定のアルゴリズム

状態空間モデルにおける最も重要な問題は，状態ベクトル Z_n の推定である。パラメータ推定のための尤度計算，時系列の予測，欠測値の補間，非定常系列の分解など時系列解析の重要な問題がすべて状態推定の問題として統一的に取り扱うことができる。なお，ここでは説明をわかりやすくするために，個人を表す添え字 i は省略する。

状態推定の問題は条件つき分布 $p(Z_n|Y_t)$ を求める問題として定式化できる。ただし，$Y_t = \{y_1, \cdots, y_t\}$ は時刻 t までに得られた観測値の集合である。以下の3つの場合，すなわち $n > t$, $n = t$, $n < t$ に対応して状態ベクトル Z_n の条件つき

---

3) 一般状態空間モデルに関しては付録を参照のこと。

分布 $p(Z_n|Y_t)$ はそれぞれ予測，フィルタおよび平滑化の分布とよばれる．

通常，線形・ガウス型の状態空間モデルに対して，これら分布は正規分布になるので，その平均と分散共分散行列だけ求めればよく，カルマンフィルタや固定区間平滑化アルゴリズムで求めることができる．しかしながら，非ガウス型状態空間モデルの場合は条件つき分布 $p(Z_n|Y_t)$ が非ガウス型となるので平均と分散共分散行列だけでは，分布を特定することはできない．一般的な分布を自由に取り扱うためには何らかの形で数値的な表現を用いたフィルタや平滑化のアルゴリズムが必要となる．代表的な例としては，時点ごとにひとつの正規分布で近似する拡張カルマンフィルタ [9.22]，少数のパラメータで表現される分布とその共役事前分布を用いる動的一般線形モデル [9.23]，一般の分布を階段関数や折れ線などで近似する非ガウス型フィルタおよび平滑化 [9.5] などがある．ここで用いる粒子フィルタは前述のアプローチとは異なり，分布を多数の実現値を用いて表現する [9.6] [9.9]．

粒子フィルタでは予測，フィルタ，平滑化の分布を m 個（たとえば，1,000 から 10,000 個程度）の粒子を用いて以下のように近似する．なお，N は総サンプル数を示す．

$$\{p_n^{(1)}, \cdots, p_n^{(m)}\} \sim p(Z_n|Y_{n-1}) \quad 予測分布$$

$$\{f_n^{(1)}, \cdots, f_n^{(m)}\} \sim p(Z_n|Y_n) \quad フィルタ分布$$

$$\{s_{n|N}^{(1)}, \cdots, s_{n|N}^{(m)}\} \sim p(Z_n|Y_n) \quad 平滑化分布$$

$$\{v_n^{(1)}, \cdots, v_n^{(m)}\} \sim p(v_n) \quad システムノイズの分布$$

これは，それぞれの分布関数を粒子から得られる経験分布によって近似することに相当する．粒子フィルタによれば予測分布に従う粒子 $\{p_n^{(1)}, \cdots, p_n^{(m)}\}$ は一期前のフィルタの実現値 $\{f_{n-1}^{(1)}, \cdots, f_n^{(m)}\}$ から生成でき，フィルタの実現値 $\{f_n^{(1)}, \cdots, f_n^{(m)}\}$ は予測分布の実現値 $\{p_n^{(1)}, \cdots, p_n^{(m)}\}$ のリサンプリングで生成できる．また平滑化は，前述の粒子フィルタのアルゴリズムを過去の粒子を保存する形に修正することにより実現できる．リサンプリングする際の重み $a_n^{(j)}$

は各粒子の一点尤度 $p(y_n|Y_{n-1})$ を用いる．実際には，このサイクルをデータ数回繰り返し，全体尤度を構成し，その全体尤度を最大にする超パラメータを推定する．そのため，この超パラメータの推定まで行うと，実際には非常に数多くの繰り返し計算が必要とされる．この周辺に関するより詳細な議論は，文献 [9.6]〜[9.9] 等を参照のこと．

9.5 解析結果

ここでは，9.3 節で提案したモデルを ID 付き POS データへ適用することによって，提案モデルの有用性検証を行う．具体的には，対象とするパネルごとにモデルの推定を行い，来店の有無およびカテゴリ生起を精度高く判別できるかどうかにより，モデルの良さを評価する．さらには，時変係数，家庭内在庫量や消費量の推定結果を用いて，One to One マーケティング高度化のための知見についても議論する．

9.5.1 データ

関東地方にあるスーパーマーケットの 49 人分の ID 付き POS データを用いて検証した．分析対象サンプルは，期間中に 60 回以上牛乳を購買した消費者 494 人からランダムサンプリングにより 49 人選択した．データ期間は個人ごとに 2000 年 1 月 2 日から 2003 年 9 月 5 日までの，1,343 日分の来店の有無と

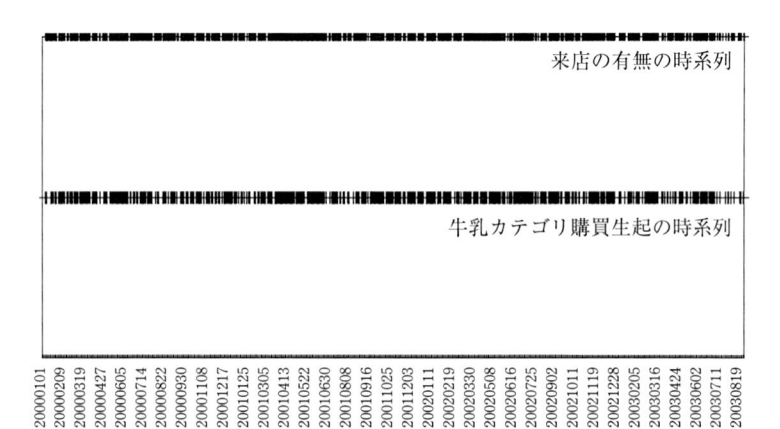

図 9.2 来店時系列および牛乳カテゴリ購買時系列（個人）

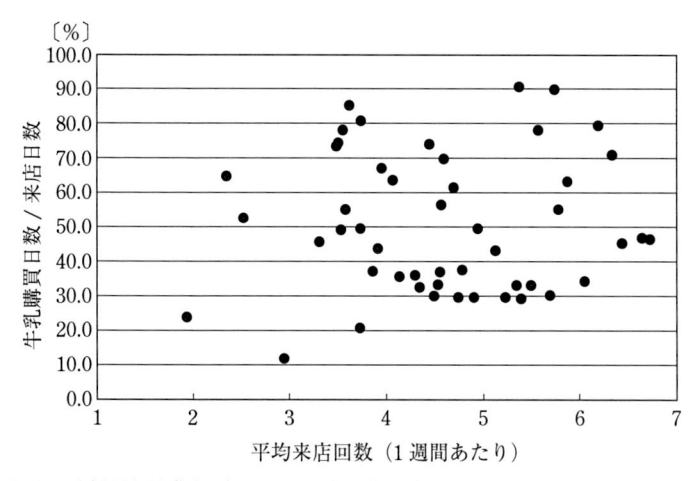

図9.3 分析対象消費者（1週間あたり平均来店回数×牛乳購買日数／来店日数）

牛乳カテゴリの購買の有無のデータを使用する。また，以降のモデル化で用いる変数は表9.2を参照のこと。図9.2は，対象としたある消費者を抽出して，来店および牛乳カテゴリ購買の時系列を示している。本研究の枠組みでは，図示された2系列を用い，個人ごとにモデルの推定を行う。なお，図9.3は分析対象とした49人の1週間あたりの平均来店回数（日数）と，来店日数に占める牛乳購買日数の比率を示している。比較的ばらつきが大きい状況がわかる。

9.5.2 誤判別の検証

ここでは個人ごとモデルの判別力の検証結果を示す。個人ごとの来店の有無およびカテゴリ購買生起の有無の判別は，モデルの現況再現性を確認する意味合いで文献［9.12］と同様にフィルタ推定値を用い，来店確率，カテゴリ購買生起確率を算定し式（9.17）により行った。次にこの判別結果を用い，式（9.18）で実績値と推定値の誤判別率を算定し，提案モデルの判別の良さを検証した。

$$y^i_{1,n,e} = \begin{cases} 1, & if \quad p^i_{1,n,f} \geq 0.5 \\ 0, & if \quad p^i_{1,n,f} < 0.5 \end{cases} \quad y^i_{2,n,e} = \begin{cases} 1, & if \quad p^i_{2,n,f} \geq 0.5 \\ 0, & if \quad p^i_{2,n,f} < 0.5 \end{cases} \quad (9.17)$$

ただし，$p^i_{1,n,f}$，$p^i_{2,n,f}$は個人iの第n日における来店確率，カテゴリ購買生

起確率のフィルタ推定値をそれぞれ示す。また，$y^i_{1,n,e}$，$y^i_{2,n,e}$ は来店の有無，カテゴリ購買生起の有無の推定値を示す。

$$RC^i = \frac{\sum_{i=1}^{N} I(\cdot)}{N_k} \tag{9.18}$$

式 (9.18) 中 N_k は，来店の有無の判別においては非来店日数，来店日数，総サンプル数を，またカテゴリ生起の判別においては非購買日数，購買日数，総来店日数を用いる。また，$I(\cdot)$ は次に示す定義関数であり，来店の有無の判別，カテゴリ購買生起の判別それぞれで次のように定義する。

$$\begin{aligned} I(\cdot) &= \begin{cases} 0, if & y^i_{1,n} = y^i_{1,n,e} \\ 1, if & y^i_{1,n} \neq y^i_{1,n,e} \end{cases} \text{来店の有無の判別} \\ I(\cdot) &= \begin{cases} 0, if & y^i_{2,n} = y^i_{2,n,e} \\ 1, if & y^i_{2,n} \neq y^i_{2,n,e} \end{cases} \text{カテゴリ購買生起の判別} \end{aligned} \tag{9.19}$$

図 9.4 には非来店，来店，全体の 3 つのカテゴリにおける誤判別率の分布状況を示している。同様に，図 9.5 には非購買，購買，全体の 3 つのカテゴリにおける誤判別率の分布状況を示している。来店，購買に関する 3 つのカテゴリ

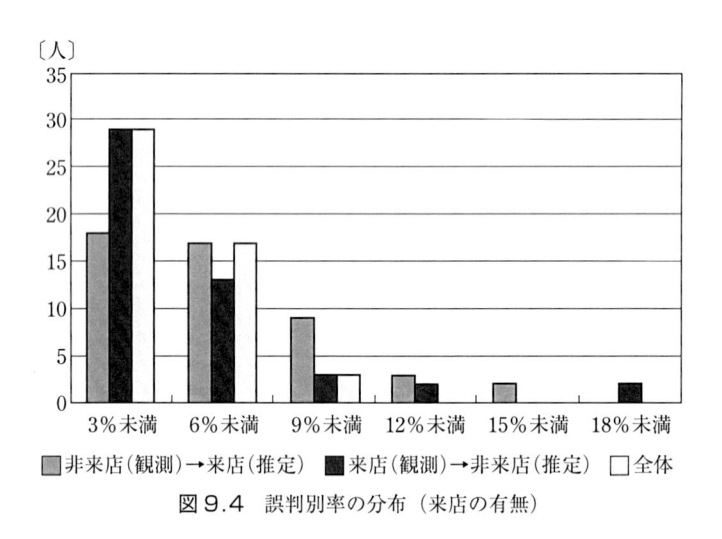

図 9.4 誤判別率の分布（来店の有無）

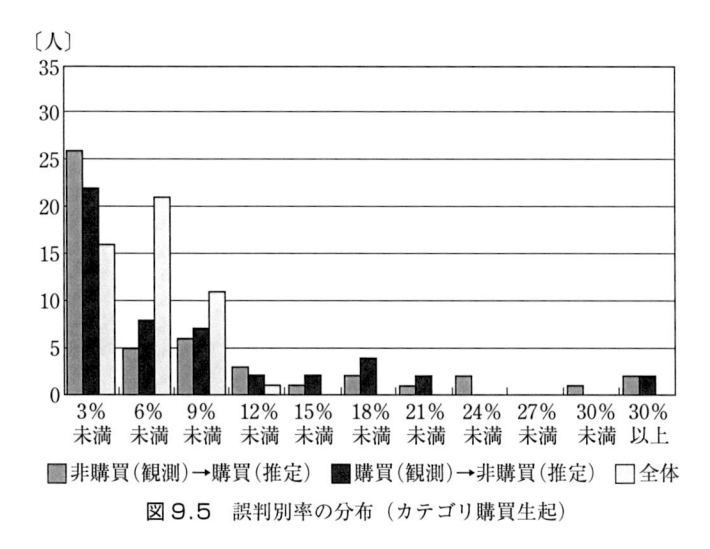

図 9.5 誤判別率の分布（カテゴリ購買生起）

いずれにおいても，誤判別率が低いほうに集中する傾向にある．来店の判別における 3 つのカテゴリ非来店，来店，全体の平均誤判別率は，4.4%，3.5%，3.0% である．同様に，購買の判別における 3 つのカテゴリ非購買，購買，全体の平均誤判別率は，6.9%，6.8%，4.3% である．的確に判別できていることがわかる．

9.5.3 個人レベルの解析

モデル推定結果を用いて，個人レベルでの知見獲得を試みた事例について示す．9.2 節で言及したように，マーケティング分野では「個」に注目した活動がその有効性から脚光を浴びている．当然それらを実現するためには個に特化した情報が必要とされる．ここで対象としているような，小売店頭のマーケティングでは，その高度化のために，来店の長期的な趨勢，チラシへの反応傾向，家庭内在庫量および消費量の推移，それらのカテゴリ購買生起に与える影響などの個の情報が必要不可欠である．その意味でこの種の解析は非常に重要である．以下には，来店の有無とカテゴリ購買生起に分けて，推定結果より得られる知見と示唆について議論する．

(1) 来店の有無

図 9.6 には，個人ごとの推定結果から 4 人を抽出し，そのトレンド推定量

t_n^i（平滑化）の推移（時点ごとの平均）を示した．t_n^i は対象店舗へのロイヤルティの代理的な指標になる．顧客1はデータ期間後半で低下傾向，顧客2はデータ期間を通して比較的安定的に，顧客3はベースのレベルは低いもののデータ期間後半では若干上昇傾向，顧客4は顧客1と比較的似たような傾向である．

次に個人ごとのチラシの来店促進効果を検証する．通常この種の解析ではオッズ比を用いることが多い．オッズ比は，対象とする変数以外を固定した場合に，対象変数（ダミー変数）の違いでどの程度対象とする確率が変化をするかを示す指標として定義できる．しかしながら，本研究で用いているチラシに関する変数は連続変量であるため，通常のオッズ比は使用できない．そこで，通常のオッズ比を拡張し連続変量のオッズ比を用いる．その導出は直接的であるため割愛するが，説明変数間の差（$\Delta x_{n,2}^i$ および $\Delta x_{n,3}^i$）に従属し，$\exp(\beta_{n,2}^i \Delta x_{n,2}^i)$（チラシ掲載商品の平均値引き率の擬似オッズ比）および $\exp(\beta_{n,3}^i \Delta x_{n,3}^i)$（チラシ掲載商品数の擬似オッズ比）で算定される．

図9.7は，チラシ掲載商品の平均値引き率を10%高めたケース（$\Delta x_{n,2}^i \approx 0.1$）の擬似オッズ比の推移を，図9.8は，チラシ掲載商品数を10%高めたケース（$\Delta x_{n,3}^i \approx 0.1$）の擬似オッズ比の推移を，トレンドを図示した4人と同一

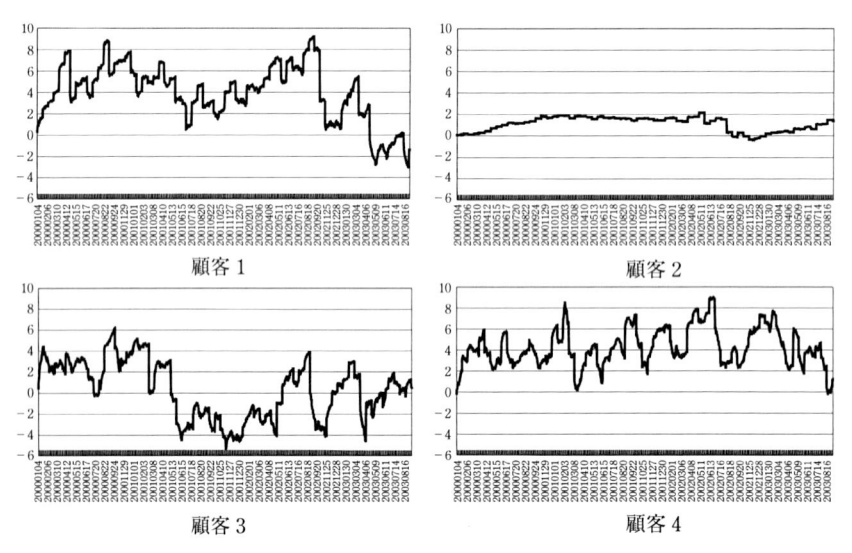

図9.6　個人ごとトレンド推定結果（平滑化）

の個人を対象に示している．チラシ掲載商品の平均値引率に関しては顧客 1，2 に関しては強く反応しているときはあるものの，基本的にチラシが来店に強く影響しているとはいえない．また，顧客 3 はその影響がデータ期間前半と中盤以降を比較すると大きく低下している．最後に顧客 4 はチラシ掲載商品の平均値引き率が抽出した 4 人の相対比較では，来店への効果が高いと判断できる．一方，チラシ掲載商品数に関しては，顧客 1，3，4 はデータ期間前半では来店

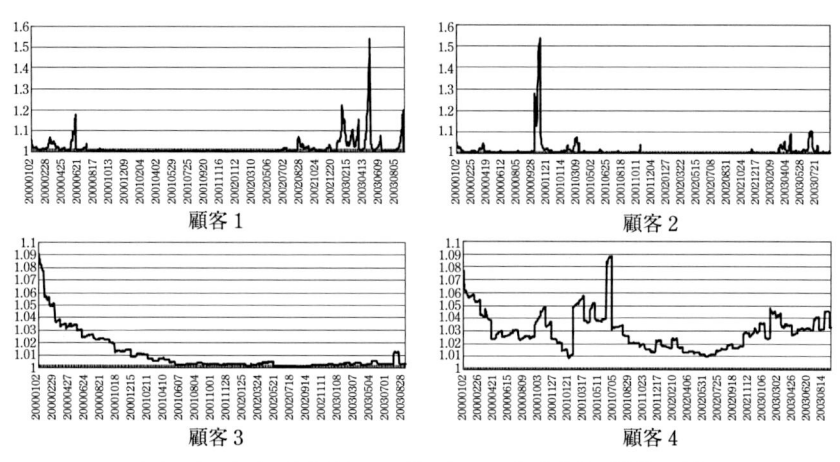

図 9.7 個人ごと擬似オッズ比（チラシ掲載商品平均値引率）

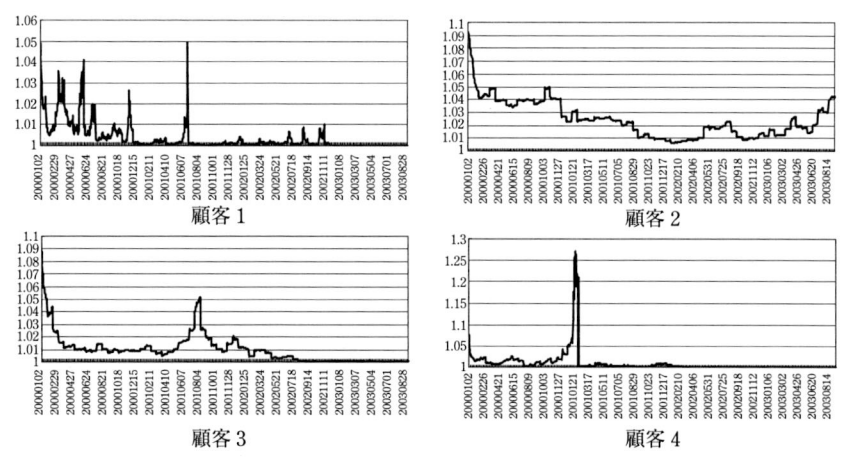

図 9.8 個人ごと擬似オッズ比（チラシ掲載商品数）

9.5 解析結果　159

に対して影響するときがあったが,後半ではほとんど影響していない。しかし,顧客2はデータ期間を通してチラシ掲載商品数が比較的来店に影響することがわかる。擬似オッズ比の推移で強く反応している日時は,基本的に $\beta_{n,2}^i$ または $\beta_{n,3}^i$ の推定結果が大きくなっているためにその変化が生じている。この解析を行うことで,通常集計レベルでしか行われていないチラシの効果に関して,より正確に評価できる。また,個人ごとに反応が高かったチラシの特定も行えるため,とくに小売業にとってこの種の情報は非常に有益である。

(2) カテゴリ購買生起

図9.9にカテゴリ購買生起モデル推定の結果得られる個人ごとの家庭内在庫量と消費量の推移を,前述の(1)と同一のパネルを対象にデータ期間後半200日を抽出し示したものである。消費量が家庭内在庫量の変動,レベルに伴って変化しているようすが示されている。個人ごとに確認してみると,顧客1と4は比較的システマティックに家庭内在庫量が変動し,消費量も同様の傾向である。一方,顧客2および3では,小さな循環変動を含み,顧客1および4に比べるとその変動幅が大きい傾向にある。この推定結果から推察できるように,世帯ごとに在庫行動,消費行動に違いがある。

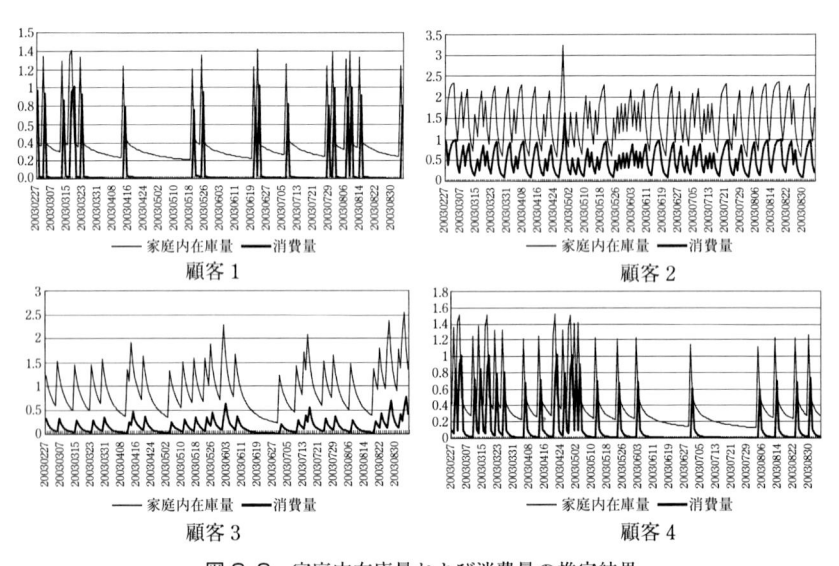

図9.9 家庭内在庫量および消費量の推定結果

次に家庭内在庫量がカテゴリ購買生起に対してどのように影響しているかの検証結果を示す．ただし，モデル推定の結果得られる家庭内在庫量の影響度を示す $\gamma_{n,5}^i$ は，あくまでも効用に対する影響度を示しているのみであり，カテゴリ購買生起に対する直接的な影響を示すものではない．そのため，本稿では家庭内在庫量弾力性を用いて検証する．家庭内在庫量弾力性 $\eta_{5,n}^i$ は，カテゴリ購買生起確率を家庭内在庫量で微分することで得られる．

$$\eta_{5,n}^i = \frac{dp_{2,n}^i}{d\mathrm{INV}_n^i} \cdot \frac{\mathrm{INV}_n^i}{p_{2,n}^i} = \frac{1}{1+\exp\left(u_{2,n}^i\right)} \cdot \gamma_{n,5}^i \cdot \mathrm{INV}_n^i \qquad (9.20)$$

図9.10には，式（9.20）により個人ごとに算定した家庭内在庫量弾力性の推移を示す．顧客ごとにその影響の程度，構造に違いがある．顧客1，4では，弾力性が正の場合，負の場合が混在している．一方，顧客2，3ではおおむね弾力性は負の値をとり，データ期間後半ほどその影響度が大きくなる傾向にある．これまで先行的になされてきている研究の多くでは，家庭内在庫量弾力性は負の値をとることが示されてきている．その意味では本推定結果はそれらの結果と合致していない．一方で，文献［9.24］には，家庭内在庫量弾力性が正の場合，負の場合どちらもとりえることが示されている．そこでは，"Inventory Pressure Effect"（家庭内に在庫をもっていなければ安心できないために生じ

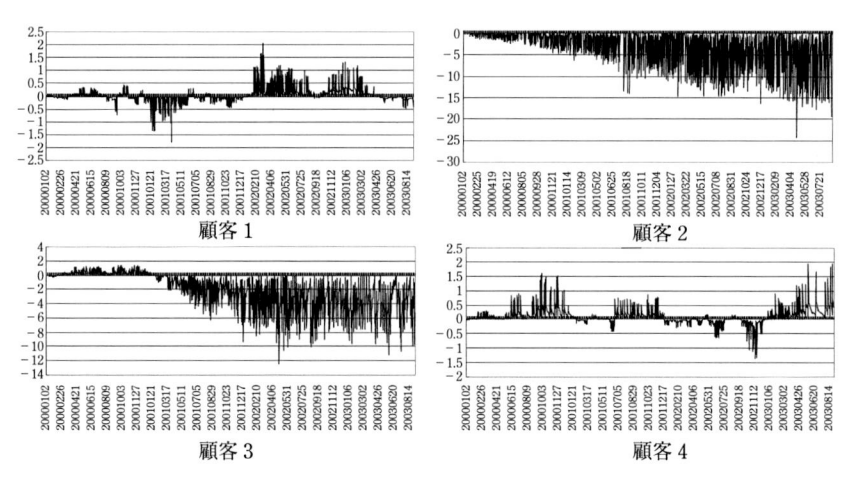

図9.10　個人ごと家庭内在庫量弾力性（平滑化推定量）

る効果）と"Slowing Down Effect"（家庭内に在庫を保持しているために購買しづらくなるために生じる効果）とよばれる効果が議論されている．そこでは前者の効果が強い場合はこの弾力性が正になり，一方，後者の影響が強い場合は弾力性が負になることが示されている．この議論を援用すると弾力性が正になっている結果も解釈できる．顧客1や顧客4は図9.9に示すように比較的システマティックに消費しており，その意味で在庫をきらすことができないという心理的圧力があるものと想定できる．その意味で"Inventory Pressure Effect"が強く働いて，弾力性が正になっている．また，顧客2や顧客3は前述したように，家庭内在庫量や消費量の推移にある種の波が存在している．これは冷蔵庫内にある程度在庫がある場合はそれを消費してから購買するといった傾向を示唆している．その意味で"Slowing Down Effect"が強く働き，弾力性が負になっていると推察できる．

　これらの情報は実務では次のような活用可能性がある．昨今，携帯メールを用いた販売促進活動を行う小売業が増えている．そこではすべての個人に同一の情報を提供しているケースが多い．しかしながら，そのアプローチではこれまで以上の販売促進効果をあげるのは難しい．個に特化し，情報をカスタマイズすることにより，その可能性は高まる．たとえば，家庭内在庫量弾力性を用いれば，前述したように家庭内在庫量に対する個人（世帯）の嗜好が推察できる．それと同時に推定されている家庭内在庫量の推計値を活用すれば，携帯メールという媒体を用いて効果的タイミングで，しかも，個人にとって有益な情報の提供が実現できる．結果的に，それらの活動を通して，小売業はこれまで実現することが難しかった，消費者との双方向のやり取りが実現できるのである．この活用は一例であるが，小売業は，本提案モデルを用いれば前述のようにその活動の高度化できる．

9.6　まとめ

　本研究では，CRM実現のために必要不可欠の個に関する情報抽出をねらい，消費者の来店行動およびカテゴリ購買生起行動を個人ごとにしかも動的に解析するための枠組みおよびモデルの紹介を行った．モデル化は一般状態空間モデルの枠組みで行い，その状態推定には粒子フィルタ／平滑化のアルゴリズムを

用いた．モデルは ID 付き POS データへ適用し，枠組みの有用性が示された．提案のモデルは，ここで対象とした現象以外のマーケティング現象へも容易に適用できる．以下にはまとめとして，紹介したような枠組みおよびそこから抽出される情報を実際のフィールドでどのように有効活用してもらうかといった視点を考察する．

大規模データから小売関連業界で有効な情報を抽出することは社会的な要請としてその機運は高まっているし，その有用性の理解は進んでいる．しかし，前述したような高度な活用はまったくなされていないといっても過言ではない．その要因としては，解析に用いられる手続きの表面上の難しさという側面は当然あるが，さらに重要な側面としては，小売マーケティングにおける実務家が求める情報のレベルとモデルから得られる情報のレベルのあいだに表面上大きな差があるように感じられてしまうという点になる．また，なぜそのような行動や反応が生起したのか？ というメカニズムに関して興味は低く，実際どうすればよいのか？ ということのみ関心をもつ実務家が多いということも理由のひとつである．実務家が求めるデータから得られる知識のレベルは，その実務家がもつ感覚よりも一歩以上前を行く新しい知識は受け入れられづらく，半歩前ぐらいが最も受容されやすいレベルの情報といわれる．彼らの判断はそれまでの経験や思いに基づいてなされるため，彼らにとってまったく新しい知識は受け入れづらいのである．このような実務家の感覚によって，複雑な統計モデルを用いた情報抽出は実務に役立たない，といった誤った理解がなされることが多い．さらには複雑な統計モデルを用いるアプローチ自体が批判の対象になったりすることもある．

統計モデルを活用した枠組みで得られる情報には，実務家にとって一歩前を行く非常に新しい知識も，半歩前を行くちょっと新しい知識も，常識である知識も含まれる．その意味でこれらのアプローチは非常な有用なものになりえる．ただし，多くの場合そこから得られる知識はパラメータという形式になる．そのため，彼らにモデルから得られた知識を活用してもらうためには，それらパラメータを彼らの「言語」へ変換するという作業が必要になる．この変換作業はきわめて重要である．これが実現できてはじめて（どのレベルの知識であったとしても）活用が促進される．潜在的に非常に有効な情報を含んでいるとし

ても，それが実際に有効活用されないのであれば意味がないと考えなければならないのである．

また，その変換作業の設計にあたっては，小売実務の課題解決のためのソリューションを提示するという思想が求められる．なぜならば，彼らが知りたいのは課題を解決するためのソリューションであって，パラメータ推定結果ではないからである．この思想なしでは潜在的にはどんなに有効な情報もサービス産業の生産性向上のために寄与しない．情報抽出技術の進展とは裏腹に，このある種の「インターフェース」開発は遅れている．これは重要ではあるが同時に非常に困難な課題であるといえる．しかし，小売マーケティングを高度化するためにも，この周辺は早急に解決すべき課題である．

マーケティングで通常なされる統計モデルの活用法と提案した統計モデルの活用法には違いがある．通常マーケティングでの統計モデルの活用法は，理論に基づき仮説を立て，その仮説に基づいてモデルを構築・推定し，仮説が妥当であるかどうかを推定結果に基づいて検証するというものである．一方，提案の統計モデルの活用法は，統計モデルを個に関する情報抽出のツールとして活用している．統計モデルは個に関する知識発見へも十分に活用可能である．マーケティングにおいて提案したような統計モデルの活用法は，今後重要度の増す分野である［9.12］［9.25］．

付録

通常の線形・ガウス型の状態空間モデルを非線形・非ガウスの状態および観測過程まで取り扱えるように拡張された一般状態空間モデルを紹介する．状態ベクトルの状態推定は，状態ベクトルの次元が低い場合（4次元以下）は非ガウス型フィルタ／平滑化により，また状態ベクトルの次元が高い場合（5次元以上）は粒子フィルタで履行される．この周辺の詳細については，文献［9.8］を参照のこと．

（一般状態空間モデル）

時刻 n の観測された時系列ベクトルを y_n，未知の状態ベクトルを Z_n とすると，以下に示す2つの式により一般状態空間モデルが定義される．

$$Z_n \sim q(Z_n | Z_{n-1}) \quad \text{システムモデル} \tag{9.21}$$

$$y_n \sim r(y_n | Z_n) \quad \text{観測モデル} \tag{9.22}$$

ただし，$q(Z_n|Z_{n-1})$ は Z_{n-1} を与えた場合の Z_n の条件つき分布，$r(y_n|Z_n)$ は Z_n を与えた場合の y_n の条件つき分布を示す．

ここで導入した一般状態空間モデルは線形・ガウス型の時系列や非線形時系列，離散時系列などのさまざまな時系列データを統一的な枠組みで取り扱うことを可能にするモデルである．

参考文献

[9.1] Robert C. Blattberg, Kenneth J. Wisniewski："Price-Induced Pattern of Competition", Marketing Science, Vol.8, pp.291-310 (1989)

[9.2] J. L Assuncao, R. J. Meyer："The Rational Effect of Price Promotion on Sales and Consumption", Management Science, Vol. 39, pp.517-535 (1993)

[9.3] Brian Wansink, Rohit Deshpande："Out of Sight, Out of Mind: Partly Stockpiling and Brand-Usage Frequency", Marketing Letters, Vol.5, pp.91-100 (1994)

[9.4] Sunil Gupta："Impact of Sales Promotion on When, What, and How Much to Buy", Journal of Marketing Research, Vol.25, pp.342-355 (1988)

[9.5] G. Kitagawa："Non-Gaussian state space modeling of nonstationary time series", Journal of American Statistical Association, Vol. 82, pp.1032-1063 (1987)

[9.6] G. Kitagawa："Monte Carlo filter and smoother for non-Gaussian nonlinear state space model", Journal of Computational and Graphical Statistics, Vol. 93, pp.1-25 (1996)

[9.7] M.S. Arulampalam, S. Maskell, N. Gordon, T. Clapp："A tutorial on particle filters for online nonlinear/non-Gaussian Bayesian tracking", IEEE TRANSACTIONS ON SIGNAL PROCESSING, Vol. 50, No. 2 (FEBRUARY) (2002)

[9.8] 北川源四郎：『時系列解析入門』，岩波書店（2005）

[9.9] 樋口知之：「粒子フィルタ」，『電子情報通信学会誌』，Vol.88, No.12, pp.989-994（2005）

[9.10] 佐藤忠彦，樋口知之：「動的個人モデルによる購買生起行動の解析」，『マーケティング・サイエンス』，Vol.16, No.1・2, pp.49-73（2009）

[9.11] 照井伸彦：「第3章，ベイズモデリングによるマーケティング戦略」，『統計数理は隠された未来をあらわにする』，樋口知之（監修・著），東京電機大学出版局（2007）

[9.12] T. Higuchi："Applications of Quasi-Periodic Oscillation Models to Seasonal Small Count Time Series", Computational Statistics and Data Analysis, Vol. 30, pp.281-301（1999）

[9.13] 佐藤忠彦，樋口知之：「動的個人モデルによる消費者来店行動の解析」（討論付），『日本統計学会論文誌』，第38巻，シリーズJ，第1号，pp.1-38（2008）

[9.14] 田島義博，青木幸弘：『店頭研究と消費者行動分析—店舗内行動分析とその周辺』，誠文堂新光社（1989）

[9.15] Randolph E. Bucklin, James M. Lattin："A Two-State Model of Purchase Incidence and Brand Choice", Marketing Science, Vol.19, pp.24-39（1991）

[9.16] Pradeep K. Chintagunta："Investigating Purchase Incidence, Brand Choice and Purchase Quantity Decisions of Households", Marketing Science, Vol.12, pp.184-208（1993）

[9.17] Gerard Tellis, Fred S. Zufryden："Tackling the Retailer Decision Maze: Which Brands to Discount, How Much, When and Why?", Marketing Science, Vol. 14, No.3, pp.271-299（1995）

[9.18] Ailawadi Kusum, Scott A. Neslin："The Effect of Promotion on Consumption: Buying More and Consuming it Faster", Journal of Marketing Research, Vol.35, pp.390-398（1998）

[9.19] G. Kitagawa, W. Gersch："Smoothness Priors Analysis of Time Series", Lecture Notes in Statistics, No.116, Springer Verlag（1996）

[9.20] D. McFadden："Chapter5, Econometric Models of Probabilistic Choice", Structural Analysis of Discrete Data with Econometric Applications eds. by C.F. Manski and D. McFadden, MIT Press, pp.198-272（1981）

[9.21] 山口類，土屋映子，樋口知之：「状態空間モデルを用いた飲食店売上の要因分解」，『オペレーションズ・リサーチ』，Vol.49，No.5，pp.52-60（2004）

[9.22] B.D.O. Anderson, J.B. Moore："Optimal Filtering", Prentice-Hall（1979）

[9.23] Mike West, Jeff Hamson："Bayesian Forecasting and Dynamic Models", Springer（1997）

[9.24] David R. Bell, Yasemin Boztug："The Effect of Inventory on Purchase Incidence: Empirical Analysis of Opposing Forces of Storage and Consumption", Working Paper, The Wharton School（2004）http://mktg-sun.wharton.upenn.edu/ideas/pdf/Bell/BellBoztug2004.pdf

[9.25] 赤池弘次：「時系列解析の心構え」，『時系列解析の実際2』，赤池弘次，北川源四郎編，朝倉書店，pp.197-203（1995）

第10章

サービス視点からのマーケティング情報と意思決定

10.1 経済サービス化のマーケティングへのインパクト

　企業のマーケティング戦略の本質は，顧客の問題解決のために競合企業よりすぐれた価値物を提供し，効率的に効果的に顧客の問題解決を行うことである。価値物には，有形財の製品も，無形財のサービスも包含される。そして前者の有形財の製品もサービス化が進展しており，これがマーケティング戦略を考えるうえで留意すべき経済のサービス化である。競争環境もグローバル企業に対抗してマーケティング戦略を構築し，市場環境もグローバル市場を考慮してマーケティング戦略を構築しなければならない経営環境のなか，これからの10年，20年を日本企業が存続成長するには，これまでの成長戦略の源泉要因がそうであったように，R&Dが鍵であろう。生産現場では，徹底した個別原価計算や全社的品質管理を行うTQC（Total Quality Control）そして不良品などをなくすZD（Zero Defects）など仕損品確率が最小化されつつ，R&D力により1円あたりの性能では，群を抜いて卓越した製品を日本企業はさまざまな分野で提供しつづけてきた。しかしサービス化経済下でのマーケティング戦略を考えると，このサービスの生産性を考慮せざるをえない。

　KotlerとKellerは，マーケティングの新たな課題として，①内部マーケティング，②統合マーケティング，③社会的責任マーケティング，そして④関係性マーケティングを挙げている［10.2］。これら4つの課題は，サービス化と無関係ではない。サービス化が進捗するにつれ，マーケティングマネージャは，生産部門，調達部門，そして営業部門などの企業内部の他部門に，製品やサービスの価値提案を説明しなければならない。製品のサービス化が今日ほど進捗していないならば，丹念な内部マーケティングは不要であったかもしれない。

そしてサービス化が進捗するにつれ価値提案は一層複雑になり，顧客にその価値提案を正しく理解してもらうためにマーケティング戦略の統合性が要求され，そのために企業と顧客のあいだの関係性を頑強に構築し，相互理解のベースを高めていく必要がある。またCSRとよばれる社会的責任は，マクロ的見地におけるソーシャルサービスであり，そのソーシャルサービスを無視してマーケティング活動を展開することは困難になりつつある。

　以下では，まず顧客の行動を理解せずには展開できないマーケティングの必須の要素である消費者意思決定過程について述べ，次に有形財である製品と比較しての，無形財のサービスの特徴をマーケティングの見地から整理し，そして消費者行動そして相応するマーケティング戦略のあり方について述べ，ソーシャルサービス視点からの新しいマーケティング戦略を紹介することにする。

10.2　消費者意思決定過程―製品の付加価値化とサービス化―

　コンビニエンスストアで150円を支払いペットボトルに入ったお茶を購入したことのある読者は，少なくないはずである。しかし1970年代以前は，「お茶を買う」という消費活動は考えられなかったのではなかろうか。かつてお茶は，飲みたいという機会に，急須に茶葉を入れお湯を注ぎ，飲んでいた。お店で買うものではなかった。水も同様である。1980年代初頭に食品メーカーから，神戸にある有名な山の名前をもじった市販の水が発売されるまでは，水は蛇口をひねって飲んでいたものである。なぜ以前は，金を出さずに購入していたものを，金を出すようになったのだろうか。この問いの回答へのひとつのヒントは，「消費者行動は，購買行動だけではない」という点にある。消費者の意思決定過程を表したのが図10.1（たとえば文献［10.1］）であり，以下，各ステップを説明しながら，経済のサービス化の影響とのかかわりを述べることにする。

10.2.1　問題認識

　消費者が製品やサービスを購買するのは，問題を解決するためである。「のどの渇きをいやす」という問題解決であれば，蛇口の水で十分かもしれない。コンビニエンスストアで150円のペットボトル入りお茶を購入する消費者は，

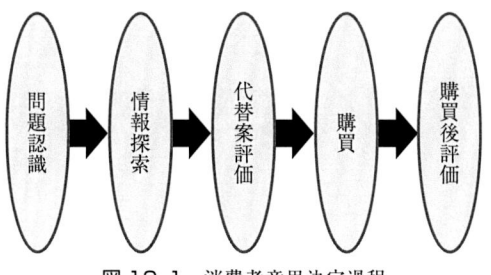

問題認識 → 情報探索 → 代替案評価 → 購買 → 購買後評価

図10.1　消費者意思決定過程

それ以上の問題を解決したいからである。スーパー，日常生活で必要なさまざまなものを扱う GMS（General Merchandise Store），ドラッグストアなど多様な小売形態があるなかで「コンビニエンスストア」で購買したのは，即時にのどの渇きをいやしたかった，という緊急性も「問題」に含まれていたからであろう。緊急性の問題がなければ，多くの商品が定価で販売されているコンビニエンスストアでなく，少し移動してでもスーパーや GMS などの定価より安価で販売している小売店で購買したのではなかろうか。そして「ペットボトル入り」のお茶を購入したのは，一気にすべてを飲み切るのではなく分けて飲みたい，移動しながら飲みたい，自分で入れたお茶より美味しいプロが入れたお茶を飲みたい，などの「単なるお茶」以上の「問題」が消費者によって認識されたからであろう。

　この「単なるお茶」以上が，サービスに関連するところである。Kotler と Keller は，製品の拡張概念を図10.2のように提示している［10.2］。中核便益とは「のどの渇きをいやす」に相応しており，この中核便益を満たす水やお茶といった飲み物と考えられるすべての基本製品は，この中核便益に関して競争している。

　話を簡略化するために基本製品をお茶に限定すると，「おいしい」お茶を飲みたいという期待を消費者が保有すれば，消費者自身で高級茶葉からお茶を入れることもできるし，あるいは飲料メーカーが工夫した抽出方法によって製造されたペットボトル入りお茶を購入することもできる。この「期待」次元に関しては，高級茶葉とペットボトル入りお茶は競争していることになる。

　そして「おいしい」を超えて，京都の老舗茶商の茶葉を使用した「よりおい

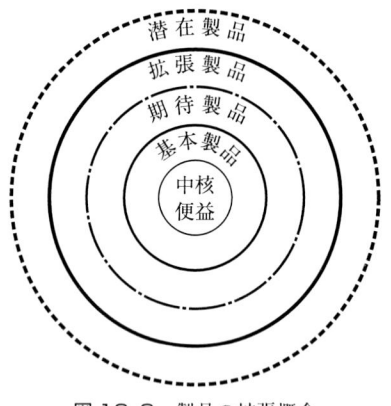

図10.2 製品の拡張概念

しく，より香りのよい」という拡張性をお茶に求めるならば，特定のペットボトル入りお茶を購入することになり，この「拡張」次元においては，競合する製品は非常に絞られてくることになる。

　そして（不謹慎と思われれば，ご容赦をお願いしたいが）高級茶葉でお茶風呂に入るという潜在的な欲求を保有する消費者も存在しえるため，この「潜在」次元では逆にお茶と入浴剤が競合しており，競争空間が拡張することもある。また逆に，○○年産の高級茶葉の香りを限定して好むというような潜在的欲求であれば，「潜在」次元での競合はさらに稀少となり競争空間は縮退することになる。

　この基本製品から期待製品へ，期待製品から拡張製品へ，と製品の概念が拡張するにつれ，本源的な中核便益に付加価値が与えられていることになる。そしてそれは，製品の生産という側面に加え，ペットボトルに入れ携帯性を付与する，高級茶葉を調達し使用し高級感や特殊性を付与するといった，製品のサービス化を促していることになる。つまり経済サービス化をマーケティング戦略の視点から，そしてそのベースとなる消費者意思決定過程の端緒である「問題認識」の視点から検討する際，この製品の付加価値化を製品のサービス化としてとらえ，マーケティング的に対応しなければならない。この点を以下で，もう少し詳述していくことにする。

10.2.2 情報収集

消費者によって「問題認識」という問題解決の必然性が認識され，さらに消費者の意思決定は，その問題を解決するための代替案や方法などに関する「情報収集」へと移行する。ここでは，この情報収集の次元の拡大が，製品の付加価値化そしてサービス化に相応している。たとえば，京都の老舗茶商の「おいしさ」を味わいたいという拡張されたサービス水準まで満たすお茶という製品で問題解決を果たしたい消費者の場合，単なるお茶ではなく，どのお茶ブランドが「おいしさ」を満たす，たとえば老舗茶商の茶葉を使用しているのか，たとえば特定茶畑からの直送茶葉を使用しているのか，など製品の付加価値であるサービス水準に関して，まさに情報収集することになる。

これに対して，サービス化が進展していない基本的なお茶を購買することによって問題解決しようとする消費者の場合，サービス化に相応する付加価値の側面に関する情報収集はまったく行わない。むしろ単純にどこでお茶が飲めるか，という程度の情報探索で完結することが予想される。

サービス化に応じて，企業が提供すべき製品に関する情報は変動し，そして付加価値が高まり一層のサービス化が進展していればいるほど，求められる情報は精緻になり高度になる。まさに情報提供そのものがサービス化となる。提供される情報のマネジメント，そして情報の提供の仕方のマネジメントが，経済サービス化環境においてひとつの重要なマーケティング戦略の側面である。

10.2.3 代替案評価

ある問題が認識され，その認識された問題に関連した情報が収集されたならば，それらの情報に基づいて「代替案を評価」するステップへと消費者の意思決定は移行する。この代替案をどのように評価するかというルールは，個人ごとに，また状況によっても対象によっても異なり，さまざまなものがある。このルールはヒューリスティックスとよばれており，大きく3つに大別することができる。第1のルールは，補償型のヒューリスティックスである。線型結合型のルールであり，ある属性の評価値の荷重和で，

代替案 j への評価

＝属性1の重要度×代替案 j の属性1に関する評価値＋属性2の重要度

×代替案 j の属性 2 に関する評価値＋…

当該代替案の総合評価が決定される．したがって，ある属性の悪い点が，他の属性の良い点で補償されるため，補償型ルールとよばれている．

　第 2 のルールは非補償型であり，ある属性の優劣が相殺されないルールである．この非補償型には，ある一定の基準以下の属性をもつ対象を削除するという足切り型ルール，1 つでも素晴らしいと思われる属性をもてば採用するという一芸許容型ルール，そして重要度の高い属性から順に検討し最終的に残ったものを採用するという辞書編さん型ルールに類型化することができる．最後のルールは，たとえば，「book」という語を調べる際，まず「b」を開け，次に「o」を，そしてまた「o」を調べ，最後に「k」を調べて，「book」にたどりつくため，辞書においてある単語を調べるルール，編さんするルールと類似しているため辞書編さん型とよばれている．

　そして第 3 のルールは，感情参照型とよばれ，「何が何でもあのブランドが好き」のように，属性に関する認知的な処理を行わず，感情的に代替案に対する評価を形成するルールである．過去の購買・使用経験や準拠集団の影響などからすでに構成されている最も高い感情的好意を抱いている製品を選択する感情参照型であり，ここでは，その感情的側面を考慮したコミュニケーションが重要となる．

　サービス化の影響は，第 1 に，補償型における評価ルールのウエイトの変化に表れる．お茶において，「カテキン含有量」という属性に関するウエイトが加わる，このことにより「糖分」ウエイトが負の効果をもつようになる，といった補償型のルール変化が，サービス化により発生する．第 2 に，非補償型のルールの構造が変化する可能性もある．たとえば，足切り基準に「天然水使用」が新たに包含される，辞書編さんの上位ルールに特定茶葉畑原産であることが付加される，などである．サービス化によって，代替案評価のステップにおいても，マーケティング戦略の新たな様相が必要とされているのである．

10.2.4　購買

認識された問題を解決するために収集された，代替案に関する情報を用いて評価が行われたならば，「購買」するステップへと消費者の意思決定は移行す

る。サービスにおける購買は，購買以外にも，契約や約束，裏書きなど，多様な様式がある。製品とサービスの購買の最大の違いは，購買と同時に消費が行われる点である。それはサービスが有する4つの特徴に起因する（たとえば文献［10.3］）。第1の特徴は無形性（intangibility）であり，サービスにはかたちがない点である。第2の特徴は不可分性（inseparability）であり，たとえば板チョコという製品であれば，いくつかのピースに分けることができるが，あるサービスをいくつかの要素に分けることはできない。全体としてサービスは1つであり，そのものである。第3の特徴は変動性（variability）であり，工場で生産される製品の品質は均質性が高いが，サービスは同じ担当者が産出しても品質が変動することが容易に予想される。最後の第4の特徴は衰退性（perishability）であり，多くの無機質の製品はそのまま保存可能であり，いくつかの有機質のものでさえ冷蔵や冷凍保存が可能であるが，サービスは保存することができず，即時に衰退してしまう，という性質である。

このような特徴を保有するサービスの購買は，製品の購買以上により繊細なマーケティング管理を必要とする。第1に責任性（reliability）である。サービスを提供するスタッフの責任範囲を明確にすることにより，統制力が向上し，同質のサービス品質を提供することが可能となろう。第2に産出と消費が同時であるため，顧客からの不満が即時に生じることから，反応性（responsiveness）を高め，不満足を最小化することも肝要である。第3にサービス品質水準が一定以下であるような場合にでも，たとえば再び無料でサービスを享受できるといった保障（assurance）を事前に明記し提供する管理も重要である。第4に感情移入・共感（empathy）は大切な側面である。サービスを提供するスタッフが，顧客に対し，真にその顧客を理解し共感しようと努力することで，まるで当人のコトのように感情が移入し，より質の高いサービスを提供できるようになると考えられる。そして最後に，サービスは無形ではあるが，提供するサービスを図案化したり，期待される様相を示したりするなどして有形化（tangilbles）へ努力することで，サービスの品質向上は，さらに可能となろう。

これらのマーケティング管理を執行するにあたり，従来のマーケティング管理と比べて，注意しなければならない点がある。従来のマーケティング管理は，企業がその顧客に対して行うマーケティング活動が中心であったが，サービス

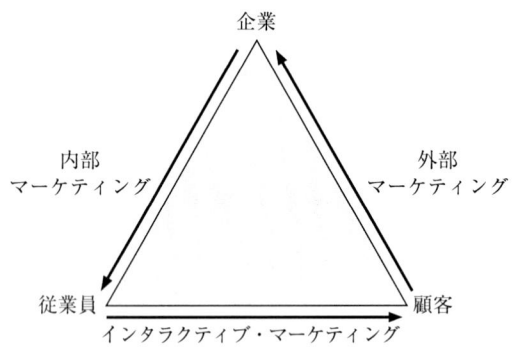

図 10.3 サービスマーケティングにおける 3 つのマーケティング

に対するマーケティング管理においては，対顧客というより，顧客と直接接触する従業員に対する管理としてのマーケティング管理がより重要となる。したがって，従来の対顧客のものを外部マーケティング，そして対従業員のものを内部マーケティングと考えることができ，そして顧客がサービス従事者からサービスを享受しているその場や機会を，サービスの無形性，不可分性，変動性，そして衰退性からその場その瞬間のものである見地から，インタラクティブマーケティングと考えることができる（図10.3）。

10.2.5 購買後評価

消費者の購買意思決定は，購買を終えて終わるのではない。「購買後評価」が購買につづいて，生じている点に留意が必要である。顧客である消費者でなく，売り手である企業の立場からすれば，製品を販売して終わりではない，サービスを提供し契約や約束をして終わりではない，ということになる。まさに購買や契約後のアフターサービスが重要である。

問題認識から購買後評価までの各段階における諸側面の拡大や発展は，まさに経済のサービス化に相応し拡大し発展している。顧客視点からのマーケティングとして顧客を理解し，深遠にサービス化対応を行うことが重要である。

10.3　サービス視点からの戦略的データベースマーケティング戦略

　ここでは，サービス視点からの戦略的データベースマーケティング戦略を，アスクル株式会社を取り上げた池尾・井上［10.4］をベースに紹介したい。アスクルは「お客様のために進化する」を企業理念とし，オフィスに必要なモノやサービスを「明日お届けする」トータルオフィスサポートサービスの会社である。大手文具総合メーカーであるプラス株式会社（1948年に千代田文具として設立，1959年に社名をプラスに変更）の一事業部として1993年3月にスタートしたあと，1997年5月に分社独立した。当時の文具業界は，コクヨが圧倒的な力を誇っており，1997年時点で約3,200億円（うち，文具売上構成約50％）の売上高を達成していた。第2位は内田洋行であり，約1,600億円，そして第3位がプラスで約800億円であった。また業界には，キングジムのような専業色の強いメーカーも存在していた。

　そのような状況においてアスクルは，全国約600万事業所のうちの約95％の中小事業所（経済産業省統計調査）をはじめとする事業所に，オフィスで必要なものをお届けするサービスを，沖縄・離島を除く全国で展開している。会員事業所が紙媒体またはウェブ上にある専用カタログから商品を選び，ファックスもしくはインターネットを介して注文すれば，当日または翌日には注文商品を配達するスピーディな配送サービスを提供している。このような「明日来る」というサービスの名称をそのまま会社名として採用したアスクルは，1993年の事業開始以来順調に成長を遂げてきており，2012年度（2011年5月21日から2012年5月20日まで）の売上高は約2,130億円，同期の営業利益は約66億円，経常利益は約65億円，当期純利益は約23億円と，日本を代表する卓越したサービス企業のひとつとなっている。

10.3.1　データベース，データウェアハウス，データマート

　データとよばれるものはデータベース，データウェアハウス，データマートという3つを区別する必要がある。アスクルのような通販企業の場合，さらにデータベースが3つある。第1は売上に関するデータベース，第2は商品に関するデータベース（あるいはカタログマスター），そして第3は顧客に関する

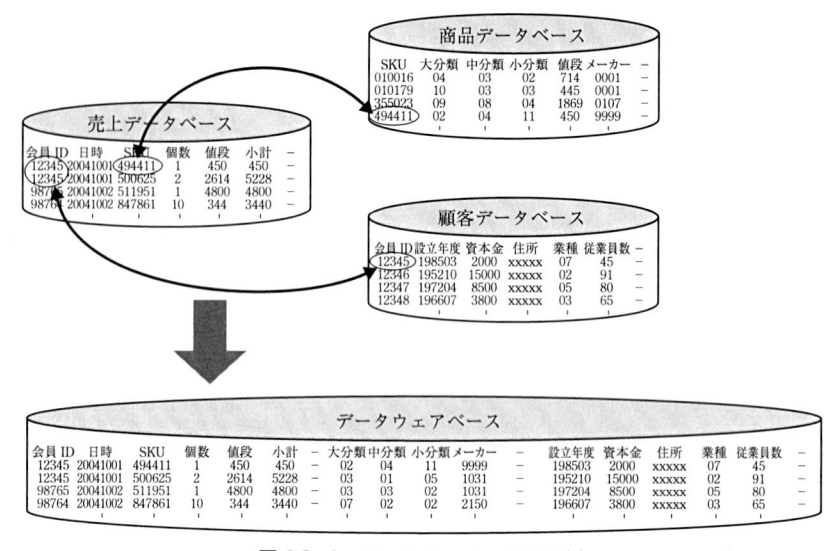

図 10.4 データウェアハウスの例

データベースである（図 10.4）。

　売上データベース，商品データベース，そして顧客データベースのうちの1つ，あるいは3つ個別に独立にデータマイニングを行うこともあるが，より有用な情報を得るには，これら3つあるいは2つのデータベースを結合したデータウェアハウスとよばれるデータをまず構築する必要がある。データウェアハウスを構築するには，結合するための「のりしろ」のような共通の変数やコードが必要である。たとえば，売上データベースと商品データベースは，商品管理の単位である SKU（Stock Keeping Unit）でリレーショナルに関連づける，すなわち SKU を共通ののりしろとして結びつけることができる。具体的には494411 という SKU の管理上の大分類，中分類，小分類，メーカーコードなどの情報を，売上データベースに関連づけることができるといった具合である。同様に，売上データベースと顧客マスターは会員 ID で関連づけることができ，たとえば会員 12345 の電話番号，住所，業種，従業員数などの情報を売上データベースに関連づけることができる。このように各種データベースをリレーショナルに結合させることによりデータウェアハウスを構築することができる。

　しかしデータウェアハウスは複数のデータベースを結合させ構築するため，

そのままデータマイニングするにはファイルサイズに関して膨大であり，快適な分析に耐えない。そこで必要な変数のみをデータウェアハウスから抽出し分析用に構築したデータを，データマートとよぶ。実際には，複数データベースを結合させた膨大なデータウェアハウスをつねに保有することはなく，データマートを作成する際にデータウェアハウスが一時的に存在する場合も少なくない。たとえば，会員が各 SKU を発注する際の SKU ごとの金額合計が業種や従業員数と関係があるか，またそれらと SKU に関する大・中・小分類とメーカーコードと交互効果があるか，などを調べるために必要な変数のみがデータウェアハウスから抽出される場合なのである。

10.3.2 購買拡大重要品目の識別と脱落防止のための分析

　池尾，井上は，さまざまな分析を行っている［10.4］。たとえば購買拡大重要品目の識別では，購買金額を規定する要因が回帰分析で検討され，前期の購買金額と購買頻度が影響することが明らかになっている。さらに購買拡大重要品目の分析は，大カテゴリごとに集計された前期の売上額を独立変数とする回帰分析で詳細に行われ，そしてさらに小カテゴリごとに集計された前期の売上額を独立変数とする回帰分析にまで細分化して行われている。これらの分析によって，購買拡大するための重要品目が識別され，そしてその重要品目の購買を刺激するマーケティング施策を展開することで，売上増を達成することができるのである。

　また脱落を阻止するための重要な購買特性の分析も行われた。ここでは従属変数が購買金額のような連続変量ではなく，「脱落＝購買なし」「非脱落＝購買あり」という 2 値変数のため，回帰分析ではなく，ロジスティック回帰分析が用いられた。ただ分析枠組みは，購買拡大重要品目の識別分析と同様に，前期の大カテゴリーごとに集計された前期の売上額を独立変数とするロジスティック回帰分析で詳細に行われ，そしてさらに，小カテゴリーごとに集計された前期の売上額を独立変数とするロジスティック回帰分析にまで細分化して行われた。これらの分析によって，脱落を防止する，すなわち休眠会員数を減少させ会員のアクティブ化を刺激するマーケティング施策を展開することで，売上増を達成することができるのである。

以上の購買拡大のための施策そして脱落防止のための施策を構築するための分析の結果，各施策に効果がある変数は異なる，すなわち売上増の施策と会員数維持の施策は異なる点を見つけた意義は大きかった。分析をしなければ，両マーケティング課題は同じものとしてとらえられ，そして同じ施策が執行されたかもしれず，マーケティング戦略の効率性そしてサービス生産性の向上が十分でなかったかもしれない。

10.3.3　顧客セグメンテーションのための分析

購買金額と購買頻度という両変数は，さまざまな施策を構築するうえで有用であったばかりでなく，マーケティングの基本戦略のセグメンテーションにも有効であった。購買金額と購買頻度を用いてクラスター分析を行った結果，4つのセグメントを識別することができた。第1に購買金額も購買頻度も高い「ヘビー」セグメント，第2に購買金額は高いが購買頻度は中程度の「大ロットミドル」セグメント，第3のセグメントは逆に購買金額は中程度であるが購買頻度は高い「多頻度ミドル」，そして第4に購買金額も購買頻度も低い「ライト」セグメント，であった。

このセグメンテーション分析の結果は，セグメンテーションに用いるのみならず，同社の理念ともいえる「お客様とともに進化する」という哲学にも通じる活用が行われた。具体的には，存続成長のために顧客を育成しなければならず，その方向は，ライトセグメントを対象とした場合多頻度ミドルへの育成のための施策，大ロットミドルへの育成のための施策と大別することができた。そして前者の育成には頻度が重要な側面であり，後者の育成には金額が重要な側面であることが明らかになった。またヘビーセグメントへの育成を目標とした場合，多頻度ミドルに対する施策，大ロットミドルに対する施策と大別することができた（図10.5）。

またそのほかにも，マーケットバスケット分析を行いレコメンデーションに活用したり，自社の取引データからスイッチング行列を作成し，各SKU間の競争関係を明らかにし，自社の品揃えに対する意思決定にフィードバックしたり，さらには供給元の製造業者に競争情報をフィードバックし関係性を深耕するなど，多岐にわたるサービス生産性向上の努力がみられた。

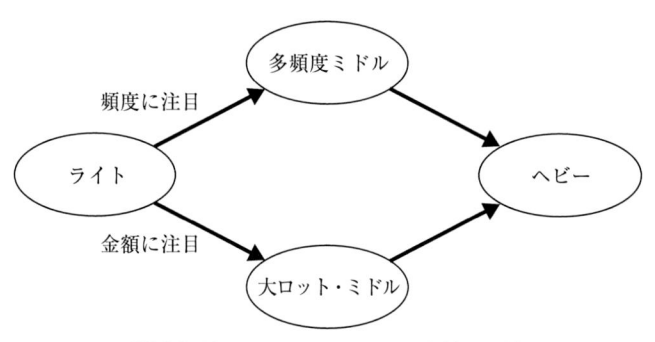

図 10.5　セグメンテーション分析の一例

10.4　ソーシャルサービス視点からのマーケティング戦略

　企業がマーケティング活動を展開する際，社会的貢献，社会的責任，環境といったソーシャルサービスを考慮する割合は高まっているといえよう。ただマーケティング活動を行う際，ソーシャルサービスのみを考慮するだけでは継続性の問題が生じる可能性があり，ある程度のマーケティング成果があることが望ましいであろう。王子ネピア株式会社（以下，王子ネピア）が，国際衛生年にあたる 2008 年から展開している「nepia 千のトイレ」プロジェクト（2009 年以降も継続展開）は，多くの示唆を与えてくれる有用なケースである。

　2008 年 7 月 1 日にリリースされた「nepia 千のトイレ」プロジェクトは，「トイレと水の問題で失われていく命を守りたい。」というスローガンのもと，ネピア商品の売上の一部でユニセフの東ティモール民主共和国における「水と衛生に関する支援活動」をサポートし，ユニセフへの寄付を通じて 1,000 の家庭のトイレの建設と 15 の学校のトイレの建設または修復を実施し，さらに衛生習慣の普及と定着のための活動を支援する，というものであった（図 10.6）。

　王子製紙グループは，2008 年度連結業績（2007 年 4 月 1 日〜 2008 年 3 月

図 10.6　「nepia 千のトイレプロジェクト」ロゴ

31 日）において売上高 1 兆 3,183.8 億円，営業利益 421.2 億円，経常利益 380.6 億円，当期純利益 117.7 億円を計上している。このうち，消費者が日常使用しているティッシュペーパーやトイレットペーパーなどの製造や販売を担っているのが，王子ネピアである。同社は 2008 年 3 月末現在，8 億円の資本金（王子製紙が 100％出資）を保有し，年間約 800 億円の売り上げを達成している。

同社営業本部マーケティング部長の今敏之氏をリーダーとする「nepia 千のトイレ」プロジェクトは，まず千のトイレの寄付などを行うためのパートナーとして，ユニセフを検討した。ユニセフは，「子どもの権利」を守る国連機関であるが，その活動資金は国連本体の財源からの資金提供は一切なく，民間からの募金と政府からの任意の拠出金で活動を行っている。これらの民間からの募金と政府拠出金は，ニューヨークにあるユニセフ本部にいったん集められ，その後現地事務所に配分され，現地の支援活動に充当される。

プロジェクトメンバーは財団法人日本ユニセフ協会の個人・企業事業部に同プロジェクトへのユニセフ支援を依頼し，承認された。そして，ネピア商品の売上の一部で，ユニセフの東ティモールにおける「水と衛生に関する支援活動」をサポートする「nepia 千のトイレ」プロジェクトがスタートした。具体的には，第 1 に「1,000 の家庭におけるトイレの建設」を行い農村部で住民が持続的に使用できるようにし，これにより衛生的な環境を保ち，個人のプライバシーを守ることをめざす。第 2 に，学校にトイレがあると就学率が上がり，そして中途退学率が下がることが明らかになっていることから，「15 の学校におけるトイレの建設または修復」を行うことであった。そして第 3 に「衛生習慣の普及と定着」であり，具体的には①テレビやラジオを通じた衛生概念の啓発，②衛生習慣の促進と定着を行うための人材育成として保健センターのスタッフ，NGO や地域の水と衛生の担当者のトレーニングを行う，そして③住民を対象としたトイレ建設のためのトレーニングである。

「nepia 千のトイレ」プロジェクトの対象商品には，「ネピア」そして「ネピネピ」ブランドのティシュペーパーとトイレットロールが主として選ばれた（図 10.7）。「nepia 千のトイレ」プロジェクトのしくみは，「ネピア」そして「ネピネピ」ブランドのティシュペーパーとトイレットロールなどの売り上げ

図 10.7 「nepia 千のトイレプロジェクト」対象商品のパッケージ

の一部を，王子ネピアがユニセフにまず寄付をする．そしてユニセフが東ティモールでトイレをつくり，水と衛生を教育し，1,000 の家庭と 15 の学校で 13,000 人以上の子供と家庭の衛生が守られる，というものである．このしくみは千のトイレプロジェクトのホームページはもちろん，その他さまざまな状況においても明示された．また同プロジェクトに賛同した流通企業の名前も，渋谷の Bunkamura で開催された同プロジェクトの写真展やその他の機会において，公表された．賛同企業は全国規模の企業から地域企業までであり，業態も GMS，スーパーマーケット，コンビニエンスストア，ドラッグストア，ディスカウントストアなど多様であった．

　プロジェクトリーダーの今部長は，当初からプロジェクトを継続させることの重要性を意識していた．そのためには，社会貢献に加えて，マーケティング成果があることが好ましいと考えていた．プロジェクト期間（7 月 1 日から 10 月 31 日）が終了すると，ただちにマーケティング成果の測定に行った．その成果として，消費者の態度変容そして価格弾力性が検討された．

　プロジェクトの公式サイト（http://1000toilets.com）では，活動レポートに加え，消費者からの声も収集する機能が構築された．この消費者情報収集は，ネット上での告知しか行っていなかったが，7 週間で約 12,000 件（約 80％が女性，約 40％が 30 代で約 20％が 40 代）の声が寄せられ，その 99％が同プロジェクトに対する共感・賛同などの激励の声であった．IBM 社の SPSS Text Analysis for Survey というテキストマイニングのソフトを活用して分析を行った結果，「商品」-「プロジェクト」-「ネピア」-「トイレ」というリンケー

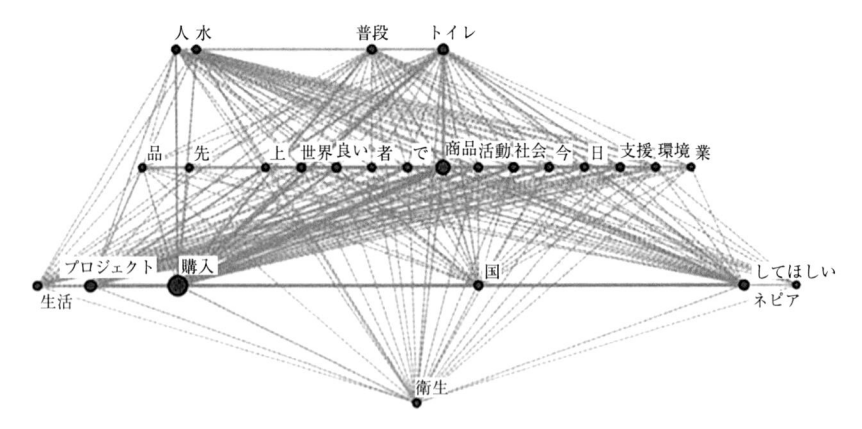

図10.8 「ネピア」への継続期待のリンケージの形成

ジが形成されていくことが明らかになった。そしてプロジェクトが進捗するにつれ，図10.8にあるように継続期待である「してほしい」とのリンケージも強くなっていったことが明らかになった。

　第2の価格弾力性の効果は，$AR_{(1)}X$という時系列モデルで検討された。価格弾力性を推定する際に，自社のマーケティング活動に関するデータのみならず，競合のマーケティング活動に関するデータも必要とされるが，後者を入手することは非常に難しい。そこで，自社ならびに競合のマーケティング活動の効果構造は，前期のシェアで近似包含されると仮定した次数1の$AR_{(1)}X$時系列モデルで，下記のように推定を行った。

$$Share_t = \beta_{価格} \cdot 価格_t + \beta_1 \cdot Share_{t-1}$$

　その結果，プロジェクトの対象商品である「ネピア」そして「ネピネピ」の価格弾力性は，それぞれ-0.227と-0.296と推定されたが，いずれも統計的に5％水準で有意でなかった。すなわち，非弾力的になり，価格感度が低下し，価格以外の側面で選択されていることが明らかになった。

　プロジェクトは，消費者そして流通からの支持を得て，2012年現在も継続して活動を行っている。その背景には，社会貢献活動を意識したマーケティングということに加えて，データに基づきマーケティング成果を測定するという統制活動があることも重要である。

10.5 おわりに

今後も経済のサービス化が進捗することは，容易に予想できる．章のおわりに，サービス生産性向上に向けての進言を3点述べたい．第1に，主要な成果指標であるKPI（Key Performance Index）を明確に設定したマネジメントを行わなければならない．KPIが売上や資産回転率や経常利益率などの財務諸表に基づく場合，マーケットシェアや成長率などの行動成果に基づく場合，顧客満足や好意度などの心理尺度に基づく場合など，KPIは当該企業の経営資源や戦略目標そして競争地位などに依存するが，「何をKPIとするか」が問題ではなく，「KPIを設定する」ことが問題である．サービスは無形であるがゆえに，明示されたKPIがなければさらに無形性が進捗してしまうであろう．

第2にサービスは，前述のように従業員が顧客と接するエンカウンターの機会そのものが，生産と消費の同時発生機会であり，それゆえ内部マーケティングが重要である．顧客と直接接しサービスを提供している従業員の技術指導や接遇指導などのスキルに加えて，戦略目標やKPIなどのマネジメントの側面も指導し理解させたうえで，エンカウンターに臨むことが，サービス生産性向上そして統制の要である．

第3にマーケティングROIの視点である．マーケティングは従来，コストセンターとしてとらえられがちであったが，近年マーケティング成果の資産化可能性の見地から，マーケティングを投資としてとらえ，成果としてのReturnを事前に予測し，結果を測定し，その結果に関して次の投資的マーケティング行動に向けて統制する，という動きがみられる．サービス生産性がマーケティングに依存することは疑う余地がなく，マーケティングROIの視点からのマネジメントも肝要であろう．

筆者は，財務情報（BS/PL）関連の指標・社会心理的指標・生体反応指標により，ROIのReturnをとらえている［10.5］（図10.9）．Returnの指標として第1に設定すべきは，財務情報（BBS/PL）関連の指標であろう．売上高，営業利益，単位あたり貢献利益，ROE，ROAなどが考えられる．あるいは集計単位である企業や事業の財務情報ではなく，そのベースとなる非集計単位である顧客の再購買率，発注間隔，機会あたり発注購買額などもReturn指標と

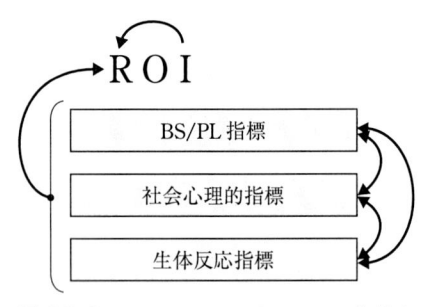

図 10.9　マーケティング ROI の一枠組み

なりえる。あるいはこれらの実際の行動や結果ではなく，それらに先立つ購買意図，再発注意向なども，拡大した概念として財務情報関連の指標として整理することも可能であろう。

　第2の指標は社会心理的指標である。マーケティング努力のうち，財務情報に直接影響を与えるものもあれば，間接的に影響を与えるものもある。その理由には，時間的なラグの存在，流通構造の問題，コミュニケーションの問題，購買と消費の場の異質性の問題など，さまざまな離齬が原因として考えられる。またマーケティングの基礎をなす学問体系のひとつが，社会学，心理学，社会心理学などの影響を強く受けている消費者行動論であることからも，マーケティングにおいて社会心理的指標は，多用されてきた。関与度，好意度，親近感などが，社会心理的指標の例として挙げられる。具体的なマーケティング問題としては，ブランドマネジメントが挙げられる。高木，井上に示されたレクサスのブランドピラミッドでは，核心として「高級の本質の追求」が，姿勢として「想像力，自信と思いやり」が，提供する価値として「感動の時間の提供，ときめきとやすらぎ」が，そして手段として「時間の尊重，一人ひとりへのおもて，二律双生，I.D.E.A.L.」が，基本思想として掲げられている［10.6］。いずれも，社会心理的指標である。

　第3の指標は生体反応指標である。生体反応に関する研究は，マーケティングにおいては依然，端緒的であるが，考慮すべき側面であると考え，本論の枠組みに包含している。社会心理学的指標では，完全に包摂することが難しい感性的な側面が注目されつつある。しかしながら，感性を測定することは容易ではない。さまざまな尺度やテキストマイニングなどの技法を用いたり，直接生

体的に測定したりする。生体情報としては，fMRI を用いて測定される脳内血流，EEG を用いて測定される脳波，GSR を用いて測定される皮膚電位，そしてアイカメラを用いて測定される視線や瞳孔がある。文献 [10.7] は，GSR ベースのリアプノフ指数とフラクタル次元を用いて，生体反応を測定し，生体反応の次元に関するテレビ広告効果を考察した研究である。

参考文献

[10.1] 田中洋：『消費者行動論体系』，中央経済社（2008）

[10.2] Philip Kotler, Kevin Lane Keller : "Marketing management", 13th ed., Pearson Prentice Hall（2009）

[10.3] 山本昭二：『サービス・マーケティング入門（日経文庫）』，日本経済新聞出版社（2007）

[10.4] 池尾恭一，井上哲浩：『戦略的データマイニング―アスクルの事例で学ぶ』，日経 BP 社（2008）

[10.5] Akihiro Inoue : "Marketing Communication Strategy and Marketing ROI under Cross-Media Environment" in Electronic-Business Intelligence - For Corporate Competitive Advantages in the Age of Emerging Technologies & Globalization. G. Chen, E. E. Kerre, J. C. Westland, and R. Wang (eds.). Amsterdam, Atlantis Press（2010）

[10.6] 髙木晴夫，井上哲浩：『トヨタはどうやってレクサスを創ったのか―プレミアム車開発とブランド・マーケティングの組織横展開―』，慶應義塾大学ビジネススクール・ケース（2008）

[10.7] M. Fukushima, A. Inoue, T. Niwa : "Emotional Evaluation of TV-CM Using the Fractal Dimension and the Largest Lyapunov Exponent" IEEE-SMC 2010, pp.1473-1476（2010）

第11章 大規模データに基づく顧客行動のモデル化

11.1 顧客行動のモデル化と大規模実データの活用

　本章では，ライフスタイルの観点からサービスや商品の特性をシステマティックに理解するための顧客行動モデル化技術について紹介する。

　製造業，サービス業では人材や資源を適切に配分することが生産性向上において重要である。しかし，サービス業では，製造業に比べて資源配分の難易度は高く，サービス業の生産性向上の妨げになっている。その最も大きな要因のひとつは，サービス業では人間の行動を対象とする必要があるため，その行動の予測が難しい点にある。

　本来であれば，日々，大規模に集積されているPOSデータやID付きPOSデータ，天気やイベント情報などのコーザルデータ，顧客アンケートデータなどを活用し，「3日後の特売日の天気予報は雨。特売日でも雨天の場合の来店人数は平均8.5%増に留まるので，その予測に合わせて発注量を調整しよう」，「高ロイヤリティ顧客とバーゲンねらい顧客の割合がA店舗では2：1，B店舗では1：2。ならば高品質・高価格の商品はA店舗に大目に割り振ろう」など実データという根拠に基づいて顧客の行動を予測し，日々の従業員の活動を支援できることが望ましい。

　しかしながら，現状の小売・外食サービス業の多くでは，前年の同月同曜日や前日の実績と店長の「経験と勘と度胸」に基づいて来店人数の予測と売り上げ目標を立てている。この方法ではその決定の根拠が希薄でありかつ定量化が難しいため，予測の当たり外れを検証できない。そのため，現在・未来の意思決定のために過去の顧客行動データを活用することは困難となる。

　本章ではそのような問題意識のもとで，日々蓄積されている大規模なID付

きPOSデータを利用した顧客行動のモデル化・予測の実践について紹介する。とくに，ライフスタイルに着目した顧客セグメントと商品カテゴリの抽出とその活用について述べる。

11.2 顧客セグメントと商品カテゴリ

11.2.1 セグメント化の切り口

顧客のセグメント化で重要なことは，より多くの情報量を得ることができる顧客の切り口を選別することである。しかし，適切な切り口は分析事例に依存して変化し，かつ多様に存在するため唯一の正解は存在しない。ここでは反対に情報量が低い切り口の例を考え，そのような切り口をもたないことを適切性の十分条件として考えよう。たとえば，①セグメント間の状態が一様，②あるひとつのセグメントがほぼ全体を占める，③分類結果の可読性が著しく低い，などの切り口は避けるべきといえよう。

1つめの具体例として，格安外食店や高級外食店における常連顧客の平均利用価格帯による分類が挙げられる。ここではすでに，顧客が来店前に店を選別しているため，同じ価格志向をもった顧客が集まりやすい。各セグメントの構成要素が同じ分布から発生している状態では，当然ながら得られる情報量は低い。2つめの具体例は，女性顧客率99%の化粧品店において，性別を切り口として男女による購買傾向を分析する場合である。たとえ購買傾向の差異が見つかったとしても，その知見の活用によるインパクトは小さい。3つめの具体例は，10万人の顧客を情報量が高くなるように1万のセグメントに分けた場合である。1万に細分化されたセグメントの活用は一般的な人間の能力を超えている。また同様に，血液型や動物占いによる顧客分類も購買関係との因果性が説明・推定できないため，結果の可読性が著しく低い。

それでは，小売りサービスではどのような切り口によるセグメント化が適しているのであろうか。本章ではその1つの事例として，顧客のライフスタイルを切り口として話を展開する。

11.2.2　ライフスタイルによる顧客セグメント化

この数十年間，日本を含む各国において消費者の価値観やライフスタイルの多様化は著しい．大量生産・大量消費時代の均一な消費傾向の社会では，ライフスタイルによるセグメント化は，そもそもライフスタイル自体が単色であったため必要がなかった．そのような社会での商品やサービスの価値は機能の優劣により大部分が決定され，機能に比例する価格により消費者は商品やサービスの優劣を認識していた．

しかし現代は，決して機能と価格のみに訴求しない，多様な価値観やライフスタイルが存在している．そのような社会では，ある特徴をもった個人や顧客セグメントに対して訴求効果のあるサービス提供が重要となる．そして，個人や各セグメントに対して適したサービスを実施することで，顧客満足度の向上と持続可能な需要創造を志向する．

現代の日本では，ライフスタイルを軸に顧客行動のモデル化を行うことで，特色のあるセグメントを見つけることができる可能性は高い．ライフスタイルはそもそも各人の購買傾向や生活意識を説明するための分類であり，購買行動に関する情報量は高く，顧客セグメント間の差異が強調される可能性が高い．また，分析対象の商圏を広げることで単一のライフスタイルに属する人のみが住んでいる状況，すなわち，1つのセグメントが全体を占める状況は指数的に減少すると考えられる．くわえて，セグメントの意味内容は購買傾向や生活意識で構成されるため，可読性も高い．

11.2.3　商品カテゴリの重要性

一方，顧客セグメントのみではなく，商品のカテゴリ化も小売サービスの活動支援のためには重要な課題のひとつである．大規模な小売サービスでは1店舗で扱う商品数が数千から数万点に及び，かつ，その種類も多様である．そのため，適切な商品管理による適正在庫の維持は，環境負荷対策や利益率の低下防止のための重要な業務となる．しかしながら，現状では各商品に対して商品属性のみに基づいた大分類，中分類，小分類などの階層的なラベルを付与し，商品管理に利用している業者が多い．また，それらの商品分類の多くは流通業者の都合で設定されており，必ずしも顧客にとって意味のある分類とはなって

いないのが現状である．カテゴリマネジメント [11.1] に代表される顧客視点での商品管理の重要性も説かれているが，その成功の鍵となる商品のカテゴリ化は質的調査と属人的な経験に頼っているところが大きい．

このように，顧客セグメントと商品カテゴリの生成は小売りサービスの最適化において重要な意味をもつ．11.3 節では，アンケートデータを用いたライフスタイルによる顧客セグメントの生成と，ID 付き POS データを用いた商品カテゴリの自動生成について具体例を交えて述べる．

11.3 顧客セグメントと商品カテゴリの生成

11.3.1 顧客アンケート分析による顧客セグメントの生成

ここでは，兵庫県を中心に約 150 店舗を展開する生活協同組合コープこうべにおける実験結果を紹介する．2009 年 12 月，顧客のライフスタイルやパーソナリティと商品の購買傾向から生活者視点のカテゴリを調査するため，ダイレクトメールを用いた顧客アンケート調査を行った．17,000 人にアンケートを送付し，3,965 人から回答があった．アンケート内の，消費傾向，パーソナリティ，社会参加，健康状態，食に対する意識，等の 20 項目の回答に対して因子分析を施し，顧客のライフスタイルの抽出を行った．ここで使用した因子分析は Kaiser の正規化を伴うバリマックス法であり，因子数の決定は固有値法により決定した．この方法は心理学やパーソナリティ研究の分野では最も一般的な因子分析の方法である．その結果，抽出されたライフスタイルを表 11.1 に示す．抽出されたライフスタイルの数は 6 種類であり，それぞれ特徴的な傾向が読み取れる．また，各セグメント名は抽出された特徴から筆者らが名前を付与した．

11.3.2 データ融合による商品カテゴリの生成

前述のアンケート分析結果と ID 付き POS データを利用し，顧客モデル化のために利用可能な商品カテゴリの生成を行う．ここでは，商品カテゴリを自動的に生成するため，多層潜在クラスモデルによる統計的モデリングを提案する．そのモデル上で顧客ライフスタイルアンケートの解析結果と ID 付き POS

表11.1 アンケートから抽出されたライフスタイルセグメント

セグメント名	特徴	人数
こだわり消費派	高くても健康によいものを選ぶ。産地への関心，こだわりのブランドがある。	1,670
家庭生活充実派	料理が好きで食事も生活も充実している。気分も安定している。	1,385
アクティブ消費派	外向的で，新商品や話題の商品は試しに買ってみる。無駄遣いも多い。	384
節約消費派	チラシを見てお得な商品を買う。安ければ少々遠い店にも行く。高い商品は買わない。	707
堅実生活派	几帳面で家計簿をつけ，無駄遣いはしない。毎日の献立は店に行く前に決める。	364
パパっと消費派	スーパーでの買い物はできるだけ早くすませたい。お弁当をつくることがある。	869

データを融合し，顧客ライフスタイルを反映させた商品カテゴリを構築した。
そのモデルの概念図を図11.1に示す。このモデルは，同時分布として，

$$P(x, y, u, v) = P(u)P(x|u)P(v|u)P(y|v)$$

の構造を仮定した。図中の尤度関数内の N_{ij} は顧客 i の商品 j の購買個数である。多層潜在クラスモデルには，①顧客はいくつかのライフスタイルセグメントに分類できる，②商品は顧客の購買傾向からいくつかのカテゴリに分類できる，③顧客カテゴリは特定の商品カテゴリを購買する傾向にある，という単純な3

顧客セグメント u_k 　　商品カテゴリ v_l
（制約条件）　　　　（潜在変数）

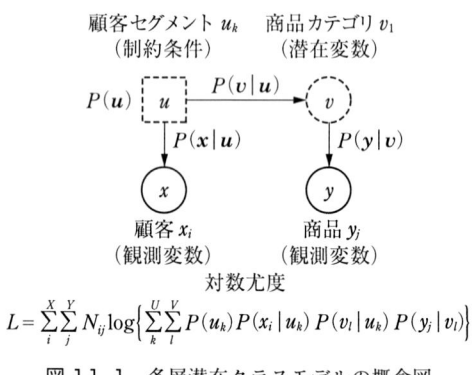

$P(u)$ → u → $P(v|u)$ → v
　　　　$P(x|u)$↓　　　　$P(y|v)$↓
　　　　　x　　　　　　　y
　　　顧客 x_i　　　　　商品 y_j
　　　（観測変数）　　　（観測変数）

対数尤度
$$L = \sum_i^X \sum_j^Y N_{ij} \log \left\{ \sum_k^U \sum_l^V P(u_k) P(x_i|u_k) P(v_l|u_k) P(y_j|v_l) \right\}$$

図11.1 多層潜在クラスモデルの概念図

つの仮定を反映させている．また，このままでは仮定1をモデルに反映できないため，顧客セグメントと顧客の関係はアンケート結果に基づいた制約条件を取り入れた（本モデルと分析についての詳細は文献［11.2］［11.3］を参照）．そのうえで，モデルの尤度が最大化するようにEMアルゴリズムにより各変数の関係（条件付き確率値）が推定される．それにより，顧客ライフスタイルと関連性のある商品カテゴリの生成が実現され，かつそれらの関係が定量的に計算できる．

分析対象の顧客をアンケート回答者3,965人，分析対象の商品を年間売上個数上位1,000商品，分析対象店舗をこの3,965人がおもに購買をする15店舗とし，2008年10月～2009年9月までの1年間に各顧客が購買した各商品の個数を集計した．その合計数は約420万件であった．また，顧客セグメントの数は因子分析の結果を制約条件として採用したため，6セグメントとした．また，商品カテゴリの数は赤池情報量基準により12カテゴリと決定した．

11.3.3 生成した商品カテゴリの検証

多層潜在クラスモデルを利用した各変数間の関係性を推定した結果，SKU単位の商品がある商品カテゴリに所属する確率，顧客セグメントと商品カテゴリの関係の確率を定量的に把握することが可能となる．表11.2に12の商品カテゴリに分類された商品の特徴を示す．表中のPBとはプライベートブランドを意味する．また，表中の商品傾向は，筆者らと流通量販店の担当者が，各潜在カテゴリ内の商品群を定性的に評価した内容を記している．

図11.2に推定された顧客セグメントと商品カテゴリの条件つき確率値を示す．定性的にではあるが本推定結果には以下のような妥当性をみることができる．商品のなかに2種類の見切り品が存在し，この2商品は節約消費派が最も高い条件つき確率を示している潜在商品カテゴリ4に属している．また，全19商品が存在する10個詰めたまごのうち，平均単価が高い5商品がこだわり消費派が高い条件つき確率を示している潜在商品カテゴリ1，2，9に属している．また，平均単価が一番安い商品は節約消費派が高い条件つき確率を示している潜在商品カテゴリ7に属している．料理をすると回答している家庭生活充実派が高い条件つき確率を示している潜在商品カテゴリ1，2，3，5には調理

表11.2 分類された商品の大まかな特徴

No.	特徴商品	No.	特徴商品
1	高品質PB	7	セール頻出品
2	生野菜・生鮮	8	多種混合
3	日配品	9	高価格帯野菜
4	低価格帯商品	10	小サイズ野菜・日配
5	鮮魚・肉類	11	飲料
6	肉・パン・飲料	12	惣菜・飲料

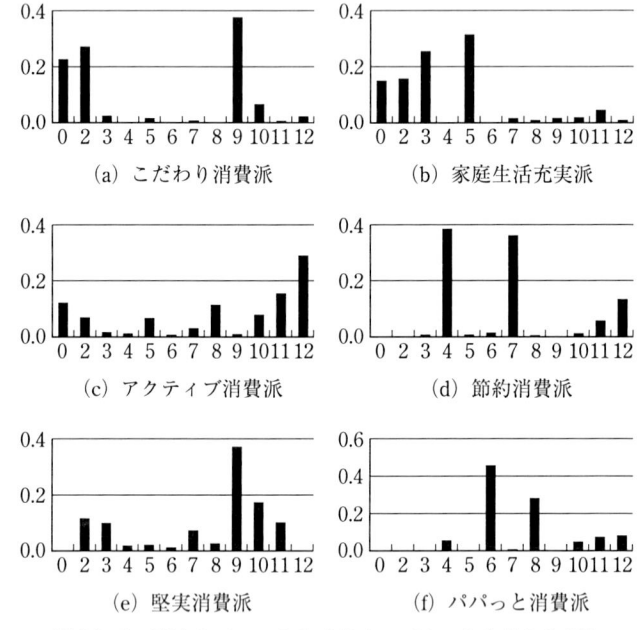

(a) こだわり消費派

(b) 家庭生活充実派

(c) アクティブ消費派

(d) 節約消費派

(e) 堅実消費派

(f) パパっと消費派

図11.2 顧客セグメントと商品カテゴリの条件付き確率値

済みの惣菜品がほとんど分類されていない。

　くわえて，高価格帯・低価格帯商品の商品カテゴリへの出現確率と顧客セグメントとの相関を分析した。ここでは，たまご，牛乳，見切り品，高価格帯ブランドの全71商品（高価格帯50商品，低価格帯21商品）を対象とした。たまごと牛乳を採用した理由は，その価格が生鮮品などと比べ季節的に変動しにくいためである。たまごと牛乳に関しては同量のたまご商品と同量の牛乳商品

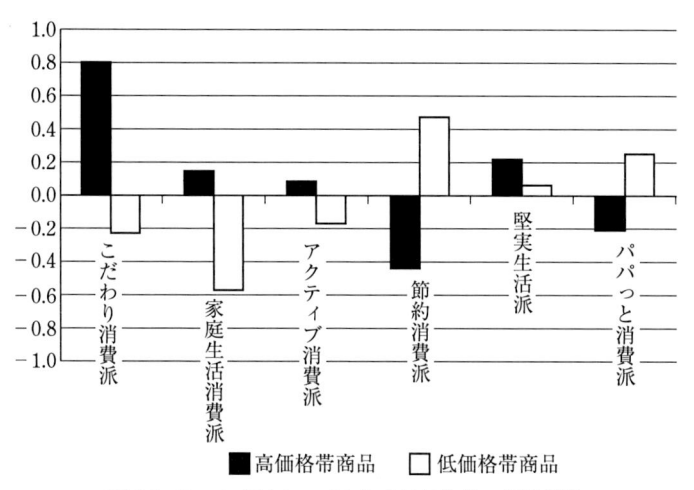

図 11.3 12 商品カテゴリと商品価格帯の相関係数

を平均価格順に 3 等分し，その上位と下位をそれぞれ高価格帯，低価格帯商品と定義した．図 11.3 に高価格帯・低価格帯商品の潜在商品カテゴリへの出現確率と推定結果の相関係数を示す．図中の黒棒は高価格帯商品との相関係数，白棒は低価格帯商品との相関係数をそれぞれ示している．図より，「こだわり消費派は高価格帯商品を買う傾向がある」，「家庭生活充実派は低価格帯商品を買わない傾向がある」，「節約消費派は高価格帯商品を買わず，低価格帯商品を買う傾向がある」などの傾向を読み取ることができる．この結果も，商品カテゴリの推定結果に対してある程度の妥当性を示している．

11.4 顧客行動のモデル化

ここでは，第 4 章と第 5 章で説明したベイジアンネットワークにより顧客セグメント，商品カテゴリを含んだモデル化を行った．ここでは対象となっている約 420 万件のトランザクションデータを用いてベイジアンネットワークモデルを構築した．各商品に対して購入した顧客に対し，合計購入数，合計金額，購入平均単価，特定保健用食品（トクホ）購入回数，プライベートブランド購入回数，国産品購入回数，健康食品購入回数，お手軽品購入回数，高級品購入回数，ダイエット的商品購入回数，お買い得商品購入回数に関しては対象店舗

の顧客に対して ABC 分析を行い，その結果をラベルとして付与した．また，6 種類のライフスタイルセグメントと 12 種類の商品カテゴリ属性のラベル，状況変数（購買の時間帯，平日か休日，季節，月旬）を付与した．そのデータを用いて，赤池情報量基準の意味で最適になるような確率構造の探索を行った．その結果の一部を図 11.4 に示す．

ここでは，商品カテゴリ 12 に着目する．図 11.4 (a)(b) には構築したベイジアンネットワークの部分グラフと商品カテゴリ 12 に関する購買の条件つき確率が示されている．商品カテゴリ 12 はお手軽品と調味料，夏と夜からリンクが張られている．また，図中の破線は商品カテゴリ 12 の 1 年を通した被購買確率を示している．図より商品カテゴリ 12 の商品は夜に多く購買され，とくに夏の夜には平均被購買確率よりも約 3.5 ポイントも高い被購買確率を示している．このように確率構造モデルを利用することで，生成された商品カテゴリ対して，付加的な情報を抽出することが可能となり，状況依存的な商品被購買の予測が可能となる．

顧客のライフスタイルセグメントに対しても同様の解釈を行うことができる．

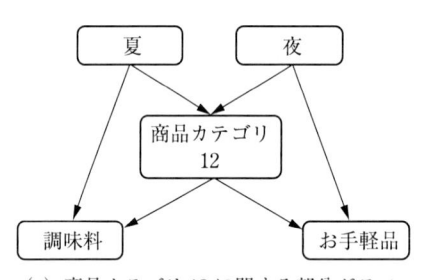

(a) 商品カテゴリ 12 に関する部分グラフ
(b) 商品カテゴリ 12 に関する確率値
(c) 顧客セグメント（パパっと消費派）に関する部分グラフ
(d) パパっと消費派に関する確率値

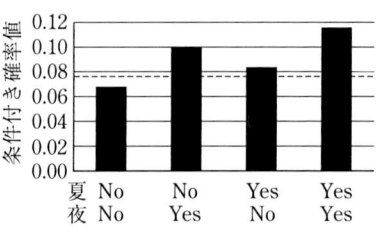

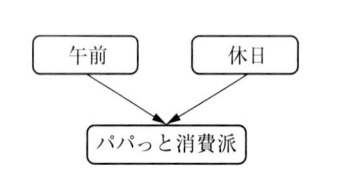

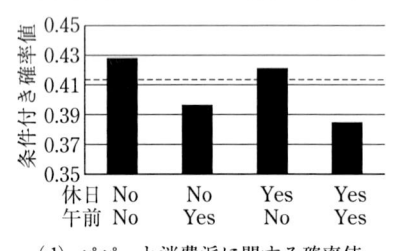

図 11.4　商品カテゴリに対するベイジアンネットワークモデルの一例

ここでは，パパっと消費派に着目し，図 11.4（c）（d）に構築したベイジアンネットワークの部分グラフとパパっと消費派に関する購買の条件つき確率を示している。図より，パパっと消費派は休日，午前からリンクが張られている。また，図中の条件つき確率より，パパっと消費派の顧客は午前中の購買確率が他の時間帯よりも総じて低いことが読み取れる。また，休日の午前中の購買確率はさらに低くなっていることが読み取れる。このように確率構造モデルを利用することで，顧客ライフスタイルカテゴリに対しても付加的な情報を抽出することが可能となる。また，そのカテゴリに属する顧客の状況依存的な購買行動の予測が可能となる。

従来，ライフスタイル属性に対する購買行動の特徴抽出に関する研究は多様に行われているが，それらは定性的なモデルの構築や小サンプル・線形モデルでの解析事例がほとんどである。顧客行動モデルを用いることで，対象としているライフスタイル属性に対して大規模実データに基づいた特徴を探索的に発見できることも顧客モデル化の有用性のひとつである。

11.5　顧客セグメントの活用

ここまで，大規模データから商品のカテゴリを発見し，その商品カテゴリを含む顧客行動のモデル化の方法を紹介した。一方，顧客セグメントを利用した大規模データの活用も可能である。いくつかの事例を紹介する。

11.5.1　商品へのライフスタイル属性の付与

サービスやマーケティングでは CRM（Customer Relationship Management）の研究が盛んである。ロイヤリティの高い顧客と良好な関係を構築し，その関係性を維持することがその最たる目的である。そこでは，顧客の嗜好を理解し，各顧客に合わせた施策を実施する必要がある。その目的のため，ライフスタイルを切り口として顧客分析をするライフスタイルマーケティングとよばれる方法論も存在し，オギノや TESCO の取り組みに代表されるスーパーマーケットでの成功例も報告されている [11.4] [11.5]。

ライフスタイルマーケティングの弱点のひとつとして，アンケートの回答があった顧客のライフスタイルしかわからないという点があった。その解決方法

のひとつとして，購入した商品から顧客のライフスタイルを推定する方法がとられている．そこでは，商品 DNA などとよばれている SKU 単位での商品へのライフスタイルに関する特徴づけが必要となるが，従来は消費者調査に基づくエキスパートによる特徴づけが主たる方法である．ここでは，その特徴づけを，顧客行動の結果である ID 付き POS データと顧客アンケートデータに基づいて，自動的かつシステマティックに行う事例について紹介する．

特徴づけの方法はユニークではなくさまざまな方法が考えられるが，ここでは，11.3.2 項で推定した確率値を用いて，

$$P(u|y) = \alpha \sum_x \sum_v P(u) P(x|u) P(v|u) P(y|v)$$

として算出することにしよう．ただし α は正規化項である．この確率値は商

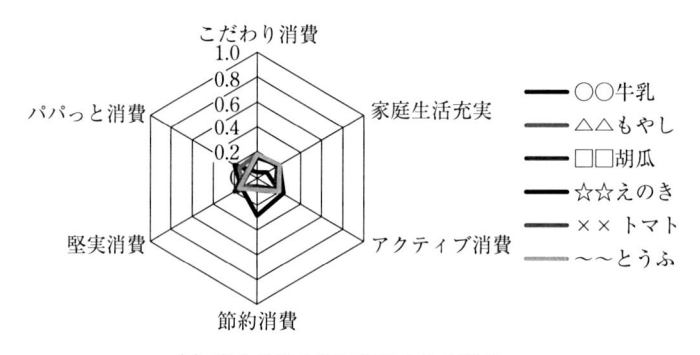

(a) 売上個数上位に位置する 6 商品

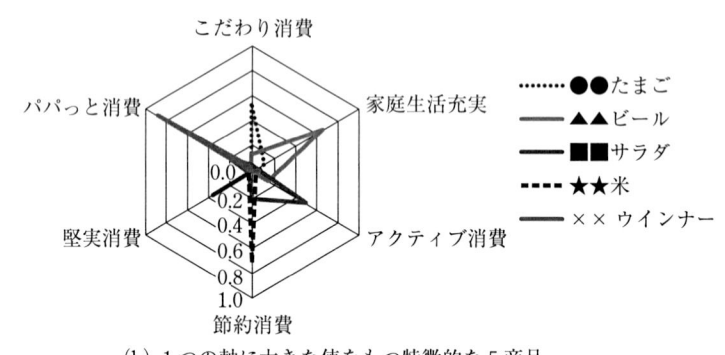

(b) 1つの軸に大きな値をもつ特徴的な 5 商品

図 11.5 各商品とライフスタイルセグメントの関係の例

品が指定されたとき，その商品を各ライフスタイルセグメントが購入する傾向を表現していると考えることができる．

その算出結果の一例を図 11.5 に示す．図 11.5 の上図は全期間における売上個数上位 6 商品の確率値である．ここでは，特定のライフスタイルセグメントにおける特徴的な傾向はみられない．すなわち，これらの商品はどのライフスタイルセグメントも購入すると解釈することができる．一方，図 11.5 の下図はある 1 つのセグメントに大きな値をもつ商品を並べた確率値である．これらはその商品の特徴をよく表している．たとえば，こだわり消費派に特徴をもつ●●たまごは，放し飼いにされた鶏から採取された高価格帯商品である．節約

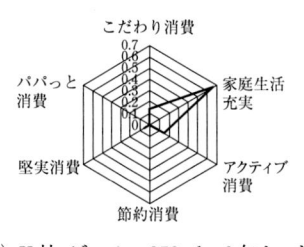

(a) X社：ビール，350ml×6缶セット

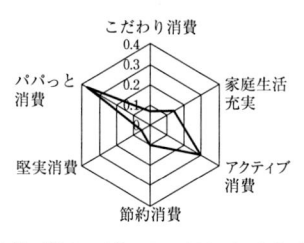

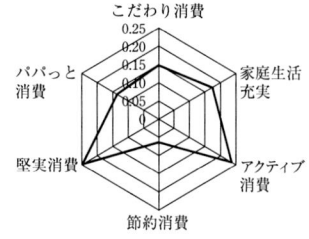

(b) X社：ビール，500ml×1缶

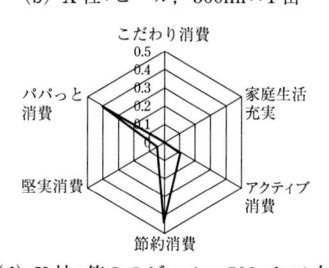

(c) X社：第3のビール，350ml×6缶セット

(d) X社：第3のビール，500ml×1缶

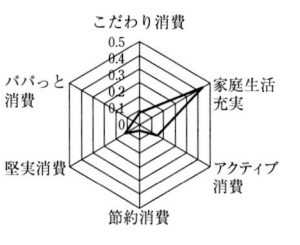

(e) Y社：第3のビール，350ml×6缶セット

(f) Y社：第3のビール，500ml×1缶

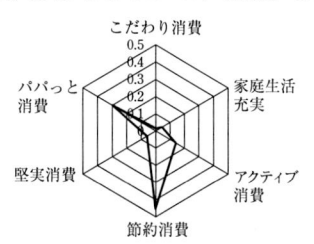

図 11.6　同カテゴリ商品（ビール）の例

消費派に特徴をもつ★★米は，販売されている米のなかで価格が最も安い品種である。

また，図 11.6 に示すような同カテゴリ商品でのブランド間の差異も把握することができる。ここでは，ビールと第 3 のビールを例に示すが，メーカー内・メーカー間の差異や，同メーカー内でのブランド間の差異等を把握することができる。この特徴づけと RFM 分析などを併用することで，FSP（Frequency Shoppers Program）やターゲットプロモーションにおける適切な顧客セグメントへの適切な商品推薦が可能となる。このように，顧客セグメントと大規模データを利用することで，ライフスタイルマーケティングの観点からの店舗支援も可能となる。

11.5.2 各店舗の顧客構成の可視化

商品への特徴づけにより，従来のライフスタイルマーケティングの課題であったアンケート回答者以外のライフスタイルの推定を，購買データに基づいて行うことができる。ここでは，その応用として，個々の店舗の特徴理解の事例について紹介する。

その方法もユニークではなくさまざまな方法が考えられるが，ここでは，アンケート非回答顧客のインデックスを $\tilde{i}$ とし，

$$p(u|x_{\tilde{i}}) = \alpha \sum_j N_{\tilde{i}j} p(u|y_j)$$

として，アンケート非回答顧客のライフスタイルを推定することとする。ここでは，計算した確率値が一番高いセグメントをその顧客のライフスタイルとして算出を進めた。

図 11.7 にある 4 店舗の顧客のライフスタイルセグメントの構成人数を示す。ここでは，非アンケート回答顧客の割合は約 96% である。この 4 店舗はそれぞれ高額所得者が多く居住する地域（高額所得者層店），住民の高齢化が進んでいる地域（高齢化地域店），港に面した新興マンション地域（新興マンション店），競合の流通量販店が多く存在する地域（競合激戦店）を商圏とする店舗である。高額所得者層店ではやはりこだわり消費派が多数派を占めており，節約消費派の約 2.5 倍の人数がいることがわかる。他店では両者はほぼ同数で

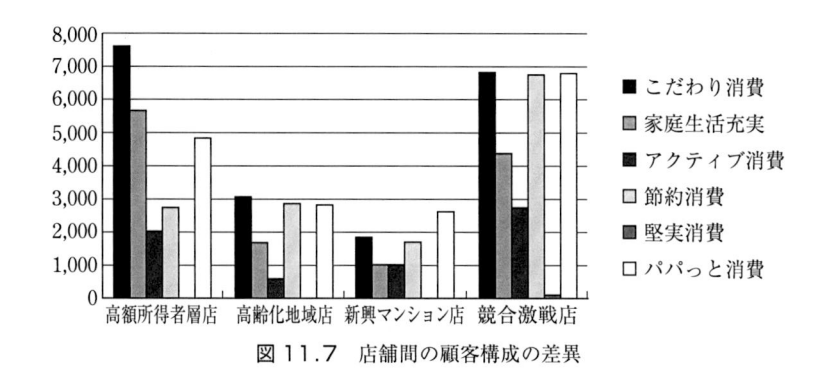

図 11.7 店舗間の顧客構成の差異

ある。また，高齢化地域店ではアクティブ消費派の割合が他店と比べ極端に少ない，新興マンション店ではアクティブ消費派とパパっと消費派の割合が他店と比べ多い，などの個々の店舗の特徴を把握することが可能となる。ここで得られる知見は，商圏分析，エリアマーケティング，リージョナルマーケティングの観点からの店舗支援が可能となる。

11.5.3 来店人数予測への応用

適切な在庫管理による廃棄率の低下や過剰在庫の抑制は小売や外食サービスの生産性に大きな影響を与える。多くの流通量販店では来店人数の予測値に対して商品の発注数を決定しているため，来店人数の予測は生産性の重要な要素のひとつである。しかしながら，前年の同月同曜日における売上との比較や，各店舗の店長の経験と勘により行われている現状がある。ここでは，ID付きPOSデータと顧客セグメントを用いた来店人数予測の事例を紹介する。

サービスにおける来店人数や需要の予測で重要な視点は，「なぜ予測が外れたのか？」の検証にある。当然，その目的は将来の予測精度向上に寄与するためであるが，たとえ予測モデルの数理的な精緻化のみによってブラックボックスとして予測精度が向上したとしても，外的要因の変動が激しいサービス産業においての有用性には疑問が残る。過去のデータに基づいた予測に対する外れを引き起こした要因を知り，その要因から受ける影響を知識として共有・明示化し，将来の予測へ利用するという視点に立つことで，サービス産業における予測は有用性が生じる。そのため，予測の外れ方をモデル化し検討を行う方法

論もサービス工学の研究対象として今後重要になっていくだろう [11.6]．

ここでは，各日の状況（曜日，祝日，雨量，気温，イベントなど）売上や来店人数を説明変数とし，線形回帰モデル（数量化Ⅰ類）によって店舗ごとの来店人数の予測を行った．説明変数として，降水量 $10\text{mm}^3/\text{h}$ 以上，降水量 $30\text{mm}^3/\text{h}$ 以上，月曜日，火曜日，水曜日，木曜日，金曜日，土曜日，日曜日，祝日，連休最終日，飛び石連休の最終日，1月1日，1月2日，1月3日，年末3日，クリスマス，気温（6段階）を扱い，すべて2値のダミー変数として利用した．また，予測モデルにはステップワイズ法による変数選択を行い，採用された変数を使用した．

ここでは，コープこうべが経営する神戸西宮地区のある店舗 A における来店者数の予測について紹介する．この店舗は他の店舗と比べ，線形回帰モデルによる予測結果と実測値の相関係数が低く，線形回帰モデルでは予測が難しい店舗のひとつである．この店舗を対象とし，訓練データとして 2009年9月1日（火）〜 2010年8月31日（火）の12カ月分，テストデータとして 2010年9月1日（水）〜 2010年9月30日（木）の1カ月分，前年同月同曜日データとして 2009年9月2日（水）〜 2010年10月1日（木）を使用した．また，A 店舗の顧客を 11.5.2 項の方法によりライフスタイルによる顧客セグメントを付与した．そのグラフを図 11.8 に示す．ここでは，前年同月同曜日による予測，線形回帰モデルによる予測，顧客セグメントごとの回帰モデル予測の合

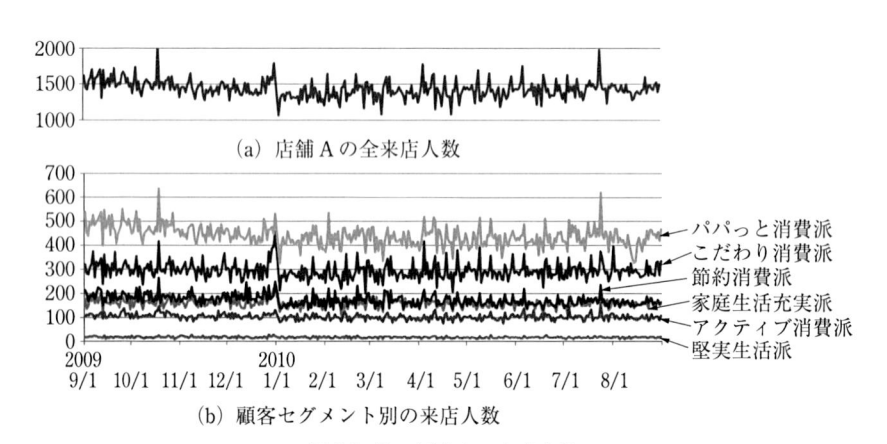

(a) 店舗 A の全来店人数

(b) 顧客セグメント別の来店人数

図 11.8 店舗 A の来店人数

表11.3 需要予測の誤差

	①前年同月同曜日	②線形予測	③セグメントごと
平均予測再現率	0.927	0.962	0.964
残差合計	−2,835人	−762人	−516人
絶対残差合計	3,285人	1,599人	1,542人

表11.4 変数選択の結果（各セグメントごとに異なった選択の変数）

	全顧客	こだわり消費派	家庭生活充実派	アクティブ消費派	節約消費派	堅実生活派	パパっと消費派
木曜日	—	—	—	○	—	—	—
土曜日	○	○	—	○	○	—	—
祝日	—	—	—	—	—	—	○
連休最終日	○	—	—	—	—	—	○
連休中日	○	—	—	—	—	—	—
クリスマスイブ	○	—	—	—	—	—	—
気温2	●	—	○	—	—	—	●
気温3	●	—	—	—	—	●	—
気温4	—	—	—	—	—	—	—
気温5	○	○	○	—	—	—	—
気温6	—	—	—	—	○	○	●

計値の3つの方法について，予測の精度をみた．その結果を表11.3に示す．また，セグメントごとに異なる特徴選択がされた変数を表11.4に示す．表内の「○」は正の係数をもつ変数，「●」は負の係数をもつ変数，「—」は選択されなかった変数を示す．

結果として，顧客セグメントごとに予測モデルを構築したほうが高い予測精度をもっていた．線形回帰モデルは予測誤差が正規分布となるよう仮定しているため，モデルが与えられたデータ系列を十分に説明可能であれば，正規分布の和の再生性から全体での予測とセグメントごとの予測の合計の誤差は同一の平均と分散の値をもつはずである．図に示す値が有意な差であるかは今後のデータを用いて検証する必要があるが，変数選択の結果ではライフスタイルセグメントごとの来店行動の特徴が選択されているため，ライフスタイルセグメントは顧客の来店行動に関しても情報量をもつことが示唆されている．

11.6 おわりに

　本章では，小売サービスにおいて日々蓄積されている大規模データを利用した顧客行動のモデル化・予測の実践について紹介した．実データを根拠とした顧客行動の理解と予測に基づく活動支援は，サービス産業の生産性向上のための重要なテーマのひとつである [11.7]．とくに，大規模データからシステマティックに知見を抽出し，サービスの現場で活用するためのしくみは，今後ますます重要となっていくだろう．

参考文献

[11.1] 麻田孝治：『戦略的カテゴリーマネジメント』，日本経済新聞社（2004）
[11.2] T. Ishigaki, T. Takenaka, Y. Motomura："Category Mining by Heterogeneous Data Fusion Using PdLSI Model in a Retail Service", Proc. IEEE International Conference on Data Mining, pp.857-862（2010）
[11.3] 石垣司，竹中毅，本村陽一：「日常購買行動に関する大規模データの融合による顧客行動予測システム～実サービス支援のためのカテゴリマイニング技術」，『人工知能学会論文誌』，Vol.26, No.6, pp.670-681（2011）
[11.4] R.D. Michman：Lifestyle Market Segmentation, Praeger Pub（1991）
[11.5] 中村博，寺本高，矢野尚幸：「顧客視点の商品マスター（商品 DNA）の可能性」，『流通情報』，No.477, pp.22-33（2009）
[11.6] 本村陽一，竹中毅，石垣司：「条件付層別差分モデルによる需要予測の高精度化」，『2011 年度人工知能学会全国大会論文集』，1B3-1（2011）
[11.7] 本村陽一，石垣司：「サービス工学における計算論的モデル」，『システム／制御／情報』，Vol.53, No.9, pp.374-379（2009）

≫ 索引

【あ行】

アクションリサーチ	2, 24, 51
医療サービス	124
医療の質	124
因果効果	59
因果ダイアグラム	57
インタラクティブマーケティング	174
エージェントベースシミュレーション	90
エンターテインメントサービス	97
オートポイエーシス	1
オーバーストア	3, 140

【か行】

回顧インタビュー	100
階層ベイズモデル	144
科学的根拠に基づく医療	124
確率的潜在意味解析	45
確率的モデリング技術	38
可視化	34
価値共創	8
家庭内在庫量	143
カテゴリマイニング技術	33
カテゴリマネジメント	189
観察的同値性	67
機械学習	16
帰納的アプローチ	80
機能のモデル化	78
逆問題的（バックワード）思考	81
グッズドミナントロジック	7
クラウドサービス	4
クリニカルパス	124
経営者層支援	37
計測デザイン	94
交互作用	39
構成的（シンセシスが中心）	10
交絡因子	39

小売サービス	140, 188
顧客セグメント	187
顧客接点支援	36
コーザルデータ	49, 186
コミュニティ参加型研究	2

【さ行】

サイクル	51
最適設計ループ	17, 27
サイバネティクス	51
サービスイノベーション	27
サービスコンピューティング	4
サービスサイエンス	9
サービス・システム	1
サービス統合理論	7
サービスとしての調査・研究	23, 50
サービスドミナントロジック	7
サービスマーケティング	6
資本集約型のサービス	29
従業員支援	36
順問題的（フォワード）思考	80
消費者意思決定過程	168
消費者経験価値最適化	22
消費者の異質性	144
商品カテゴリ	187
情報収集	171
情報量規準	43
新 NP 問題	88
製造業のサービス産業化	5
セグメンテーション	178

【た行】

代替案評価	171
逐次ベイズフィルタ	91
知識循環型のサービス	20
知識発見	77, 164
中核便益	169

忠実性	65
データウェアハウス	175
データ同化	90
データ同化シミュレーション	16
データベース	175
データベースマーケティング戦略	175
データマート	175
データ融合	189
デミングサイクル	51
統合サービス理論	13
動的個人モデル	144

【な行】

認知的回顧型エスノグラフィー	29
認知的クロノエスノグラフィ	100

【は行】

ハインリッヒの法則	126
バックドア基準	63
場の理論	43
バリューチェーン	16
ビッグデータ	14
ヒヤリ・ハット	126
ファンモデル	97
複雑系システム	27
分析的（アナリシスが中心）	10
ベイジアンネットワーク	39, 55, 193
ベイズ統計	84
ベイズの定理	84
ベイズモデル	84
ペルソナ	18

【ま行】

マイクロマーケティング	82
マーケティング ROI	183
マーケティングサイエンス	143
マーケティング成果の測定	181
マーケティング戦略	167
マーケティングミックス	7

【や行】

有向分離	58

【ら行】

ライフスタイル	186
ライフスタイルマーケティング	195
リピータモデル	97
労働集約型のサービス	29
ロングタームマーケティング	107

【数字・英語】

3次元マップ	30
4P	7
7P	7
CCE	29, 100
Cognitive Chrono-Ethnography	29
CRM	20, 140
Customer Relationship Management	140
Evidence Based Medicine	124
Frequent Shoppers Program	141
Frequency Shoppers Program	141, 198
FSP	141, 198
IC アルゴリズム	70
ID 付き POS データ	14, 142, 186
KPI（Key Performance Index）	183
One to One マーケティング	140
PC アルゴリズム	71
PDCA	51
PDCA サイクル	28
Personalization	82
Point of sales	14
POS データ	14, 141, 186
Product-Service Systems	6
Research as a service	23, 50
SOA	4
TQC（Total Quality Control）	167
Unified Service Theory	7
VR 技術	30
ZD（Zero Defects）	167

【著者紹介（50音順）】

〈編著者〉

石垣司（いしがき・つかさ）　第1章，第2章，第4章，第11章
　総合研究大学院大学複合科学研究科統計科学専攻修了　博士（学術）
　東北大学大学院経済学研究科講師

竹中毅（たけなか・たけし）　第1章，第2章，第4章，第11章
　神戸大学大学院文化学研究科社会文化専攻修了　博士（学術）
　産業技術総合研究所サービス工学研究センター大規模データモデリング研究チーム

本村陽一（もとむら・よういち）　第1章，第2章，第4章，第11章
　電気通信大学電気通信学研究科電子情報学専攻修士課程修了　博士（工学）
　独立行政法人産業技術総合研究所サービス工学研究センター副研究センター長／大規模データモデリング研究チーム長／デジタルヒューマン工学研究センター，統計数理研究所客員教授，東京工業大学大学院連携准教授

〈執筆者〉

井上哲浩（いのうえ・てつひろ）　第10章
　関西学院大学大学院商学研究科博士課程後期課程単位取得中退
　カリフォルニア大学ロサンゼルス校経営学博士（Ph.D.）
　慶應義塾大学大学院経営管理研究科教授

北島宗雄（きたじま・むねお）　第7章
　東京工業大学総合理工学研究科物理専攻修士課程修了　工学博士
　長岡技術科学大学工学部経営情報系経営情報学講座教授

黒木学（くろき・まなぶ）　第5章
　東京工業大学大学院社会理工学研究科経営工学専攻博士課程修了　博士（工学）
　統計数理研究所データ科学研究系准教授

佐藤忠彦（さとう・ただひこ）　第9章
　総合研究大学院大学数物科学研究科統計科学専攻修了　博士（学術）
　筑波大学大学院ビジネスサイエンス系准教授

竹ノ内敏孝（たけのうち・としたか）　第8章
　昭和大学薬学部薬学科修了
　昭和大学藤が丘病院薬局薬局長

羽渕由子（はぶち・よしこ）　第8章
　広島大学大学院教育学研究科博士課程後期修了　博士（学術）
　徳山大学福祉情報学部准教授

樋口知之（ひぐち・ともゆき）　第6章
　東京大学大学院理学系研究科博士課程修了　理学博士
　統計数理研究所所長
　統計数理研究所モデリング研究系教授

持丸正明（もちまる・まさあき）　第3章
　慶應義塾大学大学院博士課程生体医工学専攻修了　博士（工学）
　独立行政法人産業技術総合研究所デジタルヒューマン工学研究センターセンター長

サービス工学の技術
ビッグデータの活用と実践

2024年8月20日　第1版2刷発行	ISBN 978-4-501-55100-1 C3004

編　著　本村陽一・竹中　毅・石垣　司
　　　　©Motomura Yoichi, Takenaka Takeshi, Ishigaki Tsukasa

発行所　学校法人　東京電機大学　〒120-8551　東京都足立区千住旭町5番
　　　　東京電機大学出版局　　　Tel. 03-5284-5386（営業）03-5284-5385（編集）
　　　　　　　　　　　　　　　　Fax. 03-5284-5387　振替口座 00160-5-71715
　　　　　　　　　　　　　　　　https://www.tdupress.jp/

JCOPY ＜(一社)出版者著作権管理機構　委託出版物＞
本書の全部または一部を無断で複写複製（コピーおよび電子化を含む）することは，著作権法上での例外を除いて禁じられています。本書からの複製を希望される場合は，そのつど事前に（一社)出版者著作権管理機構の許諾を得てください。また，本書を代行業者等の第三者に依頼してスキャンやデジタル化をすることはたとえ個人や家庭内での利用であっても，いっさい認められておりません。
［連絡先］Tel. 03-5244-5088, Fax. 03-5244-5089, E-mail：info@jcopy.or.jp

編集：新日本編集企画　　　装丁：小口翔平＋西垂水敦（tobufune）
印刷・製本：新日本印刷（株）
落丁・乱丁本はお取り替えいたします。　　　　　　　　　Printed in Japan